POVERTY
AND
PROGRESS
IN
THE
AMERICAN
METROPOLIS
1880-1970

其他波士顿人

[美] 斯蒂芬·塞恩斯托姆 著　　温华 译

THE
OTHER
BOSTONIANS

STEPHAN
THERNSTROM

上海译文出版社

献给艾比盖尔

目　录

第一章　引言　　　　　　　　　　　　　　　　　　　001

第二章　人口增长，移民，人口流动率　　　　　　　010

第三章　差别迁移与经济机会　　　　　　　　　　　034

第四章　职业生涯模式　　　　　　　　　　　　　　052

第五章　社会阶层出身与职业成就　　　　　　　　　086

第六章　美国佬与移民　　　　　　　　　　　　　　126

第七章　新教教徒、天主教徒和犹太人　　　　　　　163

第八章　黑人和白人　　　　　　　　　　　　　　　201

第九章　波士顿个案与美国模式　　　　　　　　　　253

附录 A　资料来源与样本　　　　　　　　　　　　　302

附录 B　关于职业的社会经济等级　　　　　　　　　329

致谢　　　　　　　　　　　　　　　　　　　　　　346

我们都喜欢读伟人的生平，但若没有卑微者的生平作为补充，前者讲述的人类历史该是多么支离破碎。然而，伟人可以为自己说话，或者经其仰慕者的唇舌表达，卑微者却往往活着时默默无语，死后亦无人问津。一个出身平平之人喜欢时不时地表露一下自己，这是件好事。①

——玛丽·安亭

① Mary Antin, *The Promised Land* (Boston: Houghton Mifflin, 1912), P88.

第一章

引　言

这就是玛丽·安亭[1]为其写下《应许之地》（*The Promised Land*）所做的辩护。这本书对本世纪初波士顿贫民区的移民生活所做的描述众所周知。但可惜呀，这种在历史记录上留下印记的方式，实在没有满足几个"平民"对"自我表露的喜爱"。至少，它不是历史学家最熟悉的那种记录方式——书籍和小册子、报纸、政府报告、布道词、演讲，以及对这个城市最清晰可见的元素的其他展示之法。[2]其结果就是，我们对"正统的波士顿人"的了解，远远多过对普通波士顿人的了解。

然而，关于寂寂无名的美国大众过往的社会经验的某些关键方面，我们有大量极少被加以利用的历史证据。这样的资料包括美国人口普查表、城市名录、结婚证申请表、地方税收记录，以及其他类似的表单，这将使我们可以有机会去考察迄今为止被忽视的历史的某些侧面，进而写下一部不那么"破碎"的人类历史。对于1880年至今波士顿普通大众的这项研究，正是这样一种努力。

不过，我不敢妄称要给波士顿社会过去的100年提供什么综合治理良方。相反，我始终聚焦于这个城市在社会结构及社会进程上的某些关键问题。比如，这个城市发展的人口来源是什么？哪些人来到了波士顿，又是哪些人留了下来并在此安家？这里的职业结构是相对流动的，还是说一个人最初是无技能的散工，余生也很可能一直如此？而且，纯体力劳动者的孩子们是不是也将永远陷入"文化的贫困"？蜂拥进入新大陆，聚居在贫民区的移民们是否不太可能逃出那里？是否存在一种移民社会流动的共同模式，又或者不同族群与信仰背景的特定群体有着极为不同的经历？来自南方农村的黑人移民与其他初来乍到者的遭遇是大致相同，还是说他们在这个北方城市的经历不尽相同？移民模式与社会流动在城市化和工业化过程中是否发生了急剧变化？最后一点，也许是最重要的，那就是，波士顿的社会结构是与其他美国城市存在着重大差异，还是说存在一种全国模式，在整个美国社会以几乎同样的方式表现出来？

关于过去的美国社会，值得探讨的绝不仅仅是这些问题。这一点无需多言。但我认为上述问题至关重要，而且并未得到应有的关注。直到今天，这些问题仍在两个学科之间的无人地带备受冷落，对大多数历史学家来说过于社会学，而对大多数社会学家来说，又太偏历史学。

总的来说，历史学家并未将这些视为中心问题，那些提到它们的历史学者往往又反对使用我所认为的一些恰当的资料和方法。诚然，历史文献中散落着对移民同化这类问题的真知灼见，但是，以众多普

① 俄裔美国犹太女作家，《应许之地》是她的自传体小说。——译者
② 当地报纸作为理解大众行为的一个来源的不足之处，通过仔细比较1851年至1852年安大略省汉密尔顿市报纸上的所有名字，以及1851年人口普查计划手稿和1852年该市税收清单上的全部人口，可以很明显地揭示出来。当时汉密尔顿94%的居民从未在报纸上被提及；只有1%的精英人士被提及5次或5次以上；Michael B. Katz. "The People of a Canadian City: 1851－52", *Canadian Historical Review*, 53 (1972), pp. 402－426。

通人的相关数据为基础展开的系统性比较研究尚属罕见。同样，对某些城市发展的深入的历史研究已经出现，但它们都倾向于关注官方制度与精英行为，而忽略了潜在的社会进程及大众行为。

来自社会科学领域的其他学科特别是社会学的学者，已经为填补这一空白做出了努力，但他们的注意力几乎只集中于当下与不久之前。有时候，这种狭隘的当下观念来自一种被误导的认识，即时间维度在社会研究中并不切题。不过，也许更多时候，他们著作中的历史深度的缺乏，是源于对某种特定数据搜集方法——调查研究法——的过分依赖。这种方法碰巧并不适合历史研究。人们总是认为，可靠的证据必然来自访谈表格（interview schedule）。由于进行问卷调查者无法接触死去的人，调查研究法的历史探究便局限于当下，以及能够被健在的调查对象准确记住的既往片段。①

如此一来，尽管这些社会学文献精确而又复杂，却只能为这些问题提供危险而片面的历史考察。因此，20 世纪 30 年代进行的一些重要研究的主要论点就是，美国的阶级结构正变得日益固化，社会流动比例正从传统的高位下滑。② 然而，美国过去"传统的"流动性如何，完全建立在推测之上。一个有关长期历史变化的命题，以假设的变化终结时所做的测量为基础。第二次世界大战以来，文献中盛行一种对美国阶级体系更加乐观的看法，主要观点就是"当今美国社会的

① Eugene J. Webb et al. *Unobtrusive Measures*: *Nonreactive Research in the Social Sciences* (Chicago: Rand McNally, 1968)一书提供了对调查研究法详尽而富有说服力的批评。
② Robert and Helen Lynd, *Middletown in Transition: A Study in Cultural Conflict* (New York: Harcourt Brace, 1937), pp. 67 - 72, 471; Percy Davidson and H. Dewey Anderson, *Occupational Mobility in an American Community* (Stanford, California: Stanford University Press, 1937); W. Lloyd Warner and J. O. Low, *The Social System of the Modern Factory* (New Haven, Conn.: Yale University Press, 1947) pp. 182 - 185, 87 - 89; Elbridge Sibley, "Some Demographic Clues to Stratification", *American Sociological Review*, 2(1942), S22 - S30.

流动率至少与过去 50 到 100 年间的任何时候同样高，假如不是更高的话"①。但所有支持这一结论的研究都表明，流动率其实从大萧条以来就没有下降过。② 这又是一个从缺乏历史深度的调查中得出的结论，而历史深度对解决这个问题必不可少。在 19 世纪晚期到 1929 年之间，美国的社会流动率可能陡然下降；或者，也可能在 19 世纪比一直以来猜想的低许多，而且从那以后一直保持不变。因此，社会现象的历史性分析并不是那些对过去感兴趣者的奢谈。对当下的研究若无视创造当下的变化过程，必将流于肤浅。

我在早前的一本书——《贫穷与进步：19 世纪大城市的社会流动》（*Poverty and Progress：Social Mobility in a Nineteenth-Century City*）——中首次遇到了这项研究所涉及的几个问题。③ 那本书讨论的是 1850—1880 年间居住在马萨诸塞州一个工业小城纽伯里波特的几百个普通劳动者，得出了有关 19 世纪美国社会流动性的相当乐观的结论。

有证据表明，这些劳动者或他们的子女几乎没有一个实现同时代人霍雷肖·阿尔杰④想象的那种成功故事，尽管有许多人取得了对他

① 引自 Gerhard Lenski. "Social Stratification," in Joseph S. Roucek, ed, *Contemporary Sociology* (New York: Philosophical Library, 1958), pp. 522 – 538,但观点广为流传；见 John Pease el al., "Ideological Currents in American Stratification Literature," *American Sociologist*, 5 (1970), pp. 127 – 137。
② 这一概括的两个例外是 Natalie S. Rogoff, *Recent Trends in Occupational Mobility* (Glencoe, III.：Free Press, 1953), and August B. Hollingshead, "Trends in Social Stratification: A Case Study", *American Sociological Review*, 17 (1952), 679 – 686。前者比较了 1910 年和 1940 年在印第安纳波利斯结婚的男性样本的代际流动性，发现这两个样本之间没有显著差异；然而，它没有追溯到 19 世纪，也没有分析职业流动模式的可能变化。后一篇文章讨论了 1910 年至 1950 年间纽黑文的阶级结构，并断言社会阶层正在固化。由于分析没有考虑到进出纽黑文的移民之间的差异（见第三章）或迁入纽黑文的移民群体的背景差异（见第六章），因此根本没有说服力。
③ Cambridge, Mass.：Harvard University Press, 1964.
④ 霍雷肖·阿尔杰（1832—1899），美国儿童小说作家。作品有 130 部左右，大多是讲穷人子弟如何通过勤奋和诚实获得了财富和社会成功。——译者

们来说意义重大的小小进步，即通过找到薪水更好的工作或者攒钱买了套小房子，在工人阶级内部上升了一两级。我认为，这些微小的进步足以让这些人融入主流社会秩序，但还有一个严重的问题，过去美国"传统的"流动机会到底高不高？纽伯里波特劳动者的经历到底有无代表性？

我在最后一章指出，我们的确有理由相信，纽伯里波特的调查结果可能具有更广泛的意义，但考虑到缺少可比较的其他调查者的研究，我的论点仍是高度假设性的。关于纽伯里波特的数据更广泛意义的探讨仍然是开放的。毕竟，这个城市相当小，那个时期的人口最高时不足15000人。在经济基础更复杂、规模更大的城市里，情况难道不会变化吗？更何况，纽伯里波特在这30年中并未经历多大的人口与经济增长，与更有活力的都市相比，难道不是它的相对停滞使它成为一个特例吗？这项研究考察的是无技能劳动者，但工人阶级的其他阶层很有可能发现了更大的上升机会。此外，这些人中绝大多数都是刚到美国海岸不久的爱尔兰天主教徒移民。这份调查对爱尔兰工人或者天主教徒工人的描述，可能比普通工人要多。研究所涉及的时间段相对较短，因此，无论是对于流动率的长期趋势还是周期性波动，都几乎没有什么可说的。

有鉴于此，我决定尝试更具野心、范围更大的研究，这项研究将跨越将近一个世纪，讨论一个特大都市所有的主要社会元素。该研究将提供迄今为止最全面的、对变化中的美国城市的移民模式与社会流动的系列观察。将研究推广到整个美国社会的困难依然存在，因为没有一个地方能够完全代表美国，然而，可资利用的资料的性质又使得即使只研究一个城市都异常耗时（见附录 A）。不过，一个主要大都市本身比像纽伯里波特那样相对孤立的小城市重要。而更令人放心的一个考量是，一批类似的研究随后将列入计划，可能会为系统地对比分析更大范围的美国城市的流动模式打下基础。因此我决定，从波士顿开始。

为什么是波士顿呢？考虑到我对流动性的兴趣，这个选择似乎显得有些奇怪。因为这个城市常被看作一个脱离常轨、停滞不前、等级森严的地方，主要居住着卡波特家族、洛奇家族以及乔治·阿普莱之类的人，还有无数粗野但有趣的爱尔兰贩夫走卒。但是，我高度怀疑这一刻板印象，而且我相信这项研究的结果会表明，我的怀疑是有充分理由的。波士顿的社会融合方式中的确有贵族政治的痕迹，名门望族圈子曾经对19世纪后半叶出现在波士顿的新富人紧闭大门。但是波士顿的名门望族与费城的相比，到底有多么与众不同，还有待确认。更重要的是，名门望族充其量只是这个城市整体社会结构中一个微小元素，仅仅因为存在几百个家庭组成的类种姓群体，就贸然将印度村社的标签贴在人口不是几百上千而是数十万的美国大都市的社会生活上，着实不够明智。1880年，波士顿市区居民超过了30万，另有30万人住在周边郊区，该市位列全国第四大中心城市。尽管在随后的几十年里，它没能跟上西部几个对手——底特律、旧金山、洛杉矶——的步伐，但到1970年时，波士顿城区人口仍上升至275万，位列全国第七。不仅单纯就面积而言，而且从种族多样性、经济重要性、文化交流及其他诸方面来讲，波士顿过去和现在都是美国最大的城市之一。在我看来，并没有什么令人信服的理由可以预先假定本研究可能发现的移民和社会流动模式必然是偏离常轨的，而且仅为波士顿独有。

很久以前，波士顿的名门望族中最睿智、最善于观察的一位曾对波士顿所谓的独特性提出了与众不同，但与我更为一致的观点。当奥

利弗·文德尔·霍尔姆斯爵士受邀为贾斯汀·温瑟所编的 1880 年
《波士顿历史年鉴》（*The Memorial History of Boston*）中"波士顿的
医疗"一章撰稿时，他表示，对他来说，将波士顿的医疗当作一个自
洽的、智识上站得住脚的题目来写，就相当于让一位海洋学家来写波
士顿港口的潮水。霍尔姆斯爵士说，波士顿"是这个文明世界的一部
分，正如它的港口是海洋的一部分一样。在这两个问题上，我们都期
望发现一般规律和现象或多或少地受到当地的影响而发生改变"[1]。
名门望族的贵族政治的出现是一个显著的"当地影响"，但正如最后
一章中所详细讨论的那样，给我印象最深的，是我在波士顿研究中考
察的这种社会模式到底有多少是运作于整个美国社会的"一般规律"
的结果。

　　即使是 1880 年的波士顿，对我来说也过于庞大，研究无法涉及
它的每一个市民。必须挑选有代表性的市民作为样本，以公认的可靠
程度从中对整个城市的人口做出概括。我们从当地 1880 年、1910
年、1930 年、1958 年的记录中随机抽取了大量样本，每个样本只要
还居住在这个城市，皆通过波士顿的城市名录与纳税记录来追踪到。
（为避免加重正文的负担，我并没有对这些样本的性质进行复杂的讨
论，建议对之有疑问的读者查阅附录 A 获取全面的解释。）由此产生
了大约 7 965 位男性的数据，他们一如缩影，代表了整个都市人口。

　　更准确地说，他们代表了波士顿的男性人口。由于理论及现实的
双重原因，这座城市的女性居民未被纳入样本当中。在理论上，现有
的社会分层研究文献通常假设男性是"养家糊口的主力，家庭的希望

----

[1] "Additional Memoranda" in Justin Winsor, ed., *Memorial History of Boston, Including Suffolk County, Massachusetts, 1630–1880* 4 vols.; (Boston, 1880–81), IV, 549.

与生活的转机的主要载体"①。这一点在今天也许不像过去那么正确了，但在本项研究所提及的那个时期，情况的确如此。此外，将样本限制为男性还有令人信服的现实原因。那就是，通过历史资料追踪女性长期的职业生涯困难重重，因为女性结婚时会变更姓氏，还因为她们的工作往往不被城市指南记录下来。上述困难，再加上缺乏与我的发现相对比的女性社会流动研究，足以令我推迟这种努力。但我很清楚，女性曾在职场中发挥过作用，值得进行比以往历史学家所做的更多的研究。举例来说，关于低收入家庭女性的补充收入在多大程度上为子女教育、购房等支出做出了贡献，我们需要知道更多。没能考察这个问题是本项研究的一个局限，我期待未来的研究者能很快弥补这一缺憾。②

通过现存记录追溯数千无名之辈的任务一旦完成，能搜集到的有关这每个人的所有信息都将存入一张 IBM 卡片，卡片会插入电脑，把信息灌进去。接到正确指令后，成堆表格会从电脑中喷涌而出，对包含在数据中的模式进行统计学归纳。本书的核心便是由这些表格中最重要的部分以及我对它们的解释构成的。

因此，这很大程度上是个定量研究。曾几何时，承认这一点可能还需要更充分的理由，因为历史学者往往高度怀疑统计分析。一小群

---

① S. M. Miller, "Comparative Social Mobility: A Trend Report and Bibliography", *Current Sociology*, 9(1960), 9.

② 最近一次有希望解决这些问题的尝试，见 Virginia Yans McLaughlin 未出版的博士论文 "Like the Fingers of the Hand: The Family and Community Life of First-Generation Italian-Americans in Buffalo, New York", State University of New York at Buffalo, 1970, summarized in part in McLaughlin's paper; "Patterns of Work and Family Organization: Buffalo's Italians," *Journal of Interdisciplinary History*, 2 (Autumn 1971), 299–314。亦见于 Peter Y, DeJong, Milton J. Brawer, and Stanely S. Rubin, "Patterns of Female Inter-generational Occupational Mobility: A Comparison with Male pattern of Inter-generational Occupational Mobility," *American Sociological Review*, 36 (December 1971), 1033–1042。

激进分子称赞计算机化的历史研究是未来潮流，是通往真理的唯一道路，而保守的大多数显然认为"所有重要的历史问题之所以重要，是因为它们不会受到量化答案的影响"[1]。两派之间展开了激烈而毫无结果的争论。在历史专业领域，对此问题的看法仍然存在一定的两极分化，但经验丰富的学者今天极少会采取任一极端的立场。我认为，越来越多的同侪会同意这样的观念，即计算机的确对一些重要的历史研究领域没有任何贡献，同时也有一些重要的历史问题可能被定量分析照亮。重大问题——无论有无价值——都太过抽象。真正的问题是，我们所提出的问题的性质和现有的证据是否需要这样或那样的分析策略，而且最好是具体问题具体分析。当然，我认为我的研究方式很适合手头这个题目。如果有些读者不赞同，我希望讨论能够集中于实际问题，而不是过去那种引发太多论战的不着边际的问题。

不过，我必须承认，有关定量历史研究的一个常见的抱怨是有些分量的，即读这种书是件苦差事，太折磨人。写这本书时，我已经尽我所能用了最清晰、最流畅的文笔，但毫无疑问，充斥着几十个统计表格的专著并非称心的床边读物。我假定读者对统计学一无所知，我在行文中讨论了那些重要的表格体现出的所有特点，这样一来，觉得统计细节太令人生畏的读者就可以快速地略过。但这本书意在成为一本学术著作而不是通俗读物，从这个角度来说，它不仅要得出有关美国城市性质的可靠结论，还要展示所有对证据的讨论、分析的过程以及得出那些结论的层层推理。我认为，了解一个研究者是如何披荆斩棘以及看到他在彼岸的最终发现，会让读者兴奋不已。但愿我的读者也能够同意这一点。

---

[1] Arthur M. Schlesinger, Jr., "The Humanist Looks at Empirical Social Research," *American Sociological Review*, 27(1962), 770.

第二章

人口增长，移民，人口流动率

    1880 年，有 33 万多人居住在波士顿城区范围之内，大约同样多的人住在周边的郊区。1970 年的人口普查发现，波士顿城区有将近 75 万人，整个大都市区则有 275 万人。对于理解现代波士顿社会的历史来说，没有什么比把握这一人口在集中过程中的特点与时间更为关键的了。

    在此将首先使用计算城市人口增长及原因的常规方法。计算得出的结论是，19 世纪末到 20 世纪初，波士顿吸引的新来者数量不多，因此人口增长缓慢。第一次世界大战后，更是出现了彻底的人口停滞。波士顿城区 1920 年的人口比 1970 年的还要多；整个波士顿大都市区的人口持续增长，但增速极低。对 1920 年后的时期净移民数的估计似乎表明，波士顿正在步阿巴拉契亚或密西西比的后尘，大量移民流向了那些更有活力的地区，而且没有外地来的新移民涌入。

    然而，事实将证明，这些传统的统计学分析对真实情况的反映是片面的且具有相当高的误导性。一些用以计算波士顿每年人口流入流出的全新的数据来源和评估程序将揭示出，这个城市的人口停滞只是表面上的，绝非实情如此。波士顿的人口流动率，流入或流出该市人口的总数，明显高于曾让我们信以为真的净移民估计数。波士顿人口流动率在过去 40 余年间曾小幅下降，但这并非从低流动到不流动的变化，而是从惊人的流动性到有所平稳但绝非静态的流动。19 世纪的民间传说总是把空间流动和西部画上等号，拿西部那开放的边界与封闭的城市作对比，弗雷德里克·杰克逊·特纳①的门徒后来的研究又强化了这种陈词滥调。但是，波士顿人口的移民习性挑战了这种观点，表明美国城市居民总体上生活在一个比传统认知更加多变的社会环境中。

一、人口增长率与净移民的贡献

在 19 世纪末期和 20 世纪头十年，波士顿人口以每十年 20％—25％的速度增长（见表 2.1）。这一速度低于全美城市人口的增长率，由此反映出一个事实：波士顿最显著的增长期已经过去，最具活力的人口增长发生在中西部和西部更年轻的城市。波士顿那些年的扩张只有与 1920 年后的模式相比才引人瞩目，1920 年后的两个十年，人口增长率只有 4％，1930 年代、1950 年代和 1960 年代都出现了事实上的流失。1970 年，波士顿本地人口比 1930 年减少了 18％。

表 2.1　1880—1970 年波士顿市和波士顿大都市区的人口变化与变化率[1]

波士顿市			波士顿大都市区		
年份	人口	百分比变化	人口	百分比变化	城区所占百分比
1880	362 839	—	797 610	—	46

---

① 弗雷德里克·杰克逊·特纳（1861—1932），美国历史学家，其主要观点是强调边疆在美国历史上的重要性。——译者

续表

	波士顿市		波士顿大都市区		
年份	人口	百分比变化	人口	百分比变化	城区所占百分比
1890	448 477	+ 24	1 029 453	+ 29	44
1900	560 892	+ 25	1 312 784	+ 28	43
1910	670 585	+ 20	1 602 023	+ 22	42
1920	748 060	+ 12	1 868 859	+ 17	40
1930	781 188	+ 4	2 168 566	+ 16	36
1940	770 816	− 1	2 209 608	+ 2	35
1950	801 444	+ 4	2 410 572	+ 10	33
1960	697 197	− 13	2 589 301	+ 7	27
1970	641 071	− 8	2 730 228	+ 5	24

[1] 1880—1960 年美国人口普查数据，正如列奥·F. 希诺与彼得·R. 奈茨在 Residence and Social Structure: Boston in the Ante-Bellum Period［载于 Stephan Thernstrom and Richard Sennett, ed., *Nineteenth-Century Cities: Essays in the New Urban History*（New Haven, Conn.: Yale University Press, 1969, P249）］一文中所示。1960 年波士顿的标准大都市统计区的边界回撤，因此这些数字适用于一个稳定的区域。在此期间，波士顿的城市边界没有太大变化，只在 1912 年并吞了海德公园（1910 年的人口是 15 507）。这个因素导致了许多城市得出了错误的人口增长率。正如希诺在他的著作 *The Urban Scene: Human Ecology and Demography*（New York: Free Press, 1965）中第 114—134 页指出的那样。1970 年的城区人口数字来自马萨诸塞州最终人口统计之前的报告，大都市区的人口数字来自初步报告，也许有些不准确。

　　说实话，这个数字有点误导人，理由之一是波士顿像其他美国城市一样，正经历着人口学家所谓的"人口分散"，越来越多的居民聚集在城市周边郊区的偏远社区里。① 按照法律上的定义来区分城市与整个大都市区对波士顿这个例子尤为重要，因为长期以来该市城区相比郊区一直比较小。即便是 1880 年，这个大城市也只有不足一半人

---

① Leo F. Schnore. *The Urban Scene: Human Ecology and Demography*（New York: Free Press. 1965), 79 - 113; Amos H, Hawley, *The Changing Shape of Metropolitan America: Deconcentration Since 1920*（Glencoe, Ⅲ.: Free Press, 1956）.

口居住在法定的城市范围内，到 1970 年，这个数字更是跌至不足四分之一。整个大都市区的人口增长数字表明，最近几十年中心城区的人口流失只不过反映出了奔向郊区的人口的激增，过去 90 年，波士顿标准大都市统计区的人口增长一直超过了城区。即便如此，情况依然很明显，整个波士顿大都市区人口增长的速度比一战前要低很多，这是几乎所有东北部主要中心城市都存在的模式。[①]

如何解释这些变化呢？许多情况都能影响一个特定社区的人口变化率，比如，为便于进入新市场而提供的交通升级，附近矿产资源的发现，将政府合同给到当地企业家的某些政治决策，诸如此类。但是，只有两种基本的人口统计过程（demographic processes）可以真正实现增长。在能使城市人口人为膨胀（自 1880 年以来这种现象在波士顿就未曾出现）的边界变迁因素缺席的情况下，所有的增长都必定是自然增长的结果，比如，本地出生人数超过了本地死亡人数，或者入境净移民数的增长，来波士顿定居的人数量超过了离开这座城市去往别处的人。

从表 2.2 中可以看出，波士顿人口增长的两个要素的重要性正在转移，该表对比了 1880 年的模式与 1940 年的模式。1880 年到 1890 年间，波士顿的人口增加了 85 638 人，增长了近 24%。这个增长中只有大约四分之一可归功于生育带来的变化；这十年中城区出生人口比死亡人数多了 20 459 人。这样一来，1880 年代定居本市的新来者数量定然超过了移居他处者，达 65 179 人。[②] 到 1890 年，自然增长

---

① Donald J. Bogue, *Population Growth in Standard Metropolitan Areas, 1900 - 1950* (Washington, D. C, : U. S. Government Printing Office, 1953), pp. 61 - 71.

② 也就是说，如果估算净迁移量的残差方法是正确的，则可得出此值。事实上，它可以产生相当有误导性的结果，这在正文和下文 P18 注 1 中将得到进一步说明。该方法得到的净迁移估计值过低，因为它将这一阶段发生的所有重大事件都算在阶段开始时住在那儿的人头上。还应该指出的是，估计净迁移量的残差法倾向于把所有误差——人口总数的计数错误、出生和死亡的登记错误、定义的改变等——都计入迁移项。

使得 1880 年的人口增加了 6%；净移民更为重要，增加人数达到了
1880 年人口的 18%。

表 2.2　1880—1890 年与 1940—1950 年波士顿的人口增长构成[1]

1880—1890		1940—1950	
1. 1880 人口	362 839	1. 1940 人口	964 282
2. 1890 人口	448 477	2. 1950 人口	979 228
3. 总变化	+ 85 638	3. 总变化	+ 14 946
4. 百分比变化	+ 24	4. 百分比变化	+ 1
5. 自然增长	+ 20 459	5. 自然增长	+ 65 358
6. 净移民	+ 65 179	6. 净移民	− 56 375
7. 自然增长占 1880 年人口百分比	+ 6	7. 自然增长占 1940 年人口百分比	+ 7
8. 净移民占 1880 年人口百分比	+ 18	8. 净移民占 1940 年人口百分比	− 6

[1] 人口的自然增长是根据波士顿城市登记处的年度出生与死亡报告计算出的。本表中
1880—1890 年的部分及下文中我对波士顿 1880 年人口的概要分析，是与彼得·R. 奈
茨合作得出的。参见 Thernstrom and Knights, "Men in Motion: Some Data and
Speculations about Urban Population Mobility in Nineteenth-Century America," *Journal of
Interdisciplinary History*, 1（Autumn 1970），7 - 35，转载于 Tamara K. Hareven, ed.,
Anonymous Americans: *Explorations in Nineteenth-Century Social History*（Englewood
Cliffs, N. J.: Prentice-Hall, 17 - 47.）中时有细节上的修正。1940—1950 年的数据来自
唐纳德·J. 伯格的 *Components of Population Change*, *1940 - 1950*: *Estimates of Net
Migration and Natural Increase for Each Standard Metropolitan Area and State Economic
Area*（Oxford, Ohio: Scripps Foundation for Research in Population Problems, 1957），
p. 61。除了波士顿，它们也适用于马萨诸塞州的中心城市洛威尔和劳伦斯。也许有读
者会问，为什么超出净移民的自然增长是 8 983 人，与人口总量变化的 14 946 人不相
等。那是因为 1940—1950 年计入总人口的另外 5 963 人是军事人员，在唐纳德·J. 伯
格的分析中被单独处理了。

　　将这一模式与 1940 年至 1950 年间的进行对比。（这里的数据包
括波士顿、劳伦斯和洛威尔，但单是波士顿的数据似乎不太可能有实

质性的不同。）这个阶段总人口只增加了 14 946 人，略多于 1％。不过，生育变化大致与前一阶段相等。出生人口比死亡人数多了 65 358人，这使得人口在没有移民带来变化的情况下，增长了 7％。这十年里，城市总人口增长缓慢的原因在于，净移民是负数而非正数。1880年代，波士顿迎来了 65 179 位移民，但在二战十年间，失去了 56 375位移民。这一巨大损失可归因于净流出几乎抵消了自然增长带来的收益，让这十年结束前人口只略微增加了一点点。

1950—1960 年的可比较的数字显示出这种模式在增强，城区有近 154 000 位移民的净流出和大约 50 000 人的自然增长，导致人口下降了约 104 000 人。[①] 曾经是人口膨胀主要来源的移民，已然成为增长的主要障碍。

计算每十年中波士顿人口变化的构成会是个过于费力的任务，不过，从已公布的关于整个马萨诸塞州人口增长的数据中，可以对这种模式发生巨大转变的时机有一定的了解。表 2.3 显示了从 1880 年到1950 年的每十年增长率，并对本州居民的自然增长及州外来的移民分别做了说明。正如表 2.1 中波士顿人口数与整个波士顿大都市区的人口数所示，增长率下降出现在一战前后。而可归因于净移民的增长量的锐减，也始于同一时间。1910 年之前，移民是马萨诸塞州人口增长的主要来源，在一战所在的那十年间虽仍然很重要，却比不上自然增长数；1920 年那一年，移民给州人口带来的增长很小；而在1930 年之后，变成了净流出，尽管这一损失被该州远超死亡率的出生率大幅抵消。这些数据适用于整个州，因此，移民要根据不同的字

---

① Ann Ratner Miller, *Net Intercensal Migration to Large Urban Areas of the United States, 1930–1940, 1940–1950, 1950–1960* (Philadelphia: Population Studies Center, University of Pennsylvania, 1964), p. 79.

眼来定义，即根据跨州的净流动，而不是城市内部净流动。但毫无疑问，单单波士顿一个城市的情况便可揭示出类似的模式。

表 2.3 马萨诸塞州 1880—1950 年人口增长构成[1]

年份	人口（千）	百分比	净迁移引起的百分比变化
1880	1 783	—	—
1890	2 239	+20	+73
1900	2 805	+20	+68
1910	3 363	+17	+62
1920	3 849	+13	+46
1930	4 245	+9	+10
1940	4 313	+2	−17
1950	4 666	+8	−7

[1]引自 Hope T. Eldridge and Dorothy Swaine Thomas, *Demographic Analyses and Interrelations* [vol. III of Simon Kuznets et al., *Population Redistribution and Economic Growth in the United States*, *1870 - 1950* (3 vols; Philadelphia: American Philosophical Society, 1947 - 1964)], pp. 240 - 243。

因此，标准的人口统计学证据似乎与司空见惯的刻板印象高度一致，即波士顿就是一个死气沉沉、步入中年的城市，与洛杉矶或芝加哥那种真正朝气蓬勃的大都市形成鲜明对照。即便是在 1880—1910 年间，波士顿人口的增长速度也相当有限；1920 年之后，市区人口实际上是在减少，而此时整个大都市区的人口仅以每年 1% 的平均速度在增长。更有甚者，一战前后这个城市对未来移民的吸引力似乎出现了显著下降。部分原因在于带有限制性的国家立法截断了移民来路，城市停止吸收外来新鲜血液，变得日益同系繁殖。而且，本地人也开始不再去往其他地方；本地出生率每年都超过死亡率，人口红利却悄悄地溜走了。

二、两次移民潮：对 1880 年代的进一步考察

上述一切都是实情，至少到目前而言是这样。波士顿市，还有整个波士顿大都市区，在总人口增长上都已经陷入了停滞不前，当然，后者程度较轻。这种停滞，很大程度上是因为它们不再从外部得到较大的净增量。但是，这个结论告诉我们的要比我们预想的少得多，因为最方便的人口统计学测量方法——人口增长率和对净移民流动的估计——在反映一个城市的人口构成时，是极其粗略且具有误导性的。说人口规模在某一特定时间段内保持不变，并不是说开始和结束时的人口构成都是同一群人。大体上来讲，所有的原始居民可能都在此期间离开，而他们的位置被同等数量的新来者所填补。净迁移的数字同样不足以衡量进出城市的迁移是否在大规模地进行，因为它们衡量的不是新移民和离开者的总流动，而是流入与流出人口之间的差。这种区别可能看起来微不足道且技术性很强，不过却非常重要。净迁移只是露出来的冰山一角，就像冰山一样，肉眼看不到的那部分会大好几倍。不仔细分析确定净迁移水平的两个组成部分，即迁入和迁出，就无法理解移民在塑造现代大都市特征方面所起到的作用。

带着这种认识，让我们重新审视 1880 年代波士顿市的人口变化。全市总人口从 1880 年的 362 839 人增长到 1890 年的 448 477 人，增幅不大，仅为 24％。估计有 65 179 位净移民迁入该市，约占所增加人

口的四分之三。① 人们很容易将此作为证据，以证明在这十年中总共有 65 179 人迁入波士顿。从这些残留的净数据中，不小心就会得出这样的结论：新近移民，在 1890 年只占波士顿市人口的 15%，这表明，即使在欧洲移民大量涌入的时代，这个城市相对稳定的长期居民也占压倒性优势。

然而，如果可以用这些数据对十年中每年流入与流出波士顿市的总移民数进行估计，也许会得到一种截然不同的印象。这样的分析表明，在 1890 年时，自 1880 年以来迁入波士顿的居民比例不是 15%，而是整整三分之一；进入城市的新移民人数是净移民数的好几倍；在 1880 年到 1890 年间的某一时间点上，居住在波士顿的单门独户家庭的实际数量令人吃惊，达到 296 388 户，是这十年间任何时候居住在波士顿的家庭总数的 3 倍多！

这些耸人听闻、实在令人难以置信的结论，是基于波士顿的年度城市名录得出的。直至 1921 年（但是，唉，以后不会了），波士顿的城市目录每年都会包括一个表格，列出没有在当前目录里出现的、已经删除的上一年目录中的项目数量，以及当前目录中未在上一年目录中出现的项目数量。② 这些增加和减少的项目列表，如果处理得当，

---

① 这种对剩余净移民的估计实际上有很大的误差，因为它错误地假定，在这十年中，该市所有的出生和死亡都可归于最初的人口。19 世纪 80 年代波士顿所有的出生和死亡人数都从 1890 年的人口总数中剔除，只有剩余的人口盈余归因于净移民。这么做忽略了一个事实，即其中一些出生和死亡数来自这十年迁入的移民。1880 年人口普查后进入城市的家庭生了孩子；移民生的孩子也有 1890 年之前死亡的。这两种影响的程度并不相同，因为新来者不成比例地集中在生育年龄段，这个年龄段的死亡率很低。我的同事彼得·奈茨想到一种方法，估算出 1880 年后移民在 19 世纪 80 年代的出生数和死亡数的比例。通过无需在此描述的复杂程序，他得出结论，1880 年至 1890 年间波士顿出生的婴儿中，至少有 28% 是在这十年间新来的移民所生，但只有 7% 的人死亡，因此，真实的净移民人数至少比简单的残差估计的 65 179 人多 26 000 人。
② 遗憾的是，逐年计算人口减少和增加的项目总数这种做法，大多数城市出版的城市名录都没有遵循。匆忙搜索 19 世纪 21 个大城市的名录，也没有找到其他（转下页）

可以为每年进出波士顿的移民数量提供令人满意的估计。[1]

1880年至1890年间，波士顿的人口从362 839人增加到448 477人，波士顿的城市名录中的数量也相应地从143 140人增加到195 149人，多了52 009人。（名录上的人数少于城市人口数，是因为名录中未包括儿童和依附他人生活的女性。）通过对城市名录这十年里每年增加的数字进行汇总，如表2.4所示，我们可知共有不少于398 995人的新项目，净增长大约52 000人，因为在这十年里，从目录中消失的项目数量惊人，共有超过350 000人！

然而，由于形式原始，项目增加与减少的总数并非计算人口流入流出的完美方法。困难之一在于，城市名录所列项目反映的不是波士顿大都市区人口流入流出的情况，而是在城市中心与郊区间的短距离迁移的人口数量。波士顿城市名录既收录了住在城区的人，也收录了许多郊区居民（见附录A对这一点的深入讨论），但它们对郊区尤其是大都市区外围的覆盖并不完美。表2.4中显示的迁移大部分是跨越大都市区边界的移动，但绝非全部如此。要确定这里的人口流动在多大程度上是在城市之间，而不是城市内部的，还需要对各种其他资料进行广泛的进一步研究，而这一任务在这里是无法尝试的。我能说的就是，这两种移动都出现在下面的图表中，未来对它们的相对重要性

（接上页）这样做的案例。因此，这里提出的估算方法可能不会直接适用于其他许多城市，但分析的逻辑应该适用。

[1] 当然，这个分析测试所依据的城市名录并非毫无错误；见附录A中关于其可靠性的讨论。在城市名录进行的统计中，主要的偏见并不像人们通常认为的那样是针对地位低下的群体本身，而是针对最近的移民。然而，就这种偏见占主导地位的程度而言，它是加强而非削弱了本章关于波士顿人口异常迅速流动的调查结果。对居住在这个城市的每个人（包括只是路过的流动散工）进行完全准确的统计，就会发现更多的流动人口。此外，应该指出，即使一套非常准确和全面的城市名录也会低估人口的实际流动性，因为1880年5月和1881年5月的调查会漏掉1880年5月以后移居到城市、1881年5月之前离开的人。可能有相当一部分人口属于这一类别。总而言之，这里给出的估计似乎有偏向保守的可能。

进行研究是非常必要的。

表 2.4　1880—1890 年波士顿总移民、净移民及人口流动一览

	1881—1885	1886—1890	十年总计
1. 城市名录新增项目	187 946	211 049	398 995
2. 减少项目	161 755	189 774	351 529
3. 项目/家庭比例[1]	2 029	2 131	—
4. 新增家庭（1÷3）	92 698	99 015	191 713
5. 减少家庭（2÷3）	79 780	89 033	168 813
6. 年满 21 岁男性[2]	16 388	17 509	33 897
7. 户主死亡数[3]	14 126	16 115	30 241
8. 流入家庭（4−6）	76 310	81 506	157 816
9. 流出家庭（5−7）	65 654	72 918	138 572
10. 人口流动量家庭（8＋9）[4]	141 964	154 424	296 388

[1] 根据 1880 年、1885 年和 1890 年的名录项目与当时联邦和州的波士顿人口普查中总家庭数比较得出。
[2] 根据 1880 年、1885 年和 1890 年波士顿人口的年龄构成的普查数据估算出来。
[3] 这一数字是十年间该市成年男子死亡总数，考虑到妇女为户主的家庭，还加上了六分之一的成年女性的死亡数。
[4] 人口流动数是人口流入和流出数的总和。

　　第二个问题更容易处理，即当地名录上不单有个人家庭户主的名单，还有商业企业的名单。公司和个人在数据中混在一起，为自己做买卖的个人被重复计算，一次在他们的住所，一次在他们的营业地点。因此，进入商界与进入城市是不可分割的，而企业的倒闭则与离开城市的移民有关。要完全满意地解决这个问题，就需要将当初名录制作者所执行的困难重重的制表任务重来一遍，这一次，个人和企业

名单要分别处理，而事实证明这是不可能的。但这种偏差影响可以得到局部的纠正。公布的人口普查数据显示了这十年中该市的家庭总数，由此可计算出家庭与表册总项目数的比率，这个数字略高于2。用列表中增加和删除的项目总数除以这个比率，可以得到目录中增加和删除的实际家庭的估值。① 将这些比率应用于1880—1890年的数字后表明，大约有191 713个家庭在这十年的某个时候新列入波士顿的城市名录，而在这十年中，从该名录中删除的家庭总数为168 813个。

另外两个必要的修正做起来很简单。名录上出现的一些新项目并不是由于城市外来移民的到来，而是由于该市的年轻居民到了列入清单的年龄——21岁。同样地，有些名字从名录上消失是因为死亡。这两种影响的大小可以从人口普查和城市名录数据中估计出来，去掉它们的影响，迁入和迁出的最终估计结果见表2.4。

在19世纪80年代，有157 816个家庭搬到了波士顿，超出1880年居住在那里的家庭的两倍多！这究竟代表了多少外来人口还不能确定。如果迁入家庭的平均规模与已定居家庭的平均规模相同——也就是说一户5人——就意味着在这一短暂的时间内，总共竟然有近80万人（157 816×5＝789 080）搬进了波士顿。然而，这仅仅是最粗略的猜测，我也不会在它的准确性上押注过多，因为很有可能，在移民潮中，家庭规模异常微小的单身人士和男子的人数远超比例。我们决不能肯定地说，情况就是这样。一项对19世纪中期加拿大某城市的

---

① 这是假设企业和个人的流动率大致相同。这可能并不完全正确，但是，对1880年人口普查计划手稿中波士顿男性样本特征的分析显示，个体商人在该社区停留10年的频率高于普通市民，这表明企业流动量很可能并不会抬高这里给出的估计。在对19世纪马萨诸塞州伍斯特市和波士顿的人口研究中，乌普萨拉大学的苏尼·阿克曼教授已经能够单独讨论商业企业的流动量，他告诉我，这对目前的问题没有多大意义。

详细研究显示，城市里的流动者和定居者在家庭规模上并没有显著差异。① 由于缺少加拿大城市研究中所使用的那类更完善的证据，我们现在只能说，19 世纪 80 年代搬到波士顿的 157 816 个家庭，根据其平均规模，最少包含了 157 816 人，最多有近 80 万。②

如果这股新移民潮没有被其他人口统计过程所抵消的话，这座城市的总人口增长将远远超过其实际增长的 24％。的确，如果平均每个移民家庭有 5 人，这个数字将增加两倍。但事实上，有一股强大的反作用力在起作用，因为同一时期离开这座城市的家庭不少于 138 572 户。尽管流入的移民数量巨大，却只比流出城市的移民数量多了 14％。因此，绝大多数新移民只是填补了流出的移民留下的空当。

早先使用的估计净移民数量的残差法得出的结果，可能会被粗心地理解为 1890 年波士顿人口只有不到 15％是由新近进入城市的移民组成的。然而，净移民人数计算没有为判断新移民在人口中所占比例提供可靠的依据。在一段时间内虽然发现了许多新来者，只要他们填补了迁出人口留下的空白，净移民数为零仍是有可能的。在估算 1890 年波士顿新移民比例时，两种与残差法不同且更令人满意的方法显示，新移民实际比例至少为三分之一。

第一种方法就是努力追踪 1890 年城市名录上从 1880 年美国人口普查中抽取的波士顿成年男性样本的成员（$N = 1\,982$），结果显示，其中 64％的人 1890 年时仍然生活在这个城市；将这一留守率

① Michael B, Katz. "The People of a Canadian City: 1851 - 52," *Canadian Historical Review*, 53(1972), pp. 402 - 426.
② 见这个分析的早期版本，即 Stephan Thernstrom and Peter R. Knights "Men in Motion: Some Data and Speculations about Urban Population Mobility in Nineteenth-Century America," *Journal of Interdisciplinary History*, 1 (Autumn, 1970), 7 - 35, 而我现在觉得，将家庭迁徙的估值乘以 5 得出个人迁移的估值，奈茨和我都太自信了，目前更谨慎的算法得出的结果比较准确。

（persistence rate）应用于总人口，1890 年将产生 232 217 人。此外，这十年间在这个城市出生的孩子也使 1890 年的人口总数出现了增长。利用这十年间波士顿的人口出生总数、10 岁以下死亡儿童的数量以及估计的幼儿迁出率计算，在 1880 年代波士顿出生的 115 974 个婴儿中，有 47 059 个被 1890 年的人口普查员计入总数当中。[1] 将这些孩

---

① 1890 年波士顿的人口可以分为三个部分：自 1880 年以来或在此之前就一直居住在该市的人；1880 年以后出生在波士顿、1890 年仍然居住在那里的人；以及这十年内从其他地方进入该市并留在那里的迁移者（迁移者的净总数）。第一个组成部分是通过对 1890 年本地名录中 1880 位居民的普查样本（占 1880 年人口的 64％）的持续跟踪估计出来的。如果已知第二个部分（1890 年人口减去 1880 年留守者和存活新生儿童的总和＝净迁移），那么第三个部分就可以精确地计算出来。因此，这在很大程度上取决于能否获得一个有效的估计值，以估计 19 世纪 80 年代出生在波士顿、1890 年仍留在那里的儿童人数；这是合理地准确估计出这十年中城市净移民的关键。

粗心的人可能会得出这样的结论：19 世纪 80 年代波士顿的新生儿总数为 115 974 人，这是个令人满意的、与 1890 年的这部分人口接近的近似值。然而，实际上这个数字是 47 059，只有估值的 40％。许多新生儿在 1890 年之前死亡；另有许多儿童随父母离开该市。为了估计这两种影响的大小，我们做了几个假设。一是城市登记员关于人口出生和死亡的年度报告足够准确，可以使用；二是假定有 50％被认定为"生在美国"的死亡儿童是在波士顿出生的。1885 年和 1895 年的州人口普查显示，居住在波士顿的所有美国出生的人口中，有 50％到 60％出生在波士顿。较低的那个数字被用来作为对"生在波士顿"的儿童死亡的相应比例的保守估计。最后，通过分析 1880—1881 年、1885—1886 年和 1890—1891 年间城市名录中列表的变化，我们发现每年大约有 16％的家庭迁出该市。详情参见 Thernstrom and Knights，"Men in Motion."。由于缺乏更精确的数据，这一比例适用于成群儿童。

估算所用的方法简单而乏味。对于 1880 年出生在波士顿的孩子，我们知道其中 1 岁和 1 岁以下生于美国之儿童的死亡人数。对于 1881—1884 年间出生的，我们知道其中 1 岁和 5 岁生于美国之儿童的死亡人数；对于 1885—1889 年出生的，我们知道 5 岁到 10 岁生于美国之儿童的死亡人数。这十年中，1880 年出生人群的死亡将是下列各组生于波士顿的所有死亡人数（相当于本地出生人数的一半）的总和：1880 年，所有年龄在 1 岁以下的孩子；1881 年到 1885 年，1 岁到 5 岁儿童的五分之一，此后直到 1889 年，我们改取 5 岁到 10 岁的死亡儿童数的五分之一。这样就对 1880 年出生于波士顿的儿童每年的死亡人数做出了估计。1880 年出生的人口最初为 10 654 人，然后我们减去 333，即这一年波士顿出生儿童的估计死亡人数，再减去 1776，即估计出的六分之一的外迁儿童数。这样还剩下 8 545 人，在 1881 年初，这些人代表了 1880 年序列的人口规模。继续这个估算过程直到 1890 年，就产生了 1880 年序列的 1 571 个残差。然后在 1881 年序列中继续这一过程，从 1881 年开始一直到 1890 年，最后将 1880—1889 年的所有 10 个序列的残差相加，总数是 47 059。

子与那 232 217 位留守者相加，结果表明，1890 年，波士顿的 448 447 位居民当中有 279 276 人既出生在那儿、这十年中又一直生活在那儿。剩下的 169 210 人，就是 1880 年代来到波士顿并留下的移民。那就意味着波士顿 1890 年的人口中，有 38％由新移民组成。

这一估计可以从 1895 年马萨诸塞州的人口普查中得到一些证实。人口普查调查了居民的居住年限，但并未询问具体在哪个城市。这些单独为波士顿制作的数据表格表明，1895 年，该市 10 岁或 10 岁以上的人口中，有 24％是自 1885 年就已经迁入波士顿的。[1] 然而，我们想知道的是，在这段时间里有多少人搬到了波士顿，因为居住在该州并不等于居住在该市；毕竟，许多新到波士顿的人都来自马萨诸塞州的其他地方。面对 24％的移民来自州外这一情况，我们还必须为这类州内移民留下一些空间。判定这一移民潮的存在虽没有坚实的基础，但从下列数据中可以得到某些线索：1895 年，总人口的 8％出生在马萨诸塞州之内波士顿之外。这个数字是针对总人口的，包括了极少有机会迁移到该市的儿童，波士顿人口中 10 岁以上的州内移民的比例无疑要高出许多。而且，肯定还有出生在其他州或其他国家的移民在 1885 年之前搬到马萨诸塞州，但只在 1896 到 1895 年之间来到了波士顿。另一方面，8％这个数字适用于那些在出生后任何时候搬到波士顿的人，其中许多人肯定在 10 岁之前就搬到了那里。然而，我们很难相信，这一最后考虑的影响会强大到令估计的数字偏差到另一个方向。所以，我可以由此判断：1895 年波士顿的居民中至少有 32％（24％＋8％），也很可能是 35％到 40％，在之前的十年里搬进

---

[1] Massachusetts Bureau of Statistics of Labor, *Census of the Commonwealth of Massachusetts, 1895, Volume II, Population and Social Statistics* (Boston, 1897), pp. 333, 672, 790 – 791.

了这个城市，这个数字与之前对 1880—1890 年的估计相当吻合。很难再让数字更加精确，但 1890 年时住在波士顿的人中有三分之一或者稍多一点是在前十年里迁入的，这一点应该是无可争议的。

1880 年到 1890 年，波士顿只经历了 24％ 这一有限的人口增长，研究人口变化的学生通常依赖的净移民计算法则表明，流入城市的移民数量似乎也很有限。大约有 65 000 多名新移民来到这座城市，在这个十年结束时，他们只占该市人口的 15％。但是，这些平淡无奇的结论却是大错特错。波士顿居民中至少有三分之一是在过去几年里来到此地的。我们不知道这十年中的某一时间进入城市的个人移民的精确数字，但至少有 157 000 人，也可能是 800 000 人之多。1880—1890 年间，该市净人口变化的规模不大，但那只是因为流经该市的两股非常强大的移民潮互相产生了抵消，留下的净数字不过是涓涓细流而已。

三、自 1890 年开始的两股移民潮

对 19 世纪 80 年代波士顿人口变化的决定性因素进行更深入的研究，应该足以确立一个具有广泛意义的观点：净数据可能会对人口迁移过程和城市增长动态产生严重的误导。表 2.1 所示的总体增长率，以及表 2.2 和 2.3 所示的对增长净成分的简单分析，都无法向我们提供有关 19 世纪晚期波士顿普遍存在的相当惊人的人口流动的线索。

当然，这一发现的暗示之一是，波士顿近几十年来表面上的人口停滞的状况可能比实际情况更为明显。大约在第一次世界大战期间，城市本身的和整个大都市区的总体增长率开始下降，与此同时，进入城市的净移民率也陡然下降。但是，这并不一定意味着波士顿的人口比以前明显地更稳定了，来自城市外部的新居民越来越少了。从 1930 年开始，波士顿遭受了轻微的净移民损失，但这是否意味着新的移民完全停止进入城市，意味着有少量的人离开此地，或者意味着迁入的移民数量持续增加但迁出的数量更大，从净数据中都无法辨别。

　　这个问题没有明确的答案，不妨直说吧，也不可能在这里给出。根据已出版的资料估计净移民人数是件相当简单的事情，这无疑正是人口统计学家为什么习惯于使用净数据的原因。要得到可用来评估共同决定净迁移规模的两种相反迁移流的数据，比前者困难得多。我们已经看到，1880 年代波士顿城市名录提供的信息经过一些调整，可以用于这一目的。令人遗憾的是，将每年增加和减少的名单列成表格的做法到 1922 年时便不再继续，当时，该市总增长率和净移民数对人口变化的贡献正在开始发生根本的变化。考虑到可能会发生我们已经在 1880 年代看到的重大变化，如果 1920 年后变化真的发生，去详细分析 1890—1920 年的城市名录中的移民资料，煞费苦心地分辨商业流动、户主死亡数及年轻人年龄增长的种种影响，就似乎显得不那么值得了。但是，增加和删除项目的原始数据确实为这一时期进出城市的总体迁移水平提供了一个粗略印象，这些数据如表 2.5 所示。

表 2.5　1881—1920 年波士顿每十年增加和减少的城市名录项目及移民效率

	1881—1890	1891—1900	1901—1910	1911—1920
1. 十年之初的人口	362 839	448 477	560 892	670 585
2. 十年中增加项目总数[1]	398 995	501 288	611 872	701 062
3. 十年中减少项目总数	351 529	444 942	551 965	645 515
4. 流动人口项目	750 524	946 230	1 163 837	1 346 577

续表

	1881—1890	1891—1900	1901—1910	1911—1920
5. 清单中人口净变化	+ 47 466	+ 56 346	+ 59 907	+ 55 547
6. 移民效率估算[2]	0.06	0.06	0.05	0.04

[1]1901—1910 年和 1911—1920 年的增加项目和删除项目数据，都可能出现小错误。因为 1910 年和 1920 年的城市名录无法获得。此处采用统计前 3 年的平均增列数字和减列数字作为缺失年份的估计数。
[2]迁移有效性指标是净迁移（不考虑正负）占总流动人口的百分比。它表明了由移民引起的人口变化与迁移总人数之比，从而衡量了两种迁移流相互抵消的程度。当然，使用未经校正的名录项目（添加和删除项目）会使数据非常粗糙，例如，它们不能与表 2.7 中给出的迁移有效性指标进行精确的比较。但是，对我们的目的来说，是足够准确的。商业流动率和不受控制的生育变化率在这一时期内的波动似乎不太可能大到造成迁移有效性指标显著下降。毫无疑问，未能纠正这些影响在一定程度上压低了该指标，但这种扭曲本应以几乎相同的方式影响所有 4 个十年的数据。

　　起码到 1920 年，仍有大量的新移民继续涌入波士顿，同时也有大量的人离开此地去往别处。这一点似乎没有什么疑问。从 1880 年到 1920 年的 40 年中，城市名录中新增加的项目数量，每一年都超过了这十年之初波士顿的总人口。不过，删除的项目数量同样巨大。移民的"效率"——通过迁移实现的人口变化与移民总量的比例——低得异乎寻常。[①] 在 19 世纪 80 年代进出波士顿的几十万人潮中，只有 6% 的人口起到了改变总人口的作用；在第一次世界大战期间，这一数字仅为 4%。移民的水平仍然高得令人头晕目眩，但绝大多数迁入的移民只是在取代离开的移民。

　　关于 1920 年以来的这段时期，要有把握地说清楚是比较困难的，但是可以大胆地得出一些试探性的结论。很明显，进入波士顿地区的

[①] 关于移民"效率"的总体讨论，见 Henry S. Shyrock, *Population Mobility within the United States* (Chicago: Community and Family Study Center, University of Chicago, 1964), pp. 287 ff。

新移民数量有所减少。这种变化的一个迹象和主要原因，可以从居住在波士顿的外国移民百分比的变化上看出来（见表 2.6）。在 19 世纪晚期和 20 世纪早期，每次人口普查时大约三分之一的该市居民——分别是 1880 年/32％、1890 年/35％、1900 年/35％、1910 年/36％、1920 年/32％——出生于美国之外，而且，因为年轻人在绝大多数远距离移民潮中都远远超出比例，迁入的劳动力中的这部分要比这个比例更高。例如，1910 年该市的外国出生者中 21 岁以上男性所占比例是 45％。1921 年和 1924 年的限制性立法使得移民大潮减缓为涓涓细流，遏制了这一人口活力之源。到 1940 年，波士顿人口中海外移民的比例下降到 23％；到 1960 年，这一比例仅为 12％，而这一小群人中的大多数都是几十年前搬进该市的老年人。

表 2.6　生在马萨诸塞州、美国其他州及外国者在波士顿人口中占比（1880—1960）[1]

年份	出生地		
	马萨诸塞	美国其他州	外国
1880	54	14	32
1890	50	15	35
1900	51	14	35
1910	52	12	36
1920	56	12	32
1930	59	11	30
1940	n. a.	n. a.	23
1950	n. a.	n. a.	16
1960	70	18	12

[1] 选自美国人口普查局相关人口数据，1880 年至 1940 年的数字指的是波士顿市，1950 年至 1960 年的数字指的是整个波士顿大都市区。1940 年和 1950 年没有为马萨诸塞州出生的人做单独的表格。

　　当然了，大规模移民造成的真空可能完全由国内移民的增加来填补。这种情况某种程度上就发生在底特律和芝加哥这样的城市，这些城市是南部黑人和贫穷白人进入城市文明的主要端口。但波士顿并非这类人群的主要接待中心。关于内部移民对城市人口的贡献，可以找到一种粗略但有用的指标来描述，即该市有多少居民是在该市所在的州内出生的。当然，这在一定程度上低估了国内移民数，因为它没有计算出生在同一州内但从其他城市进入该市的人数。不过，出生于马萨诸塞州但在波士顿以外的人，一定是这个城市里出生于马萨诸塞州人口中的少数。

　　唯一有确切证据的日期是1885年和1895年，当时，国家人口普查按城市和出生州对个人进行分类。1885年，马萨诸塞州出生的波士顿居民中有四分之三出生在波士顿，1895年，这一比例为83%。找不到20世纪的可比较数据，但这表明就我们的目的而言，州出生数据还算是城市出生数据一个不坏的替代品。因此，由这一数据可知，在1880年，54%的波士顿人口出生于马萨诸塞州，14%来自其他州，32%来自国外。而1960年，70%的本市居民出生在本州，18%出生在其他州，12%出生在国外。来自美国之外的移民比例下降了20个点，其中四分之三被马萨诸塞出生人口数量的上升所平衡，只有四分之一是因为来自其他州的移民数量的增加。作为出生于外地而迁入波士顿的人口比例显著下降的证据，它并非无懈可击，也不是直接证据，因为马萨诸塞州出生的居民数量的整体上升可能是由于出生于本州而非波士顿的人的大量涌入，但这似乎极不可能。迁入城市且定居时间能长到被人口普查员记录在案的新移民，其比例肯定低于19世纪末和20世纪初。

　　然而，变化并不像通常认为的那么迅速和剧烈。近几十年，波士

顿人并未变得比过去更稳定不动、更安心于扎根本市。1880 年该市
大约 64％的成年男性居民在 1890 年仍然待在那儿。1910—1920 年的
对应数据是 41％；1930—1940 年是 59％；1958—1968 年是 46％。
估算这些数据采用的方法复杂而混乱，就此得出结论说这一时期迁出
移民比例出现了真正的长期增长，是不明智的。[①] 然而，这一证据无
论有多么不完美，都确凿无疑地表明了在 20 世纪，波士顿人口并没
有出现明显的定居。

　　这些年来，大量人口从波士顿迁出，当然，从城市所遭受的相当
严重的净迁移损失来看，这一点已经很明显了。但这些持续性的人口
数据表明，迁出移民流要比我们从净数据中推测的大许多。若非出现

---

① 由于附录 A 中解释的原因，在 1880 年、1910 年、1930 年和 1958 年精确的人口抽
　样中不可避免存在着差异。文中给出的 1880 年的持久性数据适用于年龄在 20—39
　岁之间的男性，他们在 1880 年美国人口普查手稿的表中被列为波士顿居民。1910
　年的样本由当年在波士顿结婚的男性组成。已婚男性的特点是比单身男性更稳
　定——1880 年至 1890 年间，已婚男性的留守率为 67％，而单身男性仅为 45％——
　但是这个样本的留守率却非常低，只有 41％。而我怀疑，这些男性中许多都不是波
　士顿的正常居民，到那儿去只是为了结婚，对这点怀疑我找到了一些支撑，那就是
　与其他样本相比，他们中被列入波士顿城市名录的比例要低得多。1930—1940 年
　为 59％，这一数据的样本是 1930 年妻子在波士顿生下男婴的男性；并不比 1880—
　1890 已婚男性 67％的留守率低很多，而且可能相当准确。1958—1968 年的数据
　（46％）来自 1958 年波士顿城市名录中列出的男性样本，这一数字无疑有些过低。
　到这个时候，波士顿的去中心化已经将整个大都市区很大一部分人口转移到了郊
　区，用于追踪样本成员的城市名录提供的覆盖范围并不完整，没有列入未在城市工
　作的郊区居民。大规模迁出移民中有一部分是从波士顿到郊区的短途移民，这在
　一定程度上影响了所有的样本。见附录 A 中的进一步讨论。但在这段时间里，它变
　得越来越重要，在解释 1958 至 1968 年的留守率数据时，尤其要记住这一点。
　　　应该指出的是，留守率估计不能直接转换为真实的外迁移率。这个十年中 25％
　的留守率并不意味着在此期间有 75％的居民迁出了社区；有些人消失是因为死亡。
　在对 1880 年、1885 年和 1890 年波士顿人口变化的这两个组成部分进行仔细分析
　后发现，每年约有 20％的人口从这座城市消失（分别为 20％、19％和 21％），在消
　失者中，死亡的只占不到五分之一；1880 年真正的外迁率是 16％，1885 年是
　16％，1890 年是 17％。参见 Thernstrom and Knights, "Men in Motion." 自 19 世纪
　80 年代以来居民寿命的增长意味着，如果将留守率从 100％中减去，就会更接近真
　实的外迁移率；记录这些变化的文件，参见 Paul H. Jacobson, "Cohort Survival for
　Generations Since 1840," *Milbank Memorial Fund Quarterly*，42（July 1964），
　36 - 53。

了一些外来人口，城市要维持如此大规模的外来人口迁移而不使总人口急剧下降是不可能的。20 世纪 30 年代以后，尽管净迁移规模呈负向倾斜，但一定还有持续的移民进入社区，参与迁移过程的总人数和以前一样，均大大高于净迁移人数。

目前还不清楚这个数字到底有多高，因为还没有城市名录上项目添加和删除的列表信息，但是已经公布的人口普查资料提供了一些线索。1940 年和 1960 年，美国人口普查都曾询问美国人 5 年前住在哪里。但由此得来的有关移入和迁出的信息并不能与当年的城市名录完全对应，因为选择 5 年这个时间间隔，漏掉了这 5 年内所有来了又离开的移民——那些 1935 年之后来 1940 年之前走的人，或者 1955 年之后来 1960 年之前走的人。由于新近来到一个地方的人比长期居民更有可能在不久的将来离开这里，[1] 人口普查数据将这些年来波士顿人口的流动性降到了最低。

即便如此，如表 2.7 所示，人口普查数据仍然显示出在大量移民进入波士顿的同时，也有大量移民离开了那里。大萧条后期，有超过 44 000 人在净移民中流失，而实际上，1935 年住在波士顿而 1940 年离开的人两倍于此。这些迁出移民中有一半被这些年里来到此地的新来者所代替。同样地，整个波士顿大都市区在 1955 年和 1960 年间，净移民流失了 56 364 人，但实际上有 4 倍多的人——233 522 人——离开，他们留下的大部分空缺由同时迁入的 177 158 位后来者所消化。迁移的有效性显然比过去大得多（尽管数据收集方式上的差异是原因之一），但最引人注目的是，即便在 1935—1940 年间，进出波士

---

[1] 关于新近进入社区的人在向外迁移的人群中所占比例过高的趋势，参见 Sidney Goldstein, *Patterns of Mobility, 1910 - 1950: The Norristown Study* (Philadelphia: University of Pennsylvania Press, 1958), pp. 207 ff。

顿的人占总人口的 67％，1950—1960 年间这个数字达到了 86％，人口规模仍然没有受到什么影响。

表 2.7 流入与流出波士顿的移民：1935—1940 年及 1955—1960 年[1]

	1935—1940	1955—1960
1. 总人口（最终数据）	721 110	2 317 570
2. 流入移民	43 855	177 158
3. 流出移民	88 117	233 522
4. 流动量（2＋3）	131 972	410 680
5. 净移民	－ 44 262	－ 56 364
6. 迁移效率指数	0.33	0.14

[1]美国人口普查局，1940 年，*Population：Internal Migration 1935 to 1940*，20；1960，Final Report PC（2）- 2C，*Mobility for Metropolitan Areas*，表 4 和表 5。1935—1940 年的数据属于波士顿市；1955—1960 年的数据属于波士顿大都市区。每一时段终点的基本人口由总人口减去这段时间内出生的儿童，即 1940 年或 1960 年 5 岁以下的儿童所得出。

如果波士顿可作参考的话，最为明确的一般性结论就是，现代美国大都市的人口流动比我们讨论这个问题时根据惯用证据猜测出来的数字要大得多。衡量人口数量随时间而产生的净变化，衡量净迁移和自然增长的相对贡献，只能给真实情况提供最不充分的暗示，因为迁移过程造成了人口的大幅下降，人口流动被通常使用的计算方法抵消了。① 在一个人口实际上被快速重新洗牌的城市里，表面上的人口增

① 最近的人口研究强调了相同的观点，见 Ira S. Lowry, *Migration and Metropolitan Growth：Two Analytical Models*（San Francisco：Chandler, 1966）and Peter A. Morrison, "Urban Growth, New Cities, and 'the Population Problem,'" *Rand Corporation Paper* No. P - 4515 - 1,（Santa Monica, California: Rand Corporation, 1970.）。

长停滞会很常见。

然而，近几十年来，波士顿人口似乎的确变得更稳定了。很遗憾，我们的证据并不完整，但马萨诸塞州出生的居民数量（见表2.6）的增长说明了这一点，表2.7所示的1935—1940年及1955—1960年的人口流动总量明显低于1880年代的数据，加上所有因人口普查提问性质而被忽略的短期移民作为适当补偿，都是这种变化令人信服的依据。虽然波士顿人口流动性仍然比净数据显示的高许多，席卷全市的移民潮在1920年前后已经不再那么强大了。因为一战及后来的限制性立法而受阻的大量欧洲移民，来自新英格兰农村的潜在移民池的缩水，还有大西洋沿岸中心城市人口的爆炸性增长，全都是促成这一结果的因素。

波士顿人口变得不那么波动不定了，尽管绝非停滞不前。为了理解这一人口变化的重要性，接下来我们必须探讨这些年里进入城市的移民与离开城市的移民有何相应变化。这种变化很可能改变了该市人口的社会经济构成，重塑了当地的机会结构。

第三章

差别迁移与经济机会

　　1880 年以来的波士顿人口增长疲软无力，但是在看似稳定的表面下的净数字显示出了惊人的流动性。每年，数以万计的移民涌入该市，数以万计的人离开此地去往别处。然而，如果以该市人口作为整体来说是波动剧烈的，那么该市的某些居民一定比其他人更爱迁移。本书大部分篇幅致力于分析个人及家庭居住在波士顿时的职业模式。但首先必须做好的准备，就是确定这些年里进入该市的是哪种人，离开的又是哪种人。波士顿不是一个有自给自足的社会体系的孤岛，可以孤立开来分析。它既是人口资源的主要输入者，也是主要输出者，它的社会结构类型受到这两种潮流变化特征的严重影响。

　　首先，我们必须评估过去一个世纪波士顿新来者的社会特征与经济特点，确定他们最初在职业阶梯上的哪一级安身立命。流行的民间传说中充满了移民和世俗成功之间关联的刻板印象——什么苦苦挣扎的移民小伙自力更生啦；什么树挪死人挪活啦——近几十年探讨人的迁移与经济机会的社会学文献也非常多。但民间传说只是社会现实的蹩脚参考，社会学文献虽然有用，却相互矛盾而且过于笼统。正如我们将看到的，在过去的一个世纪里，人口向城市迁移的特征发生了重大的历史性变化，这些变化尚未得到适当的承认，而且在特定的迁移群体之间也存在着显著的差异。对移民的笼统概括，使我们在面对不同群体和不同历史时期的经验的多样性时措手不及。

本章要探讨的另一个关键问题，是这一时期从波士顿迁出的人口在构成上的变化。移民过程中的这一面在既有文献中几乎被完全忽略了，最初人口从乡村搬到城市的戏剧性场面吸引了所有研究的注意，但研究者忘了，迁移的冲动并不一定会被最初到达的地方所扼杀。在我们研究的整个时段内，不断有大量的人离开波士顿，这一点已讲得很清楚。本章中我们可以看到，从 19 世纪末到 20 世纪中期，移民潮的社会构成发生了巨大的变化，这一变化严重影响了城市内可获得的各种机会。

一、城市新来者的职业等级

社会科学家已经提出了两种描述新移民在城市阶级体系中位置的模型，两种互相矛盾的模型。其中之一可以称之为城市自动扶梯模型（urban-escalator model）。按照这种模型，来到该市的移民通常进入劳动力市场的底层，提供廉价且流动性强的劳动力供给（labor supply），这会刺激经济增长，并会为更习惯于城市工业化方式的男性创造更上一层的就业机会。[1] 绝大多数支持这种观点的研究，讨论的都是从美

---

[1] 支持这种观点的社会学文献，见 S. M. Lipset and Reinhard Bendix, *Social Mobility in Industrial Society* (Berkeley: University of California Press, 1959), pp. 104 - 107, 204 - 226。这一路的代表性的研究除利普塞特和本迪克斯提到的之外，还有 Howard W. Beers and Catherine Heflin, "The Urban Status of Rural Migrants", *Social Forces*, 23(1944), 32 - 37; Grace G, Leybourne, "Urban Adjustments of Migrants from the Southern Appalachian Plateaus," *Social Forces*, 16(1937),238 - 246。

国农村来的移民。不过，在大量研究美国城市里的欧洲移民被同化的
过程的历史学与社会学著作中，论点也大致相同。这种观点认为，来
自城市之外的移民起初都是进入社会底层，在职业阶梯的较低位置找
到工作。但随着时间的推移，他们适应了城市环境的要求，开始努力
争取更好的职位，同时，其他涌入城市的新来者会接替他们留下的那
些薪水微薄的粗笨工作。

近来，这种人的迁移及同化模型被用来解释大多数城市黑人何以
会经济地位如此黯淡。它指出，今天的黑人可谓是"最后的移民"，
他们之所以经济成就低下，很大程度上可归咎于他们来自落后的农
村，源源不断地涌入贫民区，既没文化也没技术。[1]　一旦准备不足的
黑人农村移民的存量耗尽，黑人城市居民很可能会像他们的前辈一
样，被自动扶梯运往上层。

当然，城市自动扶梯模型不仅牵涉到新移民在城市职业阶梯上的
初始位置，还涉及移民及其后代后来在城市中所经历的社会流动性。
后面的章节将对这一问题提供广泛的分析，评估欧洲移民群体的流动
性，宗教差异对流动模式的影响，以及波士顿黑人的经济地位。这里
我们只涉及移民初次进入当地劳动力市场时的位置。

当代的一些研究对于典型的城市外来务工者以及外来务工者身份
与职业等级之间的关系有了截然不同的认识。研究表明，如今的进城
务工者"在教育和职业方面的排名往往高于城市的原有人口"。[2]《美

[1] 例如 Oscar Handlin, *The Newcomers: Negroes and Puerto Ricans in a Changing Metropolis* (Cambridge Mass.: Harvard University Press, 1959); Philip M. Hauser, "Demographic Factors in the Integration of the Negro," *Daedalus*, 94 (Fall 1965), 847–877。

[2] Charles Tilly, "Race and Migration lo the American City," in James Q. Wilson, ed., *The Metropolitan Enigma* (Cambridge, Mass.: Harvard University Press, 1968), pp. 135–157; Peter M. Blau and Otis Dudley Duncan, *The American Occupational Structure* (New York: Wiley 1967), chap. 7.

国的职业结构》（*The American Occupational Structure*）是一部厚重而权威的研究成果，书中，彼得·M. 布劳①和奥蒂斯·达德利·邓肯②强调了移民的优势，尽管他们也承认，无法确定到底是因为最有才华、最有抱负的人不太可能待在家里，还是因为遇到不同环境的刺激体验本身就能培养出有利于成功的特质。他们断言，无论原因是什么，这种模式都确定无疑。今天的移民往往会直接占据更好的位置，而不是进入城市底层，把顶层空间留给城市原有的长住民。

这两种对立的观点并不一定不可调和，针对城市化进程的特定历史时期，两种观点可能都是对的。在城市从美国与欧洲的农村招徕大批人口时，认为进城移民起初地位低下的观点可能是比较恰当的。某些研究认为今天进入城市中心的移民地位更高，可能源于这样一个简单的事实：今天的大部分移民来自其他城市，并未带来传统上与乡村生活紧密相关的不利的背景因素。③ 目前，这项研究的数据是从 1880 年开始的——其时，美国人口只有不到四分之一居住在人口超过 2 500 人的城市里，大量欧洲农民就是在此时涌入这些沿海城市——直到 1960 年，因此，为核实当代社会研究中那些相互抵触的概括提供了一种手段。

表 3.1 显示了 4 个时间点（1880 年，1910 年，1930 年，1960

① 美国社会学家，最著名的现代社会交换理论学家，其交换理论被称为结构交换理论，以区别于霍曼斯的行为主义交换理论。——译者
② 美国社会学家，著名的实证社会学大师，建立了第一个新社会科学范式——POET 模式。他和彼得·M. 布劳共同提出的社会经济地位指数测量作为一种标准的阶级背景测量工具在美国流行了近 40 年。——译者
③ 这种调和两种观点的思路是在 20 世纪 40 年代对明尼苏达州圣保罗市的移民进行的一项研究中提出的。研究显示，来自农村和小城镇背景的移民集中在职业结构的最底层，但来自城市的新移民的就业等级远远高于定居人口。Maurice C. Benewitz, "Migrant and Nonmigrant Occupational Patterns," *Industrial and Labor Relations Review*, 9(1956), 235 – 240。

表 3.1　按迁移状况划分的职业分布（百分比）：1880，1910，1930，1960

年份	移民状况	高级白领（%）	低级白领（%）	技术工人（%）	低级民工（%）	数量（人）
1880	非移民[1]	12	35	24	29	834
	本地移民	20[3]	24[3]	28	28	270
	外来移民	5[3]	16[3]	31[3]	47[3]	776
1910	非移民[1]	8	39	21	32	301
	本地移民	9	42	26	23	137
	外来移民	3[3]	17[3]	30[3]	51[3]	626
1930	非移民[1]	7	32	26	36	306
	本地移民	16[3]	29	23	33	114
	外来移民	6	17[3]	34[3]	44[3]	334
1960[2]	非移民	15	30	19	35	554 629
	移民（自1955年以来）	35[3]	31[3]	12[3]	22[3]	45 007
	外来移民	6[3]	23[3]	28[3]	42[3]	98 915

[1]1880、1910 和 1930 年的非移民样本是出生在马萨诸塞州的人。其中，有些是从该州其他地方移民到波士顿的，但如前所述，这已经是我们所能得到的与出生在波士顿的男性最接近的数字了。因为四舍五入的关系，这里和别处的百分比并不总能达到100%。
[2]这一数据来自已经公布的人口普查数据，涉及波士顿标准都市统计区的全部在职男性人口。U. S. Bureau of the Census, 1960. Final Report PC（2）- 2C, *Mobility for Metropolitan Areas*（Washington, D, C.：U. S. Government Printing Office, 1962），表4。这里单独列出的移民不能与表格中其他地方的移民完全对等，他们是1955年住在波士顿以外，1960年搬到这里的人。其他人都被划入非移民当中。1960年时，国外出生者的职业分布没有被人口普查局列入表格，这里给出的数字是1950年的，但应该是对这个十年后移民情况的合理估计。U. S. Census, 1950, *Population*, IV, Part 3, 表22。1960年的所有数据都低估了高级白领阶层的人数；这些显示职业的数据没有足够详细地区分大商人与小业主，因此只是从事该职业者。
[3]该群体的职业分布与非流动人口的职业分布有着显著的差异，通过双尾检验（two-tail test）$P=0.10$，具有统计学意义；也就是说，抽样误差造成差异消失的几率是9比1或更多。显著性检验（tests of significance）贯穿始终；不过，为了避免文字过于芜杂，只有在重要问题上有争议时，才会特别指出。为了进一步探讨这一问题，为选择0.90这一较弱的显著性水平（见附录A）辩护，1960年数据的所有差异都是显著的，因为数据不是来自样本，而是来自穷举法（total enumeration）。

年）上波士顿男性的职业是如何与他们的移民地位相关联的。其中采用的职业类别很广泛，对研究目的来说是充分的。专业人才、实力雄厚的企业主或经理人被列为"高级白领"；职员、销售人员和小业主组成了位于其后的"低级白领"；技术工人是第三阶层；无技术、半技能工及服务性行业人员排在最底层。这种分类合理地反映了城市中收入、安全、声望和权力的分配。（与此相关的证据见附录 B。）

除了 1960 年外，其他年份的移民状况的指标都很粗糙，其原因在于 1960 年时，人口普查局将 1955 年以前居住在该市的波士顿人和过去 5 年内迁入该市的波士顿人的职业分别列成了表格。1880 年、1910 年和 1930 年的早期数据，适用于调查人员从各种当地来源随机抽取的人口样本。（抽样程序和统计的显著性检验详见附录 A；除另有说明外，本章和随后讨论中挑出的所有模式都具有统计学意义。）抽样中关于移民状况的唯一线索——个体出生的州或者国家——很可惜，并不完美。出生在马萨诸塞州的人被认为不是移民，尽管实际上其中一部分肯定是生在该州其他城市后来迁入波士顿的。出生在马萨诸塞之外的人毫无疑问是移民，但困难之处在于，资料上并未显示他们是何时迁入波士顿的，是跟随父母而来的婴儿，还是本身就已成年，区分这一点对城市自动扶梯模型及移民优越理论（migrant-superiority theory）都很重要。不过，尽管存在上述局限性，我们仍然得到了一些有趣的结论。

正如城市自动扶梯理论引导我们认为的那样，来自国外的移民确实集中于职业阶梯的较低档，在 1920 年代的限制性立法减缓了外来移民的进入之后很久，他们还继续做着同一等级的工作。在 1880、1910 和 1930 年，大约三分之一的波士顿人口是在国外出生，移民中十分之八是体力劳动者，只有二十分之一是专业人才或者大企业主。

到 1960 年，在国外出生的波士顿居民比例下降到 12％，但这个群体几乎像从前一样是无产阶级，十分之七的人从事蓝领体力工作，只有6％是专业人才。在职业分布上，某些特定民族存在一些差异，他们后来的经济进步速度也有重大区别，第六章中将详细考察这个问题。但目前要做的相关概括是，出生在国外，后来搬到波士顿的男性通常进入了职业结构的底层，这符合移民过程中的城市自动扶梯模型，这种模式直到 1960 年后期仍明显存在。

　　然而，在美国土著当中，存在着一种相当不同的模式。生于其他州的男性与马萨诸塞州土生土长的男性相比并不处于劣势；相反，他们似乎在职业竞争中表现得更好，每一个都在高级白领阶层中表现得更好，并且更成功地避开了低等体力劳动。（1880 年除外，那时他们从事卑微的蓝领工作的人数，只比本地的非移民多一点点。）1960 年的资料更为准确，因为新近才来的人可以和那些在城里生活了 5 年以上的人区分开来，而且新来者在城市里的优势表现得尤其明显。1960年，超过三分之一的新移民从事专业工作；但只有 15％的非移民；不足四分之一的人是低技能劳动者，但超过三分之一是定居人口。

　　不仅是本地移民比本地非移民的境遇好，还有一种趋势，就是相对远距离迁移的人要比那些附近来的人地位更高。将来自新英格兰地区之外的移民区分出来的表格（此处未列出）显示，他们比来自新英格兰其他州的移民的职业地位高。早在 1880 年，美国出生的移民的发展似乎就更接近于移民优越理论，而不是城市自动扶梯模型。

　　这可能意味着，来到波士顿的本地农村移民并没有社会学文献中所描述的背景障碍。不过，另一种解释是，这可能仅仅意味着，即使在 19 世纪晚期，波士顿也从其他城市中心吸引了大量土生土长的移民。证据过于匮乏，无法解决这一关键问题，因为迁移者的出生状况无法充分说明他到底出身农村还是城市。但是，将 1880 年出生在缅因州或佛蒙特州的男性样本分离出来，可能会得到回答这一问题的启示。到了 20 世纪，就连这些州也已经实现了充分的城市化，足以让人怀疑这些州的移民是否有农业背景。但在 1880 年，缅因州和佛蒙特州绝大多数地方是农村。它们的人口中，只有 18% 居住在人口 2 500 以上的城镇，而马萨诸塞州的这一比例为 75%。两个州，只有 6% 的人居住在人口达 15 000 以上的城市，而两个州最大的中心城市——缅因州的波特兰——面积还不到波士顿的十分之一。由于移居波士顿的人在 1880 年之前，有些甚至是在几十年前，就离开了缅因州或佛蒙特州，所以这些数据夸大了这些人搬到波士顿时两个州的城市特征。令人遗憾的是，这些移民中究竟有多少是真正的美国农场小伙儿，有多少虽住在农村却从事非农业职业，目前还无法确定。但这个群体中肯定有相当数量的人是前者。这些来自缅因州和佛蒙特州的小伙子在波士顿的职业竞争中境遇如何，在表 3.2 中可见一斑。

表 3.2　1880 年[1] 非移民和不同移民群体的职业等级（百分比）

移民身份	职业等级				
	高级白领（%）	低级白领（%）	技术工人（%）	体力劳动者（%）	数量（人）
非移民	12	35	24	29	834
移民来源					
新英格兰农村	15	18[2]	37[2]	29	138
欧洲	5[2]	16[2]	31[2]	47[2]	776
美国南方（黑人）	2[2]	5[2]	9[2]	84[2]	1 895

[1] 本书第八章中对南方出生的黑人移民到波士顿的数据有进一步的分析，数据由布兰迪斯大学的伊丽莎白·H. 普莱克摘自 1880 年美国人口普查表原稿，见 Thernstrom and Pleck, The Last of the Immigrants? A Comparative Analysis of Immigrant and Black Social Mobility in Late-Nineteenth-Century Boston. 为美国历史学家学会 1970 年年会所写论文，未发表。
[2] 见表 3.1 的注释 3。

　　这些结果表明，社会学文献中经常出现的对农村移民的不利条件的笼统概括需要仔细界定。19 世纪离开新英格兰农村衰败地区的年轻人，对城市生活方式的熟悉程度可能并不比同一时间来到波士顿的美国南方黑人移民和欧洲移民高，但他们在城市里的经历截然不同。美国北方的农村移民并不比安居此地的本地人更集中于职业阶梯的最底层，比起这一等级里的外来移民或黑人更是少得多。[①] 实际上，他们比非移民更有可能进入专业领域或主要商业岗位，在这些领域的地位也远远高于外来移民和黑人。他们不像安居此地的本地人那样经常做文书、销售和小买卖，而是更容易被技术岗位吸引。

　　不幸的是，我们不可能把 1910 年和 1930 年波士顿的农村移民的样本分离出来，但在 1960 年的人口普查资料中，还有一点证据指向了同样的方向，那就是自 1955 年以来迁入该市的人。对来自农村地区的移民没有做单独列表，但至少把来自其他大都市区的移民和来自 212 个波士顿辖区外的地方的移民区分开了。[②] 这一细分结果显示出，来自其他城市的移民比来自市区以外地带的移民境遇要好，但即便是来自非大都市区的移民，其职业地位也比定居这座城市的人口的职业地位高得多。1960 年，32％的移民是专业人才，比这一类别中非移民的比例高出两倍多；只有四分之一从事低薪体力劳动，与非移民的36％形成鲜明对比。但是，来自非大都市区的黑人移民是个例外。他

① 1870 年，一项对居住在波士顿的美国北方农村移民的类似研究得出了大致相同的结果；如 P35 注 1 中引用的比尔斯与莱伯恩的文章所说，来自新英格兰地区农业州的新移民与欧洲移民或南方贫穷白人移民进入南方城市职业结构的方式不同。看起来，一些农村地区的移民对城市生活的挑战准备得非常充分；Lester Lenoff. "Occupational Mobility Among Yankee Immigrants to Boston," unpublished seminar paper, Brandeis University, 1969。

② U. S. Bureau of the Census, 1969, Final Report PC(2)-2C, *Mobility for Metropolitan Areas* (Washington, D, C, : U. S. Government Printing Office, 1962), Table 4.

们当中，78％的人从事低端蓝领工作，非移民黑人中的相应比例是65％；12％的人是白领职工，本地定居的黑人中的相应比例则是21％。来自农村地区的土著白人移民，按照非大都市区的分类足以确定为农村出身的男子，似乎并没有在职业竞争中处于严重不利的地位。他们的境况与国外移民和农村背景的黑人并不相同。

这样看来，移民过程的两种模型都捕捉到了部分真相。欧洲移民与黑人移民的确进入了城市劳动力市场的最底层。但是本土的白人移民，甚至那些来自农业大州的人，都发现有更多工作机会在等着他们。影响所有移民的既有"推动"因素，也有"拉动"因素，环境迫使他们离开自己的原籍，环境又将他们吸引到此地而非彼地。但对于那些四处迁移的本土白人男性来说，波士顿所蕴含的机会似乎尤其有吸引力，这种看法是正确的。对他们来说，职业结构的顶层、中层和底层都确有空间。对于欧洲移民和黑人移民而言，可供选择的范围要狭窄一些。波士顿的吸引力并不在于能得到高技能行业或白领行业的就业机会；只要能找到一份工作，无论多么卑微，已然足够有吸引力了。这一点，在1880年和在今天都是一样的。没有证据表明，土生土长的白人、外来移民和黑人移民群体的构成有根本变化。

在这段时间内发生变化的，是两个群体之间的平衡，以及迁入移民流的总体构成。来自国外的移民潮在19世纪20年代基本停止，黑人不断大量涌入城市也不足以填补这一空白。因此，来到城市的新移民直接进入职业结构上层的工作的百分比越来越高。

从某些观点来看——例如，当地雇主的——越来越多的新移民拥有满足低劳动力水平以上职位的必要能力，这似乎是非常可取的。但对于这个问题，已经在职的男性可能持有不同的观点，他们希望自己能得到更好的工作。在没有其他影响与之抵消的情况下，外来人才的输入越大，当地人才向上流动的前景就越小。渴望晋升的助教不会对系里决定从另一所大学引进一位副教授的消息感到高兴——当然了，除非对抗性力量就在此时能创造出学术阶梯上一级的一个新空缺，比如另一位副教授退休或者离开。为弄清这样一种对抗性力量是否在波士顿起作用，我们将转向这样一个问题：离开这座城市去往别处的是哪类人。

二、迁出波士顿者的变化模式

波士顿不仅是繁忙的新移民接收中心，也是无数移民奔向其他目的地的中转站。关于该市的这个关键而又鲜为人知的事实给目前这类研究造成了严重的困难，因为任何能够通过波士顿社会结构做出的关于个人流动的概括，都局限于人群中仍在被观察的那部分人。在1880年到1890年间，该市的爱尔兰劳工进入更好的工作岗位的比例是可以计算的，但必须记住，到1890年，这些人中有一半以上已经从波士顿消失，他们在其他城市的经历可能完全不同。现有资料的性质使得系统地追踪到达新住所的迁出移民非常困难，因而无法进行尝试。①

---

① 在之前发表的作品中，我宣称"……没有可行的方法来追踪那些从所考察城市中消失的个体"，是有些夸大其实了；参见 Stephan Thernstrom, "Urbanization, Migration and Social Mobility in Late-Nineteenth Century America," in Barton J. Bernstein, ed., *Towards a New Past: Dissenting Essays in American History* (New York : Pantheon, 1968), p. 167. 通过对马萨诸塞州的重要记录、墓地记录以及马萨诸塞州 128 个城镇的人口普查计划手稿的仔细梳理，彼得·R. 奈茨成功地找到了 134 名 1830 年至 1860 年间从波士顿移居该州其他地方的人。但是这种努力极其耗时，结果又令人失望。能够确认为迁出移民者的只占这一时期从波士顿消失者的 27%。更糟糕的是，一般的普通工人，特别是移民工人，在可追踪的移民群体中所占的（转下页）

这是一个严重的局限，在评价随后提出的任何结论时必须时常牢记这一点。相当一部分波士顿人没有耐心在调查者的显微镜下停留足够长的时间以给人留下印象，他们在别处的际遇也是无法估计的。然而，通过分析迁出移民与定居人口在不同时间点上的差异，我们可以相当深入地了解移民迁出的过程及其对城市的意义。

在 19 年纪末 20 世纪初，波士顿吸引了大量的新来者，其中大多数是城市自动扶梯模型所描述的那种人，与此同时，它还输出了数量异常庞大、地位同样低下的人。每个职业群体中都有大量的迁出移民，但如表 3.3 所示，是中产阶级，特别是中产阶级上层专业人才和商人为当时的社会提供了连续性。一个人在职业阶梯上的排名越低，他在一个十年期后被下一次人口普查员在波士顿找到的可能性就越小；1880 年居住在这座城市的低端体力劳动者，到 1890 年几乎有一半已经离开；1910 年的这类劳动者，到 1920 年时，近三分之二已经离开。

这些数字所具有的两个有趣含义是应该强调一下的。首先，它们与那个时代关于美国城市的一个耳熟能详且根深蒂固的刻板印象——封闭的贫民聚居区的神话——发生了激烈的冲突。根据这种贫民聚居区的概念，贫穷的城市居民通常会和自己种族或民族的其他人抱团，一起住在贫民区，很多人都被永久地困在了那里。[1] 1876 年，一位敏

（接上页）比例大大偏低，而相应地，在不可追踪的迁出移民群体中所占比例过高。因此，根据这一证据对迁出波士顿的移民今后命运做出的任何一般性结论都是极不明智的。我们将在 Thernstrom and Knights, "Men in Motion: Some Data and Speculations on Urban Population Mobility in Nineteenth-Century America," *Journal of Interdisciplinary History*, 1 (Autumn 1970), 27 – 31 中对调查结果进行简要的总结；详见 Knights. *The Plain People of Boston, 1830 –1860: A Study in City Growth* (New York: Oxford University Press, 1971), chap. 6。

[1] 进一步讨论见 Thernstrom and Knights, "Men in Motion"；从不一样的角度对这种贫民区假说进行批评的，见 Sam B, Warner and Colin B. Burke, "Cultural Change and the Ghetto," *Journal of Contemporary History*, 4 (October 1969), 173 – 187。

锐的观察者在观察了这座 19 世纪城市后宣称，"任何城市中较为肮脏的地段的居民……都不会迁移；他们住在自己的地盘上；在无助、绝望和肮脏中越陷越深"。[1] 在纽约的地狱厨房[2]，生活的那种令人麻木、动弹不得的特点，激发出了一个生动的比喻："这个地区就像一张蜘蛛网。那些来到这里的人极少……离开的也极少。"[3]

表3.3 数十年中波士顿持续存在的职业差异：在十年结束时居于该市的群体的百分比[1]

年份	职业等级	百分比	数量（人）
1880—1890	高级白领	80	903
	低级白领	71	
	技术工人	63	
	体力劳动	56	
1910—1920	高级白领	58	1 053
	低级白领	50	
	技术工人	36	
	体力劳动	35	
1930—1940	高级白领	56	824
	低级白领	68	
	技术工人	66	
	体力劳动	51	

---

① Francis A, Walker, *The Wages Question: A Treatise on Wages and the Wages Class* (New York, 1876), 188. 感谢丹尼尔·霍洛维茨提供了这方面的参考。
② Hell's Kitchen 的正式行政区划名为克林顿，又称西中城，是纽约曼哈顿岛西岸的一个地区，早年是曼哈顿岛上一个著名的贫民窟，主要由爱尔兰裔移民的劳工阶层聚居，以杂乱落后的居住特征、严重的族群冲突与高犯罪率而闻名。——译者
③ Russell Sage Foundation, *West Side Studies* (New York, 1914), I, 8.

续表

年份	职业等级	百分比	数量
1958—1968	高级白领	40	981
	低级白领	39	
	技术工人	59	
	体力劳动	51	

[1]要使这四个样本的年龄分布精确地具有可比性是不可能的。由于年轻人比他们的长辈更具流动性，这给结果带来了一定程度的偏差。1880—1890 年的数据适用于 1880 年20 岁至 29 岁的男子；其中一半是 20 多岁，一半是 30 多岁。1910 年的样本是当年在波士顿结婚的男性；1％的人年龄在 20 岁以下，72％的人年龄在 20 岁至 29 岁之间，22％的人年龄在 30 岁至 39 岁之间，5％的人年龄在 40 岁或 40 岁以上。1930 年的样本是这一年妻子在波士顿生了孩子的人，按照年龄分别为：20 岁以下，0.2％；20—29 岁，40％；30—39 岁，44％；40 岁及以上，15％。1958 年的样本取自当年波士顿城市名录，其中没有年龄信息，但该数据肯定更倾向于中年人而不是其他年龄段。所有职业群体 1910 年至 1920 年间在波士顿的稳定性都相对较低，部分原因可能是样本异常年轻，也可能是第一次世界大战带来的混乱。然而，如果可以将样本限制在 40 岁以下的男性，那么 1958—1968 年的低稳定性可能会更低。另一方面，城市名录对郊区居民覆盖得不完整，可能会使 1958—1968 年的数据产生向下偏差。对此，附录 A 有进一步的思考。无论如何，上述可能的偏差应该都不会歪曲职业稳定性的差异。

这些数据中的另外一个偏差来源是死亡率的阶级差异。社会阶梯低端的人会比高端的人去世早，这一点（而非迁出移民的实际差异）也许才是 1880—1890 年及1910—1920 年那种模式产生的原因。不过，将这种影响考虑进来，使用 Aaron Antonovsky 在 "Social class, Life Expectancy and Overall Mortality"，*Milbank Memorial Fund Quarterly*，45（April 1967），31‐37 提供的死亡率阶级差异，以及 Paul H. Jacobson 在 "Cohort Survival for Generations Since 1840," ibid，42（July 1965），36‐53 提供的世代存活率进行试算，会缩小但并不会彻底消除上述数据显示出的差异。

按照下层阶级生活的这种想象，19 世纪末、20 世纪初的波士顿蓝领工人，尤其是无技术或半熟练技术工人，流动性竟然如此之高，着实令人吃惊。他们中很少有人在哪个贫民区里耗尽一生；其中相当一部分人甚至不会在整个城市范围内逗留 10 年以上。

特定的种族群体坚持留在城市的倾向略有不同，但工人阶级中的任何一部分都不像贫民聚居区假说所指出的那样扎根于城市；每个群体中都有许多人在相对较短的时间内彻底离开了波士顿，而许多留下来的人很快就从他们最初集中居住的内城区搬到了城市的一些边远地区。

波士顿确实有贫民区，如果此处所说贫民区，仅指少数族裔的贫困人口聚居的社区的话。但是，这种聚居的存在并不意味着，像人们经常假设的那样，曾经生活在那里的人注定要永远生活在那里。事情远不是这样。在传统的移民潮时期，美国城市生活的一个重要特征就是：城市居民，尤其是穷人，通常都是流动性极大的，他们在人口普查表或城市名录文件上留下一个模糊的印记之后，就完全消失了。城市就是一个达尔文理论所说的丛林，那些站在阶梯高处的人才最有可能待到未来被计为城市一员的那天。

19 世纪末、20 世纪初从城市向外迁移的差异模式的第二个含义是，它对当前关于迁移与经济上的成功之间关系的假设的历史有效性提出了质疑。当今主流的迁移理论强调：劳动力的空间流动性会带来更高的回报，但支持这一假设的研究大多是在一个社会经济地位和迁移倾向直接相关而非相反的时代进行的。[①] 由于波士顿的移民一旦离开该市，相关研究就无法追踪到他们，我们无法确定但又很想知道，美国工人阶级尤其是纯体力劳动者早期超常的活跃性，是否并不表明存在着一个永远漂泊不定的无产阶级，组成这个阶级的人不断地进行

---

① 例如 Ira S. Lowry, *Migration and Metropolitan Growth*：*Two Analytical Models*（San Francisco: Chandler, 1966），此文主要以 1955—1960 年的移民数据为基础。Harvey S, Perloff et al., *Regions, Resources and Economic Growth*（Baltimore: Johns Hopkins University Press, 1960）在研究 1870 年来的地区人口变化时做了相同的估计。然而，该地区工资水平与净迁移之间的关系并不能令人信服地排除下面这种可能性，即离开波士顿的移民通常不会因为迁移而获得经济状况的改善。他们中的大多数人很有可能继续在新英格兰的劳动力市场上流通，他们的移动很有可能改善了一点点经济状况，也可能毫无改善。

空间移动，但极少赢得空间流动所带来的经济收益。[1] 19 世纪 80 年代，大批体力劳动者、工厂工人和服务人员离开波士顿，是不是与今天的工程师和律师离开波士顿的原因相同，比如说因为他们在丹佛得到了一份更好的工作呢？还是说他们的移动，更多只是漂泊而不是奔向某个目标，是因为丢了工作而不是得到了更好的机会？由于缺少移民离开城市后的际遇的坚实证据，这个问题仍悬而未决。但我们至少可以指出，利用一个截然不同的历史时期所做的调查进行倒推，似乎完全不能成立。

直到 1930 年，在当时美国盛行的迁移差异才在波士顿出现。从前的模式在 1930 年和 1958 年的样本中都发生了逆转。并不是说工人阶级比以前更稳定了，蓝领工人的留守率在 1930 年与 1880 年大致相同，在 1958 年至 1968 年略低。像以前一样，人口的快速流动继续削弱着形成阶级聚居区的趋势。唯一改变的就是，中产阶级远不如从前那么安土重迁了。20 世纪 30 年代，大批专业人士和大商人开始流动，到 1958—1968 年，职员、推销员和小企业主也开始流动。

1930 年以后从城市向外迁移的一种新的选择模式，可能会得到进一步的数据证实，比起通过城市名录追踪样本以确定留守者和向外迁移者所得到的数据，这些数据更不易出错。1960 年的人口普查给我们提供了资料，用以比较 1955 年与 1960 年之间从波士顿迁出者的职业等级与定居人口的职业等级（见表 3.4）。在这期间离开该市的人中，有三分之一是专业人士，但只有 15% 的非移民在这些专业岗

---

① 如果事实确实如此，对可能出现的政治后果的讨论，参见 Stephan Thernstrom, "Working Class Social Mobility in Industrial America," in Melvin Richter, ed. , *Essays in Theory and History: An approach to the Social Sciences* (Cambridge, Mass. : Harvard University Press, 1970), 221 – 238。

位上。其他白领工人和技术技工在向外流动的人口中所占的比例也有
些偏高，而从事低端蓝领工作的男性所占的比例则严重偏低。只有
18％的外流人口落入了后一类中，但定居人口中的相应比例是36％。
各行各业都有大量的人在离开波士顿，但现在是中产阶级，特别是中
产阶级上层，在独领风潮。

表3.4　1955—1960年[1] 波士顿非移民与迁出移民的职业分布（百分比）

移民身份	职业等级				数量（人）
	专业人士	其他白领	技术工人	体力劳动者	
非移民	15	30	19	36	554 629
迁出移民	35	32	16	18	57 962

[1]由美国人口普查局 *Mobility for Metropolitan Areas*，表5的数据计算得出。此处的职业
是指人们在1960年所从事的职业，因此这里提供的波士顿迁出移民的数据显示了他们
在自己所迁入城市的职业等级，而不是他们离开时在波士顿的职业等级。这只是他们
离开波士顿时职业分布的粗略记录，因为有些外迁移民毫无疑问因迁移而得到了职业
上的提升。然而，不太可能有足够的证据来质疑文中提出的观点，即来自波士顿的外
迁移民以及新移民的职业地位都比定居人口高得多。不幸的是，人口普查局没有将迁
出移民在其旅程首尾两端的职业列成表格，以便我们探讨这个问题。

因此，离开波士顿的移民大军的构成发生了变化，这与20世纪
二三十年代发生的迁入移民大军的构成变化完全一致。正当城市自动
扶梯模型设想的那种新移民的供应开始枯竭时，越来越多新到城市的
移民变成了那种传统上直接进入职业阶梯上层的人（也就是本国出生
的白人），迁出率的传统差异出现了逆转，这一逆转为这种类型的迁
入者创造了更多的空缺。若不是发生了这种变化，近几十年定居人口
的职业等级很可能会下降。随着越来越多的新来移民具备进入更好职
位的条件，而愿意接受卑微工作的新移民越来越少，争取更好职位的
竞争将变得越来越激烈。然而，1930年后从城市选择性向外迁移的

模式是一种维持平衡的影响，这种影响往往抵消了向内迁移的特征的变化。[1] 目前的数据太粗糙，无法确定这两种迁移模式的变化是否会完全相互抵消，但迁移模式的变化对波士顿内部职业机会的净影响似乎相当小。

[1] 有学者对纽黑文市 1910 年至 1950 年间的社会结构进行分析时，完全忽略了选择性的迁入和迁出，从而对机会结构的变化得出了高度可疑的结论，见 August B. Hollingshead. "Trends in Social Stratification: A Case Study," *American Sociological Review*, 17(1952), 679–686。

第四章

职业生涯模式

波士顿的人口流动性令人惊叹。但这并不一定意味着，这个城市的社会机制也是同样的变动不居。人们在空间上进入或离开这个城市是很平常的，而在波士顿居留任意一段时间的男性在当地社会等级体系中的上下流动是否普遍，则完全是另一个问题。定居于波士顿的新来者和他们的后代可能会在社会等级上有所提高，与城市自动扶梯模型的设想一致；反之，他们也可能发现，城市内部的阶级界限实际上根本无法跨越。尽管 19 世纪 80 年代出现了令人眼花缭乱的人口流动，但当时的一些观察家就担心后一种情况才是实情。"我们正在社会上以及这个工业化世界里迅速发展阶级，"波士顿的劳工领袖弗兰克·福斯特在 1883 年时说，"而且……这些阶级正在变得越来越固化。"① 当地的牧师纽曼·史密斯用更生动的语言做出了类似的分析：

> 在通往社会天堂的梯子的底部的人，可能还梦想着有个梯子
> 会放下来，落到他眼前；但并不经常见到有天使登上去或走下
> 来；似乎有一些看不见却充满敌意的力量，正在一条接一条地毁

掉这架梯子中间的横档。②

这些评论认识到，社会不平等的含义以及一个阶级体系的持久性，很大程度上取决于这种不平等结构化和永久性的程度。在这种阶级体系中，一些市民享有威望、权力和财富，而另一些市民贫穷、无权。阶级是"固化"还是开放，社会阶梯上是否有底层人可以触及的"中间档"，是任何一个社会分层系统的关键问题。

本章与后续几章将全力讨论这个大问题的各个方面。本章中我关注的是 1880 年和 1968 年之间波士顿具有代表性的公民的职业生涯模式。知道约翰·琼斯是银行家、酒保，还是擦皮鞋的，就可以知道他的许多事情。这不单能告诉我们他是如何谋生的，还能让我们以不同程度的准确性推断出他的生活是好是坏，他在离开学校之前接受了多少教育，他住在什么样的房子里，住在什么样的社区里，甚至可以在某些时间和某些地方弄清楚他的种族背景、宗教信仰和政治倾向。在任何现代工业社会中，职业都与其他社会变量高度相关。正因为此，社会科学家普遍认为，职业是社会地位最重要的决定因素，也是将一个人归入某个社会类别的最有用的标准。

然而，职业在太多时候被视为一个静态而非动态的变量。职业标签似乎是可靠而又稳定的——我们以为一旦做了律师，永远都是律师，一旦做了劳工，就永远都是劳工。而实际上呢，前者并不总是这样，后者也并非经常如此。有些职业需要相对罕见的才能和培训，而且报酬丰厚，足以让入行者终身受益。如今的精神病学家和模具制造师很

---

① Frank K. Foster, testimony in U. S. Senate, *Report of the Committee Upon the Relations Between Capital and Labor* (Washington, D. C. , 1885), I. 49.

② Reverend Newman Smyth, *Social Problems*: *Sermons to Workingmen* (Boston, 1885), pp. 12 – 13.

有可能在 20 年后还做着同样的工作。但这是例外，还是规律呢？在本章中，我将评估波士顿居民在其职业生涯中能够从一个职业层次迁移到另一个职业层次的程度，并试图确定在近 90 年里，职业流动性的比例和模式是否发生了根本性的变化。后面几章将对另一种社会流动做出类似的评价，即代际之间而非个人在职业生涯内的流动；考察国籍、宗教和种族对流动模式的影响；探索波士顿和其他城市之间的异同。

一、职业分类的难题

1880 年在波士顿工作而且十年后仍在那里工作的男性中，只有大约一半人在这两个时间点上使用了完全相同的职业标签描述他们的工作。另一半人做的事情完全不同，所以使用了不一样的工作名称。这么一算，波士顿的职业结构的流动性很惊人。然而，这种算法显然是不充分的，因为许多工作的改变可能并没有引起社会地位的任何重大改变。职员变成了推销员，医院护工变成了快餐厨师，码头工人变成了卡车司机——这些人在变换工作的过程中并无明显的收获（也没有损失）。他们可能是被略高些的工资或者稍好些的工作环境吸引到了新的岗位上；或者，他们可能只是失去了之前的工作，就为了找到工作而被迫接受了更微薄的工资或更差的工作环境。无论哪种情况，研究社会结构的学生都会将他们的流动归类为水平运动，而不是垂直运动。任何复杂的经济体内都有花样繁多、令人迷惑的职业名称。美国劳工部的《职业名典》（*Dictionary of Occupational Title*）中有不少于 2 万个独立的条目。美国经济中所发生的职业变动，有相当大一部分发生在地位基本相似且又密切相关的工作之间，尽管有许多流动发生在并不密切相关的工作之间，那也绝不意味着社会阶梯向上或向下的垂直移动。

因此，衡量职业流动率并不像计算特定时期内更换职业名称的人数那么简单。要确定职业垂直移动的比率，需要对那些可能被认为社会区别明显的广泛的职业类别进行说明，并定义哪些工作属于哪个类别。一个多世纪以来，社会研究者一直在试图这么做，却一直没能达成一致，本章也不会对这个棘手问题提出一种让人眼花缭乱的新解决办法。相反，解决方法将是灵活和折衷的。哪种差别能起作用，哪种差别完全可以忽略，这取决于所提出的具体问题是什么。在下面的分析中所使用的类别数量，以及因此所作区分的精细程度，将根据所考虑的问题而有所不同。

源自人口普查数据及其他资料的职业信息被编制成 99 种相当特定的类别，这样一来，木匠就能与机修工区分开，内科医生与律师区分开，办公室职员与商场职员区分开。但是，这些分类过于精细，除了少数场合并无多大用处。用这种方法将样本成员的职业在两个不同的点交叉制表，得到一个包含 9 801 个单元格（99×99）的流动性矩阵，足以把最不知疲倦的分析人员累瘫！因此，我将数据分为宽泛的职业层次，甚至更宽泛的职业阶级。这五个职业层次分别是：高级白领、低级白领、技术工人、半技术工人与无技能体力劳动者。在这五个层次中某一层换工作被称为层内流动（interstratum mobility）。（有时这五个层次会减少到四个，将无技能和半技术工作统一划为“低端体力劳动”。）为了某些目的，更大程度的简化被证明是有用的，而且注意力应当只集中于那些从蓝领到白领或者从白领到蓝领的职业变化。我将这些转变称为“阶级间流动”（interclass mobilty）。（五个层次和两个阶级的详细列表以及这种分类方法有效性的证据，参见附录

B.）衡量层次之间与阶级之间的工作变动，将揭示那些代表社会地位重大变化的职业流动情况。

二、变化中的职业结构与"最低"流动水平

在询问 1880 年到 1968 年之间波士顿的职业流动性有多大之前，有必要先问一下那里的流动性必须得有多大。在某些情况下，由于某些结构性的需要，许多工作变动不得不发生。这种需要分为两种。

第一种，移民流的数量和特性之间可能存在一种不平衡，这种不平衡将一些人带到一个城市，而将另一些人迁移到另一个城市，这种不平衡会导致一种"迁移真空"。[①] 比如说，如果一段时间内的迁出移民主要出自高等级职业，而取代他们的迁入移民主要是无技能的农民，那么职业阶梯低端的本地人就很可能上升到空出来的好职位上。这种情况并不一定会发生，雇主有时可以选择重组工作流程，以消除空缺职位，但如果没有这样做，这个城市的职业结构就只得相应地改变。同样，如果迁出移民大部分身份低微而新来者有能力进入职业结构中的较高级，就会出现另一种迁移真空，加剧本地居民在高等级工作上的竞争，限制他们向上流动的机会。然而，凭手头这些粗略的数据只能确定，这些年里，此两种情况在波士顿都不占上风。相反，两

---

① 据我所知，这个术语以前没人用过，但是西德尼·戈德斯坦在 *Patterns of Mobility: The Norristown Study, 1910－1950* (Philadelphia: University of Pennsylvania Press, 1958). chap. 8. 中讨论了同样的现象。它类似于生育率阶级差异造成的"人口真空"概念，这一概念常用于研究代际社会流动；参见 Elbridge Sibley, "Some Demographic Clues to Stratification," *American Sociological Review*, 7 (1942), 322－330; Joseph A. Kahl, *The American Class Structure* (New York: Rinehart, 1962), 257－258。

种移民流动出现了某种对称性。当大多数新来者进入阶梯低端时，给他们空出位置的迁出者出自同一等级；当迁入移民流开始包括大量专业人士与白领从业者时，那些典型的迁出移民也具有相应的特点。当地社会很少或根本不需要职业流动来平衡这方面的出入。[1]

在某些情况下，还有一种结构上的势在必行，需要一定程度的职业流动，即城市职业结构的改变，使劳动力有必要从一类工作重新配置到另一类工作中。如果一个社会，白领工人所占劳动力的比例在一个十年内从30％上升到60％，那么在缺少差别性移民流来填补这一真空的情况下，这个社会将需要大量从蓝领工人到白领工人的向上流动。但这种流动并没有在波士顿发生；作为当地职业结构变化的结果，波士顿必须得有多大的最低流动性呢？现在是时候看一看了。

过去一个世纪，美国劳动力中从事白领工作特别是在专业领域与技术领域的比例出现了急剧增长，而无技能劳动者群体的相对数量则出现锐减。[2] 这会让我们以为，由于当地经济的结构性变化，波士顿相当一部分工人的职业等级上升了。

表4.1　1880—1970 年[1] 波士顿男性劳动力职业分布（百分比）

职业	1880	1890	1900	1910	1920	1930	1940	1950	1960	1970
白领	32	33	38	35	32	36	39	42	46	51

---

[1] 这种说法忽略了这样一种可能性，即许多被认定为波士顿外来移民的人只搬到了城市郊区，而且这些人不成比例地集中在高等级的职业中。如果是这样，他们离开造成的表面上的迁移真空将是不真实的，因为他们不会腾出理想的职位，从而增加其他人的机会。我实际上可以追踪相当多的迁往郊区的人（见附录 A），特别是那些仍在波士顿市区工作的，但是追踪方法的不完善使得准确评估这种偏差的程度成为不可能。

[2] 参见 Nelson N. Foote and Paul K. Hatt, "Social Mobility and Economic Advancement," *American Economic Review*, 43(1958), 364 - 378。

职业	1880	1890	1900	1910	1920	1930	1940	1950	1960	1970
专业人才	3	3	6	5	5	8	8	11	15	21
其他白领	29	30	32	30	27	28	31	31	31	30
蓝领	68	67	62	65	68	64	61	58	54	49
技术工人	36	30	32	22	27	21	19	21	21	19
半技能工及服务员	17	24	18	32	31	31	34	29	27	25
纯体力劳动	15	13	12	11	10	13	8	8	6	5

[1]根据美国人口普查局公开的各卷《人口》（*Population*）中计算得出。这些数据不能精确地在这个十年期与那个十年期之间进行比较，但也足够确立几个广泛的趋势了。1940—1970年的数据组合了当年人口普查中使用的宽泛的职业群体名称："专业人士""职员""销售"等。更早的一些则是根据按详细职业类别划分的男性工作人数的普查表格编制的。时间越往前，这些分类就越难令人满意。更大的困难在于，1880—1900年的数据指的不是全体男性劳动力，而是在有限的几个"主要"职业中工作的男性——1880年是60个职业，1890年是50个职业，1900年是129个职业。1880年和1900年之间白领与技术工人表面上的增长，以及下一个十年这种趋势表面上的逆转，很可能是早期数据不完整所造成的，可能并不意味着职业结构真正的变动。从1950年起，数据都来自整个波士顿大都市区，而不是波士顿市。郊区居民包含在其中，可以部分地解释1940年后专业人士的增长，但这并非全部原因。应当指出的是，"其他白领"这个类别不同于当前研究中广泛使用的"低级白领"这一名称。不可能将已经公开的人口普查表格的私营业主、大企业经理与其他经理人、业主和公务员区分开来，以创造出样本数据中使用的那种"高级白领"阶层和"低级白领"阶层。

　　然而，对这一时期波士顿职业结构的认真观察却只是部分地支持这种预期。表4.1显示，白领劳动力确有增长，尤其是受雇于当地的专业人才与技术工人：1880年，波士顿男性中有32％从事某种白领工作；1970年是51％。专业人士的比例，1880年只有3％，在此期间增长了7倍，同时，纯体力工作从总数的15％缩减到了5％。这些都是很有意义的改变，但重点在于，这些改变出现得是那么缓慢而且不规律。1920年该市白领的比例并不比40年前更多，唯一可观的变化是劳动阶级的顶层和底层都在缩水，中间的半技术工和服务阶层的扩张幅度恰好相当，不能被认为是净升级（net upgrading）。1920 年之后，劳动力发生了一些结构性升级，但即使是在那个时候，如果用本研究中测量职业流动性的尺度来衡量，也不是非常迅速或显著的。随后的分析大多与一个十年期以上的职业转变有关；即便是考察个人第一次和最后一次职业之间的变化，大多数情况下也只能追溯二三十年。表 4.2 便利地概括了 1880 年至 1970 年间波士顿职业结构每十年所发生的净变化，它表明，在任意一个十年中，可称为最小的结构性流动的变化量都相当小。在任何一个十年中，都没有超过二十分之一的体力劳动者由于结构性改变而升至白领岗位，这种结构性需要所导致的体力与非体力劳动间转换的十年平均增长率，只有 3.4％。当然，职业结构变动所需的最小流动性在较长时间间隔内有一定程度的增长，但即便是在劳动力升级最快的 30 年间（1940—1970），8 个人中也不过只有 1 个人是因为这个原因向上移动。

表 4.2　1880—1970 年[1] 波士顿男性劳动力净再分配（百分比）

职业	1880—1890	1890—1900	1900—1910	1910—1920	1920—1930	1930—1940	1940—1950	1950—1960	1960—1970
白领	+1	+5	−3	−3	+4	+3	+3	+4	+5
专业人才	0	+3	−1	0	+3	0	+3	+4	+6
其他白领	+1	+2	−2	−3	+1	+3	0	0	−1
蓝领	−1	−5	+3	+3	−4	−3	−3	−4	−4
技术工人	−6	+2	−10	+5	−6	−2	+2	0	−2
半技能工及服务员	+7	−6	+14	−1	−1	+4	−5	−2	−2

职业	1880—1890	1890—1900	1900—1910	1910—1920	1920—1930	1930—1940	1940—1950	1950—1960	1960—1970
纯体力劳动	− 2	− 1	− 1	− 1	＋ 3	− 5	0	− 5	− 1

[1] 如表 4.1 的注释所言，前几个十年中令人困惑的变化很可能要归因于数据的不充分，不必太把它们当回事。

　　因此，当时并没有一种势不可挡的结构性需要迫使大量的波士顿劳动力从一份工作换到另一份工作。流入城市和流出城市的移民潮，无论是在职业结构顶层还是底层，都并未制造出规模可观的真空，结构本身的变化非常缓慢，在短期内只需要相对较少的工作调动。如果说波士顿在这段时期真的存在显著的职业流动，那么它就超过了必须达到的结构性流动的最低值。

<h2 style="text-align:center">三、在选定的几十年中的职业流动性</h2>

　　即便在相对较短的一个十年的跨度当中，具有代表性的波士顿人似乎也经常从一个职业层次转换到另一个职业层次。这一点从表 4.3 中可以看出，它表明了四类年龄大致相当的波士顿男性样本中，有多少人在一个十年期后仍从事相同的职业。由此可以得出三个结论。

　　首先，四类样本中每一类都有四分之一或更多数量的男性，在初次被观察的十年内发生了显著的职业变化。1880 年和 1930 年在该市就业的男性样本中，只有 74％ 的人一个十年期后仍在该市工作，而在 1958 年抽取的样本中，73％ 的人既没有获得职业升迁，也没有失去原有的职业。第一次世界大战所在的那个十年期，看上去流动性更大，不过这主要归因于样本中年轻男性占主导，他们当中有三分之二多一点的人在这个十年尾声还做着同一职业层次的工作，而与此同时，有31％的人或向上流动或向下流动。

需要注意的第二点是，由专业人士、富有商人组成的最高阶层，其职业连续性要比其他所有人都大得多。当然了，处于高级白领阶层的个人，运动的唯一方向就是向下，值得一提的是，极少有人会如此——1880年这一群体下滑的最多也就八分之一，而1958年的样本中仅有3％。

其他没有哪个阶层会如此封闭。人们可能会认为，经历了漫长的学徒期考验后，技艺精湛的工匠通常会一辈子留在自己所学手艺的那一行。然而这绝非实情。在四类样本中，只有波士顿技术工人这一类的职业稳定性高于所有在职男性的平均水平。[1] 更细致的表格显示，某些特定的手艺，例如印刷和模具制作，明显比其他手艺更具稳定性，但令人吃惊的是，技术工作远非职业阶层中封闭的部分。

同样，人们可能会认为，体力劳动中最底层的无技能者，除了身强体壮大概什么都不具备，极少有机会逃离这一层并向上流动。这种预计，在此处的数据中也找不到支持。无技能工人留在他们自己阶层的人数低于每种类别的整个样本的平均数。第一次世界大战所在的那个十年中，他们当中只有不到十分之四的人在1920年时仍是无技能体力工。总的印象是，即使在短短十年时间里，除了最高职业等级的人之外，其他任何职业等级的波士顿人都很有可能经历垂直方向的职

[1] 严格说来，表4.3衡量的是一个阶层内部的连续性，而不是一种手艺的连续性。对一个技术工人来说，通过成为工头或者个体工匠（两者都被视为"低级白领"）来转换阶层而不改变技艺是有可能的。但是波士顿这个时期实际上根本没有个体工匠，样本中后来成为工头的技工数量也可以忽略不计。实际上，所有流动到另一阶层的技工都因此而放弃了他们的手艺。

业流动。

　　关于表 4.3 的最后一个观察结果是，它令人惊讶地表明，在近 90 年的时间里，波士顿职业结构的流动性既没有明显增加，也没有明显减少。特定阶层的连续率（continuity rates）有一定的差异，但总体上各群体的数字有显著的相似性。1910—1920 年间连续性最低，尽管其样本格外年轻，但连续性并未下降到具有统计学意义的程度。如果有可能控制 1958—1968 年样本的年龄，这一时期的连续性可能会显得更低。但给人印象最深刻的，就是 1880 年与 1968 年间流动模式的广泛一致性。若想以完全令人信服的方式确立这一观点，在 1880 年以来的每十年中抽取可比较的男性新样本是必要的，但又是不可行的。不过，这里给出的四种样本的数据似乎惊人地相似。在詹姆斯·A. 加菲尔德和理查德·M. 尼克松担任总统的漫长时间跨度里，波士顿在经济、种族性质、人口结构、教育体系和许多其他方面都发生了重大变化。但是，职业阶层之间的流通率，至少按这一标准来看，仍然相对稳定，而且大大高于职业结构变化所要求的最低流动比例。

表 4.3　职业连续性：样本在头十年开始和结束时于相同阶层工作的百分比

职业	1880—1890	1910—1920	1930—1940	1958—1968
样本总体	74	69[1]	74	73
高级白领	88	90	94	97
低级白领	70	79	71	67
技术工人	82	66	71	68
半技术工人	62	65	79	73

续表

职业	1880—1890	1910—1920	1930—1940	1958—1968
无技能者	68	39	67	47
样本数	543	413	467	399

[1] 正如前面所提醒的（见表 3.3），这些样本之间存在一些年龄差异，导致所显示的模式出现了不实的变化，因为年轻男性在职业和地理上都比年长男性更具流动性。1880—1890 年的数据是 20—39 岁男性的，20 多岁与 30 多岁者在数量上几乎相等。1910—1920 年间职业连续性明显变低并不特别具有统计学意义，可能反映出样本的格外年轻，他们其中将近四分之三在 1910 年都在 30 岁以下。对 30 岁以下男性在 1880、1910、1930 年的样本单独列表，得出了几乎完全相同的模式。从城市名录中得到的 1958 年样本没有年龄信息，很可能比前面三个阶段更接近中年，这表明，如果有可能控制年龄，这个十年将显示出比前几个十年更高的职业流动性。

　　在任一典型的十年里，都有相当多的波士顿人从一个职业层次跳槽到了另一个职业层次。他们走了多远，又是往哪个方向走的呢？

　　初步解答出现在表 4.4 当中。该图显示了每个十年进入尾声时四个群体中仍然留在蓝领—白领界限同一边的人数。这里登记的连续性程度自然要高得多，因为许多职业水平的转变，例如从无技能工作到半技术工作或从低级白领到高级白领，都不需要大的职业阶级上的改变。将跨越体力—非体力界限的移动而不是五个职业层次之间的移动作为一个衡量标准，垂直流动的数量便被减掉了大约一半。表 4.4 显示，在每个十年中，大约七分之二的人改变了职业层次，大约每七人中就有一人（在 12% 到 17% 之间）换到了体力—非体力界限另一边的工作。第一次世界大战所在的十年似乎又表现出了更大的职业流动性，但这次仍然要归因于样本的年龄构成。考虑了这一点后，整个过程的一致性令人印象深刻。

表 4.4 跨越阶级界限的职业流动（百分比）

十年末职业	1880—1890	1910—1920	1930—1940	1958—1968
同一阶级	88	83	87	87
不同阶级	12	17[1]	13	13
白领变蓝领	12	10	16[2]	9
蓝领变白领	12	22[1]	11	17
上下流动比率	1.0	2.2[3]	0.7	1.9
样本数量	543	413	467	399

[1]明显高于所有其他样本。
[2]明显高于 1910—1920 年和 1958—1968 年。
[3]虽然 1910—1920 年的样本跨越阶级界限的迁移率较高，是由于其异常年轻的年龄分布，但向上和向下迁移的高比率却不是出于同样的原因。其他样本中，30 岁以下男性上下流动的比率只与年长者略有不同。例如，1880—1890 年年轻人的这一比率是 1.1，相对应的所有 20—39 岁样本的比率是 1.0。

  然而，在中产阶级与工人阶级的职业之间，向上和向下运动之间的平衡存在某些差异。在最早的那十年里，即 1880—1890 年，这两种方向的流动处于均衡状态；到 1890 年，该市 12％的白领滑向了体力劳动，与此同时，12％的蓝领从业者找到了白领工作。然而，尽管跨越体力—非体力界限的总体流动速度相对稳定，上述这种平衡却很容易发生较大的变化。在第一次世界大战前后的繁荣时期，向上流动的人口是向下流动人口的 2 倍多（2.2 倍）；在经济萧条的 20 世纪 30年代，只有 11％的人向上，却有 16％的人向下。向上与向下流动之比是 0.7。大萧条没有冻结该市的职业结构，而是急剧地缩小了阶级之间流动的规模。实际发生的情况并不是上升的工人越来越少，而是越来越多的白领发现自己无法保住原来的职位。1958—1968 年这十年，对波士顿男性来说是另一个繁荣时期，上升者与下滑者之比接近

2 倍（1.9 倍）。每个十年之间，波士顿男性在阶级内部流动的总体比例都有着令人印象深刻的相似性。但是，上下自动扶梯的乘客相对数量的变化也非常大。

并没有出现向上流动明显缩小的趋势。当代的一些社会批评家，认为今天的机会结构远不如 19 世纪和 20 世纪初的机会结构对穷人有利，并且在没有确凿证据的情况下就断言贫困正日益成为一种"永久的生活方式"，这些批评家几乎无法在上述数字中找到支持其观点的证据。① 我们在 1958—1968 年这十年看到，蓝领向白领的流动要比 1880 年代的多，如果有可能将最近的样本局限于 20 多岁和 30 多岁的男性，这个数字可能会更高，就像之前的例子一样。但与一些乐观的观察者的观点相反，也没有明显的趋势显示出社会结构日益开放。相反，似乎一直有种相当稳定的模式，即阶级内部循环的总比例相当稳定，辅以向上和向下流动比率的周期性波动，这种波动显然与当地经济环境的变化有关。

将白领工人或蓝领工人笼统地概括为一个群体，肯定是武断的。若是更细致地描绘这些年波士顿男性的职业模式，就像表 4.5 所做的那样，便能够揭示出这些群体中存在的重要差异。对特定职业阶层的经历进行更详细的考察后，我们得出的第一个结论是：在波士顿，从中产阶级到工人阶级的所有向下流动，实际上都是从地位较低的白领阶层男性开始的。低级白领下滑到体力劳动工作岗位的比例，几乎是高级非体力劳动者下滑比例的 2.5—7 倍。表 4.4 所示的大萧条时期中产阶级向下流动的急剧增加，完全是因低级非体力劳动阶层的职员、推销员、小企业主或经理人的下滑率上升所致。仅有 3％的高级

---

① Lewis Ferman et al., *Poverty in America* (Ann Arbor: University of Michigan Press, 1965), pp. xv - xvi.

非体力劳动者因这场经济大灾难而沦落为靠双手工作之人。看来，并没有多少波士顿银行家真的被迫去街角卖苹果！

表4.5　第一个十年的层次内部与阶级内部的职业流动性（百分比）

十年开始时层次	十年结束时所在层次						数量（人）
	年份	高级白领	低级白领	技术工人	半技术工人	无技能	
高级白领	1880—1890	88	6	4	0	2	52
	1910—1920	90	7	0	3	0	31
	1930—1940	94	3	0	3	0	35
	1958—1968	97	3	0	0	0	71
低级白领	1880—1890	15	70	8	5	1	157
	1910—1920	10	79	2	7	3	134
	1930—1940	9	71	3	14	3	131
	1958—1968	19	67	4	9	1	122
技术工人	1880—1890	4	6	82	4	4	164
	1910—1920	2	21	66	10	1	103
	1930—1940	2	12	71	8	7	156
	1958—1968	0	18	68	10	4	100
半技术工人	1880—1890	1	18	10	62	8	95
	1910—1920	3	20	5	65	8	106
	1930—1940	2	8	5	79	7	118
	1958—1968	3	15	6	73	4	91
无技能者	1880—1890	1	5	1	24	68	75
	1910—1920	0	18	8	36	39	39
	1930—1940	0	4	7	22	67	27
	1958—1968	0	7	0	47	47	15

虽然白领阶层较低端的成员的工作不及专业人才和大企业主、大经理那么安全，但其中仍有相当数量的人不是降职而是升迁到了更好的岗位：1880年有15％的人上升到了更高级的白领阶层的职位，后面三个时期这个数字分别是10％、9％、19％。相比之下，只有极小一部分向上移动的蓝领工人能够上升到那个水平。在1880年代和1910—1920年期间，上升到更高层白领工作岗位的低级白领从业者与下降到工人阶级的白领大致相当。大萧条时期，下滑人数是进一步上升者的2倍，但在1958年至1968年间，天平向相反的方向倾斜，19％的人升到了顶层，14％的人下滑。

白领世界的内部有着清晰的等级制度。从事低级白领工作的人要比那些身处更高层次的人处境更加脆弱，下滑的可能性更大。然而，在工人阶级的世界里，就没有那么清晰的流动差异了。无技术工人享有的向上流动的机会最少，但令人惊讶的是，半技术工人和技术工人之间几乎没有差别。

正如预期的那样，无技术人员打入白领阶层的成功率最低。当然，几乎没有谁能实现进入上层非体力劳动阶层的巨大飞跃，4类样本中，156名无技术工人里只有1人。只有大约二十分之一的人成为职员、推销员或者小企业主，只有第一次世界大战那繁荣的十年除外，当时这一比例高达18％。更惊人的事实是，相对而言，他们当中很少有人能在技术性劳动行业找到收入更高的工作；在4个十年中，有3个十年的技术职位甚至比白领职位更难以获得。无技能的人向上流动能达到的程度，主要是进入与自己最接近的职业，即半技术和服务阶层。这对他们来说是非常容易的，在各群体中有五分之一到近一半的人实现了这种转变。但以薪资和就业稳定性的标准来衡量，这对他们的命运只是有限的改观。

体力劳动阶层的中间档——半技术工人及服务人员——的职业前景要好得多。这些劳动者中没有多少人升到了技术性岗位；这4个十年中没有哪一个十年，手工业行业从之前从事地位较低的手工劳动职业中吸收过大量新手。但是，有相当一部分人——从18％至25％——找到了白领职位，大萧条时期除外，这段时间10人中只有1人有此际遇。除了那惨淡的十年，在完全脱离体力劳动阶层这一点上，半技能工人与技术工人一样成功，甚至比技术工人更成功。

四、走向安定：第二个十年

这里所用的样本除1958年的以外，相对年轻的男性数量不成比例，我们预计他们换工作的频率要高于比他们年长之人。因此，根据他们在一个十年期内的流动性来推断他们在10年以上的时间段里的职业轨迹，那是不对的。随着年龄的增长，他们会倾向于某种程度的安定，也可能除了年龄因素外，在一个社区中长期居住本身就有一种让人安顿下来和寻求稳定的作用。表4.6按层次和阶级显示了职业连续性与职业变化的程度，这些是三个样本中的成员在波士顿工作的第二个十年期间的经历。（当然，1958年样本在1968—1978年的记录目前还无法识别。）

表4.6　第二个十年的职业连续性与流动性（百分比）

职业	1890—1900	1920—1930	1940—1954
同一层级	82	79	77
同一阶级	93	90	91

续表

职业	1890—1900	1920—1930	1940—1954
白领变蓝领	4	11[1]	4
蓝领变白领	10	10	12
上下流动比率	2.5	0.9	3.0
样本数量	366	278	276

[1] 显著高于其他样本。

　　在该市工作的第二个十年中，波士顿人在各职业等级之间的移动显然变少了一些。经过了第一个十年，不足四分之三的人还留在同一个职业层次里；在第二个十年，这一比例大约是五分之四。（1940—1954 年是 77％，这一数字可能受到了技术原因的影响，出于不得已，这里以 14 年而不是 10 年为一个追踪时段。）这些数字的详尽细目（这里并没有给出）表明，造成阶层内连续性提高的主要变化是技术工人和较低级的白领工人突然安定了下来。每个样本中的高级非体力劳动者都高度稳定，每个样本中的无技能者与半技能工人都换了许多次工作。对职员或者木匠来说，成功或失败来得相对较早；职业上的剧烈变化在第二个十年很罕见。无技能与半技能工人安定下来的要少很多，尽管此处还要补充一点，他们的流动主要是在最下面的两个层次之间。在第二个十年里，80％的人仍在从事这两个层次的某种工作，相比之下，有 85％的技术工人仍操旧业，84％的低级白领还待在同一层次工作。

　　在第一个十年过去后，从蓝领阶层跨越到白领阶层的速度也有所放缓。在三个时段中，两大职业阶级的连续性分别是 93％、90％、91％。然而，值得注意的是，男性继续以几乎相同的速度从工人阶级上升，进入白领世界。阶级内部流动总体变慢，主要归因于中产阶级向下流动的减少。表 4.4 显示的四个群体中，每一个都至少有 10％的白领工人在头一个十年下滑到了体力工作中；有一个群体这部分数据还超过了 15％。在第二个十年里，三个群体中有两个的下滑比例只有 4％，而最大的数字，即 1920—1930 年的 11％，可能反映出了始于 1929 年的经济崩溃的影响。除了这一例外，其他群体中向上和向下流动的比率都是非常有利的，即使在这一例中，1920 年与 1930年之间发生的轻微下滑也没有抹去前十年的增长。经过这 20 年后，如表 4.7 所示，每个样本都沿着阶级之梯向上移动了一段距离。1880年的样本中有三分之一是从事白领工作的；两个十年期后，有 49％仍然如此。1910 年的样本上，1910 年的相应数据是 31％，1920 年的是 50％。1880 年的样本中，从事高级白领工作的人从 7％上升到了22％，1910 年的样本上是从 5％升到了 14％。只有在 1930 年的样本上，组成样本的男性在大萧条时期处于职业生涯早期，他们的记录要差得多。白领岗位上升得很少，从 34％到 38％。这表明大萧条可能给这个年龄段的男性群体留下了创伤，并在很长一段时间后继续阻碍着他们，这一问题将在本章后面部分进一步讨论。总体而言，我们可以说，第二个十年中流动速度有所减缓，但这种放缓对下行自动扶梯的影响大于对上行自动扶梯的影响，因此，净流动的方向是向上的。

表 4.7　20 年后三个样本在职业分布上的变化（百分比）

样本	年份	职业等级				数量（人）
		高级白领	低级白领	技术工人	低级体力劳动[1]	
1880	1880	7	27	30	35	987

样本	年份	职业等级				数量（人）
		高级白领	低级白领	技术工人	低级体力劳动[1]	
	1900	22[2]	27	26	26[2]	366
1910	1910	5	26	27	42	1 067
	1920	14[2]	36[2]	22[2]	28[2]	278
1930	1930	7	27	29	39	849
	1954	12	26	26	36	276

[1] 由于各种原因，在这一时间点及以后的某些时候，将无技能和半技能两类合并在"低级体力劳动"这一类别下是有用的。

[2] 明显不同于初期的分布。

五、从第一份工作到最后一份工作

考察波士顿职业流动性模式的另一种方式，是探寻样本上人员的第一份工作与最后一份工作之间的关系。这样可以更好地了解一个人职业生涯的整体形态，而且它还有更大的益处，那就是可以更好地控制不同样本年龄分布的变化，因为在每个样本中，我们最初的参考点都是在相对年轻的年龄所从事的工作。

不幸的是，现有材料并未显示样本上的人初次进入劳动力市场或退休乃至死亡时的职业层级。人口普查与其他资料并未包括有关第一份和最后一份工作的问题，因而粗略的估计是必要的。"第一份工作"被武断地定义为样本上的人在30岁之前所从事的第一份工作。许多情况下，一个人在他十八九岁的时候首次出现在样本中，而那时他正在做自己的第一份工作。但还有一些情况，样本上的男性已经二十多岁，而且可能已经换了好几份工作。这一概念其实指的是一个相对年轻的人所从事的工作。30岁或30岁以上的人进入样本时，要排除在这部分分析之外，因为他们的事业已经顺利起步了。同理，"最后一份工作"指的是 30 岁以上者在波士顿从事的最后一份工作；十八九岁或二十出头在该市工作但 30 岁之前消失的年轻人，同样不在讨论之列，因为他们的大部分职业生涯还在未来。选择 30 岁作为分界线，并不是根据对身处两代之间战争中的今天的叛逆者的假设来定的，而是由研究本身的数据决定的，该数据揭示了 30 岁之后的职业流动性明显放慢。[1] 因此，我们在职业灵活性达到最大的年龄做了个观察，时间越早越好，但在所有例子中都在 30 岁之前；第二次观察选择的时间点越晚越好，但起码都是在 30 岁左右安定下来以后。（应当补充说明的是，每个样本的观察跨度最小都是 10 年，许多情况下是 20、30 甚至 40 年。）[2]

表 4.8　从第一份到最后一份工作表现出的不同层次的职业连续性（最后一份工作时仍在第一份工作所在层次的百分比）

层次	1850—1859	1860—1879	1880—1889	1900—1909
整个队列	60	61	55	67[1]
高级白领	92	96	88	86
低级白领	61	63	63	68
技术工人	60	60	57	58
半技术工	48	51	47	79[1]
无技术工	44	30	30	40
样本数量	310	663	443	247

[1] 明显高于其他小组。

---

[1] 另外，许多其他研究者也使用了相同的年龄分界点。例如 S. M. Lipset and F. T. Malm, "First Jobs and Career Patterns," *American Journal of Economics and Sociology*, 14(1954), 247–261.
[2] 揭示 20 年和 30 年间职业转移的迁移矩阵显示出非常相似的模式；似乎并无必要全部列出加重文本的负担。

表 4.8 显示了出生于 1850 和 1909 年之间，职业生涯结束与开始都在同一职业层次的四个不同年龄段的波士顿人的比例。头两组分别出生于 1850—1859 年和 1860—1879 年，是从 1880 年人口普查数据中抽取的样本；第三组来自 1910 年的婚姻登记册，由出生于 1880 年代的男性组成；第四组来自 1930 年的出生记录，由 1900 年至 1909 年间出生的男性组成，他们的妻子于 1930 年在波士顿生下了儿子。（本章后面及随后的章节中会提到第五组样本，即他们的儿子。这些年轻人中有太多离开了这座城市，不是去读大学就是去部队服役，因此无法按职业阶层对他们的连续性比率进行有意义的细分，参见表 4.8。来自 1958 年城市名录的样本不能在这里使用，因为样本中的人的年龄未知，而且只有 10 年的追踪期。）

每一代人中大约有十分之四的人结束职业生涯时与他们初次工作时所在的层次不同。在 19 世纪 80 年代出生的人群中，足足 45％的人在职业生涯中从一个职业层次转向了另一个职业层次；更早的那两组中则分别有 40％和 39％转向。只有大萧条来袭时正处于职业生涯中期的那一代人变化的比例较低，即 33％。

就像之前以十年为间隔的流动性图表所显示的那样，高级白领阶层要比其他阶层稳定得多；第一份工作在这一层的男性中有十分之九最后一份工作仍属于高级非体力工作一类。低级白领与技术工人都经历了更高的流动性，他们的工作转换率与整个样本的工作转换率密切相关，也就是说，工作转换率很高。

两个较低体力劳动阶层的男性终生职业流动性明显高于样本整体的平均水平。在这两组中，不到三分之一的人刚开始工作时是无技能的体力劳动者，最后一份工作仍属于无技能类。而在另外两组中，这一比例仍然远低于一半。毫无疑问，大部分无技能工人的流动只是在职业阶梯升高了一档而已，他们中有 27％至 40％的人只上升了一档到半技术工（见下表 4.10）。不过，他们上升的频率还是令人印象深刻的。

半技术工显示出了极低的职业层次内连续性，服务人员亦是如此。有一个例外，那就是在最初做工厂工人、公共汽车司机或类似工作的年轻人中，不到一半的人在工作生涯结束时仍处于半技术工阶层。与连续性不足 50％的模式有一个明显偏差的是最后一组人，他们是年龄不到 30 岁的男性，在大萧条来袭时刚刚成为父亲。这个年龄段的那些在白领世界开始职业生涯的人，或者在 1930 年获得一份技术职位的人，无疑在各个方面都遭受了经济崩溃的打击，但大萧条并没有在他们的职业模式上留下不可磨灭的印记。不过，对于那些从事要求较低、报酬不错的半技术工作的年轻人来说，攀登职业阶梯的机会却急剧减少。应当指出的是，这不仅仅是机会中断，还是一种永久性的影响，在他们职业生涯结束时仍然可见。大萧条是暂时的，但是当它结束时，对这些人来说显然为时已晚，望尘莫及。表 4.8 显示，他们当中有超过四分之三的人最后一份工作仍是半技术体力活，与之前几组不足一半的比例形成鲜明对比。如表 4.10 所示，只有 11％的人后来找到了白领职位，是之前几个时期的一半至三分之一。（大萧条对无技能者可能也有同样灾难性的影响。这一点无法靠手头的资料确定，因为 1900—1909 年这组中的无技能工人后来仍然留在波士顿的实在太少，只找到 10 个例子，这个数量太小以至于无法提供有意义的分析结果。但这仍是一个合理的推测。）

为了了解那些在第一份工作和最后一份工作之间变换了职业层次的人中，有多少人是跨越了蓝领和白领的分界线的，我们可以看看下表 4.9。（表 4.9 加入了第五组：1930 年出生在波士顿的儿子们。这些年轻人里只有一小部分1954年在该市工作，当时他们首次被城市名录追踪记录，因此关于他们的研究结果易受随机变量的影响，统计学意义不大。更进一步的困难在于，这些年轻人在最后被记录时仍处于职业生涯的早期——1963年——可以想见未来会经历进一步的流动。不过，如果谨慎对待，这些数字仍具有说明价值。）波士顿约有60％的男性在最初工作所在的阶层结束了自己的职业生涯；大约80％的人结束职业生涯时还在当初体力工作与非体力工作界线的同一边。在那些流动到另一层次的人里，大约有一半进入的层次还属于他们最初所在的阶级；另外一半则不仅层次变了，连阶级也变了。

表4.9 第一份工作到最后一份工作跨越阶级界限的职业流动（百分比）

最后一份工作的职业	出生队列				
	1850—1859	1860—1879	1880—1889	1900—1909	1930
同一阶级	80	81	76	82	74
不同阶级	20	19	24	18	26
白领变蓝领	12	17	16	16	16
蓝领变白领	27	23	28	18[1]	31
上下流动比	2.3	1.4	1.8	1.1	1.9
样本数量	310	663	443	247	84

[1] 显著低于1850—1859年、1880—1889年及1930年组。

考虑到这些人的职业生涯跨越了几十年的时间，还考虑到这些年里波士顿（以及作为一个整体的美国社会）出现的经济与社会变化，这五组样本在阶级连续性方面的显著相似性令人印象深刻。我们再次看到了社会循环的稳定进程相对来说不受变化影响的证据。有三组的连续性比例几乎相等——80％、81％和82％；另外两组——76％和

74％——并未比 0.90 这条线低太多，因而没有太大的统计学意义。

　　尽管在整体连续性和流动性方面有这种相似性，但并非所有群体的向上和向下移动比率都相同。有些群体——那些出生于 1850 年代、1880 年代及 1930 年的人——比其他群体拥有更有利的平衡。但有趣的是，这种波动几乎完全要归因于向上流动比率的变化，在大萧条时期的那一代中，这一比率从 31％到 18％不等。职业生涯从白领开始以蓝领结束的男性，比例惊人地稳定：三组中都是同样的 16％，只比第四组高一个百分点，即使在第五组，也没有低到很显著的程度。之前已经说明，20 世纪 30 年代的经济大萧条迫使大量白领工人在 1940 年不得不从事体力劳动。分析第一份工作和最后一份工作之间的职业模式可以明显看出，与处于体力劳动最低的两个阶层的男性不同，这些人最终都从大萧条中恢复了过来，重新获得了中产阶级的职位，达到了该市早期的正常水平。

表 4.10　层次内部与阶级内部职业流动：第一份工作与最后一份工作之间（百分比）

第一份工作的层次	出生队列	最后一份工作所属的层次					数量（人）
		高级白领	低级白领	技术工人	半技术工人	无技能	
高级白领	1850—1859	92	8	0	0	0	26
	1860—1879	96	4	0	0	0	49
	1880—1889	88	4	4	4	0	24
	1900—1909	86	14	0	0	0	14
低级白领	1850—1859	25	61	9	6	0	109
	1860—1879	17	63	8	9	2	313
	1880—1889	20	63	4	10	3	135
	1900—1909	13	68	6	11	3	69

第一份工作的层次	出生队列	最后一份工作所属的层次					数量（人）
		高级白领	低级白领	技术工人	半技术工人	无技能	
技术工人	1850—1859	4	22	60	9	6	82
	1860—1879	6	20	60	12	2	137
	1880—1889	6	22	57	13	2	117
	1900—1909	8	18	58	15	1	79
半技术工人	1850—1859	5	25	17	48	5	59
	1860—1879	4	18	18	51	11	114
	1880—1889	4	27	10	47	11	117
	1900—1909	5	7	5	79	4	75
无技能工人	1850—1859	3	21	6	27	44	34
	1860—1879	2	14	20	34	30	50
	1880—1889	2	18	12	38	30	50
	1900—1909	0	10	10	40	40	10

从第一份工作到最后一份工作之间层次流动的更详细列表中，也许可以得到对这些事实——职业循环过程惊人的稳定性；无技能与半技能工人应对困难时期的脆弱性——的进一步认识（见表 4.10）。（出生于 1930 年的第五组没有包括在内，因为样本量太小，不允许详细分类。）

显然，在最高职业等级——专业人士和大企业主——开始工作的那个相当小的男性群体，在第一份工作后的每个阶段都有非常相似的职业道路。有三组无一人下滑至工人阶级岗位，出生于 1880 年的那组中 8％ 这个数字——4％ 沦为技术工人，4％ 做半技术工作——只代表两个人，不具有统计学意义。有一些迹象表明，20 世纪 30 年代的大萧条，使他们当中更多人的地位下降了一个档次，进入了较低的白领阶层——14％，之前几组的对比数据为 8％、4％、4％——但这些百分比对应的数量对我们来说实在太小了，无法确定它到底反映了真正的变化，还是仅仅出于偶然的变异。1930 年处于职业结构顶端的年轻人相当成功地挺过了大萧条，这么说似乎没什么问题。

在全部四组中，最初以职员、推销员或小商人为职业的波士顿年轻人同样遵循着非常相似的职业模式。有超过十分之六的人仍然留在他们开始工作时所在的职业层次，群体之间连续性的小波动不够大，没有统计学意义。只有大萧条时期那一代人表现出了更经常地滑入蓝领职业的微弱倾向；有 20％的人如此，更早的那几组的对比数字是15％、19％、17％，差异并不显著。从这个意义上说，这些人相当成功地从大萧条中恢复了过来。然而，1930 年代的经济崩溃的确抑制了这个群体进入高级白领职位的上升势头。他们在非体力劳动领域的上升速度仅为内战前十年出生的男性的一半，是 1880 年至 1889 年出生人群的三分之二，两个都是差异显著。[1] 对于 1930 年已经能在白领世界立足的年轻人来说，大萧条使他们许多人失去原有地位这种威胁永远都不会成为现实。但是 30 年代留下了另一道伤痕，那些希望不止于做一个小职员、推销员或小老板的人注定会失望一生，这样的人数量虽不大，却明显增多了。

波士顿技术工人的职业模式似乎没有受到大萧条或任何其他变革力量的明显影响。每一组里他们都有 57％到 60％的人在最后一份工

---

[1] 然而，请注意，这里使用的衡量大萧条影响的方法是粗略的。很少有白领经历长期的向下职业流动，这一点很重要，但很可能他们中有相当数量的人经历了严重的收入和财产损失。关于样本中的人的财富信息极其有限，因此不可能检验这种可能性。然而，克莱德·格里芬（Clyde Griffen）即将发表的关于 19 世纪波基普西（Poughkeepsie）的研究将表明，1873 年的金融危机对那里的小企业主造成了沉重的打击。许多企业设法继续经营，但境况已大为恶化。

作时仍然在做技术活。在大约40％的流动者当中，每一组都有四分之一稍多的人爬上了非体力职位，一般来说，变成了推销员或者小店主。剩下的大概15％向下流动，主要进入了半技术岗位。因此，85％的人在职业生涯中保持或者提升了他们的职位。

来自两个较低体力劳动阶层的男性上升至中产阶级行列的波动幅度大于技术工人，但一般来说，半技术工人的上升率在25％至30％之间，而无技术工人的上升率在20％至25％之间。1930年出生的男性因为样本体量太小没有包括在该表当中，但这个群体中有48个年轻人最初做无技能或半技能工作，后来有33％爬上了白领职位。获得白领世界工作机会的，绝不仅限于处在蓝领阶层顶层的男性。这里的证据也没有显示出任何朝着更僵化的职业结构发展的长期趋势；机会的水平似乎一直非常稳定。

有两个例外应该指出来。生于1860到1879年之间，起步时是无技术普通劳动者的年轻人，后来得到白领职位的机会少于正常水平。但是，他们当中进入技术行业的人数异常之多，因此他们升迁到蓝领最高层或者白领阶层的比例并不比通常水平低。

另一个例外更为惊人，那就是大萧条那代人中，有25％至30％的半技术工人和20％至25％的无技术工人在职业生涯结束前脱离了工人阶级。在这批人里，开始工作时在两个低级体力劳动层次，结束工作时变成白领的年轻人，只有十分之一，这是非常显著的下降。他们进入技术岗位的比例也有一些下降。这些都是二十出头的年轻人，此时背负着家庭的重担（他们都是生于1930年男婴的父亲），既没有专门的技能，也没有出色的学历。在平常时期，像他们这样的年轻人在工作过程中登上职业阶梯的前景是极其美好的。在较早的三个分组里，分别有47％、40％、41％的男性最初从事的是半技能工，后来上升到了技术工或白领岗位；对大萧条那代人，这个数字只有可怜的17％。在这个运气不佳的群体里，10人中有8人终其一生都是半技能蓝领工人，20人中有1人降为无技能体力劳动者。这一代人中的无技能者可能同样遭受了大萧条的重创——表4.5中1930—1940年的数据表明了这一点——但是这些人的第一份工作和最后一份工作的案例数量太少（只有10个），不足以支撑坚实的结论。

大萧条对1930年开始工作的男性后来生活的影响，取决于灾难发生时他们所到达的职业等级。在许多例子中，技术工匠和白领工人都经历了失业与收入损失，但他们找到更好工作的远景受到的影响很小。在上层白领中，有更多人进入了低于从前地位的非体力劳动岗位，低级白领员工进入高级白领岗位的正常速度有所放缓。但是，只有那些无技术和半技术的体力劳动者职业生涯后来的轨迹发生了根本的变化，无法通过以往群体的经历做出预言。不出十年，城市就重现繁荣，波士顿地区在二战后的经济增长格外引人注目。[1] 无论是波士顿社会，还是作为一个整体的美国社会，都没有变成一个封闭的、阶梯最低端者永远困守原地的种姓制度体系。大萧条那十年出生的年轻人的流动模式表明，那种假设是没有根据的，正如取自1958年波士顿城市名录的样本记录所显示的那样（见表4.3、表4.4和表4.5）。但大萧条之后的复苏与繁荣对所有年龄段群体的影响并不相同。有一类男性，其年龄大到足以在1930年工作却又因太年轻、教育或技能太欠缺而无法在一个稳定的职业模式中安顿下来，于是便处在一种独特的弱势地位。大萧条对他们的伤害不是暂时，而是永久的。"特定男性群体的职业模式……在任何时间点上，他们过去的职业经验很大

---

[1] Wilbur R. Thompson, *A Preface to Urban Economics* (Baltimore: Johns Hopkins University Press, 1965), p. 19.

程度上都在起作用。"① 波士顿的大萧条一代中，低技能工人的早期
"职业经历"是痛苦的，到繁荣重现时，找回其失去的领地对这些人
来说已经太晚了。二战后稳居中产阶级的美国观察家们有时抱怨说，
工人们遭受着"大萧条心理"（depression psychology）的折磨，并且
过度担心崩溃再一次降临。表 4.10 的数据可供我们理解"大萧条心
理"背后的惨痛经历。

六、结论与启示

在其中一个样本网络中抓取的数千名具有代表性的波士顿人的职
业经历，已按不同长度的时间间隔，以相对广泛和相对精细的分类分
别绘制了出来。现在有必要对这项工作可能得出的结论和启示进行一
番回顾了。

在整个时间段上，那些处于阶级阶梯较低层的人都有很大的向上
的职业流动性。诚然，到底多少是"很大"，没有绝对的标准。一杯
水可以说是半满，也可以说是半空，皆取决于观察者本人。观察者眼
中看到的，不仅仅是美。同样，从某个职业向某个职业流动的具体比
例是惊人的高还是惊人的低，取决于分析者希望从中发现什么。如果
我们以满怀美国梦热情的预言家的标准来看待这里提供的证据，那
么，只要没发现研究中的每个穷人都在 40 岁之前成为百万富翁，似
乎就太令人失望了。另一方面，如果人们一开始就怀疑阶级结构僵

---

① A. J. Jaffe and R. O. Carlton, *Occupational Mobility in the United States, 1930 - 1960*
(New York: Kings Crown Press, Columbia University, 1954), p. 3.

化，只有极少数极具天赋（或运气）的人才有机会获得社会地位的提升，那么即使是非常轻微的职业转变也会令人印象深刻。

因此，不同的观察者可能会从不同的角度来看待这里揭示出的波士顿男性的职业模式。但是，下面的结论似乎是无可争议的。三个蓝领阶层中没有一个是无法逃离的封闭空间。即便在十年这么短的跨度里，仍有相当一部分体力劳动者——其中平均超过三分之一的人——换了一个不同职业层次的工作（见表4.3）；在第一份工作与最后一份工作之间这样更长的时间跨度里，这个数据大约是一半（见表4.8）。当然了，这类流动很多都是局限于工人阶级内部，但也有很多不是。所有样本中大约四分之一的人，从较低层开始职业生涯，许多观察者认定他们面临的社会鸿沟是几乎不可逾越的，但他们最后找到了白领职位；同样令人吃惊的是，流动到非体力工作对半技术工人来说，并不比技术工人更困难，对无技能劳动者也只是稍难一点（见表4.10）。除了不幸的大萧条一代，波士顿40%以上的半技术工人及全部无技能工人中大约三分之一的人，后来都成了技术工匠或者白领工人。职业生涯从技术行业起步的男性还是要更成功一些。在这些样本中，没有哪个有六分之一的人后来沦落到了一个层次较低的蓝领工作岗位；留在技术工作层次或者升迁到非体力劳动岗位的足足有85%。当然，这并不是说社会秩序就非常完美了，没有人对此提出合理合法的抱怨，稍后将详细讨论这个复杂的问题。这说明了该市职业结构中较低层次上的流动非常显著，而且流动的工人中大多数是向上流动的。而向上流动的水平远远超过了波士顿职业结构变化所要求的最低限度。

第二个结论有些自相矛盾，即向波士顿工人开放的绝佳上升机会并不是以牺牲他们的社会上级（social superiors）为代价的。人们很容易把职业地位的竞争想象成一场零和博弈，一方的收益必然与另一方的损失相匹配。就目前的情况而言，这将意味着每一个向上流动的工人都会取代已经拥有白领工作的人，迫使他向下流动进入蓝领岗位或失业行列。这种高度流动的社会可能是一个极不稳定的社会，躲藏着大量愤愤不平的落魄者。然而在波士顿，这个过程并未以这种方式进行。在大多数样本中，白领雇员滑入工人阶级岗位的比例只有体力劳动者升迁到白领职位的一半（见表4.9），而绝对数量上的偏差甚至更大（因为白领阶层规模更小）。在流动性上，这个城市似乎是所有可能的世界中最好的，它拥有许许多多理想的模式（向上），还有非常少的不理想的模式（向下）。

第三，很显然，在整个90年里，波士顿的社会流通过程有着显著的潜在一致性。考虑到这些年里该市与作为一个整体的美国社会发生的所有剧烈变化，我们惊讶地发现，这段时间里职业流动的变化程度竟是如此之小。四组样本中的人在十年里继续受雇于同一层次工作的倾向只有5％的变化（见表4.3），而他们的最后一份工作仍留在第一份工作所属层次的可能性只有12％的变化（见表4.8）。同样地，每组样本都出现了高地位男性保持在同一职业等级以及低地位工人从一个层次转移到另一个层次的趋势，组成样本的男性包括内战前出生到1968年还在波士顿工作的。

乍一看，发现这么少的变化迹象似乎很无趣，但事实上，这就跟夏洛克·福尔摩斯的狗夜里不叫一样能说明问题。从1880年代的波士顿牧师到1960年代的社会批评家，美国社会的观察者们已经争论了很久——阶级结构是否在变得越来越僵化，前者认为"一些看不见却充满敌意的力量"随后将"毁掉这架梯子中间的横档"，后者强调这片土地上出现了一种新的贫困，这种贫困不可能通过社会流动来摆脱。关于动脉硬化是否正在形成，以及传统的社会流通渠道是否正在被关闭的争论，部分与代际之间的流动性有关，这个问题将在下一章讨论。但是已经提交的数据，构成了对美国城市所做过的时间最长、最完整的一系列流动性评估，当然与这个广泛的话题有关。这些数据表明，在过去的90年里，无论支配着人们在不同职业等级间流动的机制是什么，长期的变化都没有发生。

最后一个观察出的结果是，尽管波士顿的职业结构的流动性很强，但在这个城市中，先前的社会优势或劣势都非常重要。在事业起步时处于高位的男性很有可能保住自己的地位；那些从较低水平开始的人有很好的机会向上移动一两级，但不会移动到最高层次。常见的流动不是从贫穷到富有而是从贫穷到体面，从体面到贫穷的互补性流动却要少得多。样本中没有一个专业人士或大企业主曾下滑到无技能行业，只有两人向下流动，进入了蓝领岗位。[1] 只有大约2％的无技能工人和4％至5％的半技能工人曾奋力挤进了上层白领行列。

此外，经济萧条时期落在城市市民肩头的负担分布得极不均衡。这里追踪的群体中有两个在1890年代和1930年代的大萧条袭来时处于弱势，1869—1879年那一组是在一定程度上，1900—1909年那组则更突出一些。不过，这些经济灾难似乎丝毫没有妨碍上层白领工人的职业生涯。它们稍微延缓了较低层非体力劳动职员攀升的速度，使这些人下滑到蓝领世界的数量略多了一点。困难时期技术工人向白领工作的流动明显变慢（见表4.5），但影响只是暂时的；到做最后一份工作时，这些人已到达其他分组成员相同的位置，有26％—28％

---

[1] 不过，请回忆一下，这个结论，就像所有其他关于职业流动的结论一样，是以留在波士顿的男性的经验为基础得出的。很可能是那些最容易下滑的高级白领离开了波士顿的结果。搬到新的目的地是否有益，不能从手头的证据来判断。外迁移民消失的整个问题至关重要，而且特别难以处理。参看第三章，p44，注①。

在非体力劳动岗位，57％—60％仍从事技术工作（见表4.10）。目前为止，困难时期最大的失败者就是无技能和半技能工人，他们进入技术行业和得到白领工作的机会都急剧减少了，不单是这十年内，而且是永远。虽然无法看出职业结构更加僵化和封闭的长期趋势，但也存在这种重要的短期波动，值得注意的是，这些波动的影响绝不是随机的。在这一时段的大部分时间里，波士顿的普通无技能工人和半技能工人的职业发展机会比许多观察人士想象的要多一些，但他们很容易受到经济灾难的影响。一次严重的经济危机不仅意味着长久的失业，也意味着整个职业生涯都饱受困扰。若将城市社会体系视为一个整体，我们可以把这叫做"短期"波动，可是这对卷入其中的个人来说并无多大安慰，他们已经永远失去了获得更高收入、更多个人安全、更具吸引力的工作条件的机会。

总而言之，波士顿的职业结构从某种意义上说是非常有流动性的，为很大一部分从体力劳动起步的男性提供了自我提升的重要机会。但如果完全开放的结构指的是最初的优势毫无价值的话，那它还远未达到这一步。蓝领工人极少上升到低级白领层次，足够幸运的在高级白领层次起步的人们，后来也极少会下滑，只有极少数人真正进入了工人阶级行列。较低阶层的男性比他们的上层更容易被决定经济健康发展的非个人的巨大经济力量所左右。那些吹嘘美国是一个充满无限机遇的国家，或者坚持认为形势不利于穷人的人，都不是完全正确的；这两伙人看到的，似乎是同一个复杂社会现实的不同方面。

第五章

社会阶层出身与职业成就

对 1880 年和 1968 年之间波士顿职业流动模式的仔细观察，已经揭示出一个异常稳定的职业流动过程，波士顿约 40％的劳动力在结束职业生涯前离开了初入职场时的阶层，约 20％的人从蓝领变成了白领，或者从白领变成了蓝领。体力劳动者通常比白领工人更频繁流动，因此，分布在每个样本中的净位移是向上的。

上面的结论，足以对波士顿社会结构和身处一个日益复杂的技术社会中底层男性命运的大量陈词滥调形成挑战。尽管自动化、对许多工作的受教育要求不断提高、巨型企业集团的出现以及美国社会的其他大规模变革，都可能限制了社会底层提升的机会，仍然没有明显的趋势表明，社会结构会变得更加僵化和狭隘。另一方面，我已经强调过，这个地方的社会体系远没有实现那么自如的运行。的确存在一条横档，使得下面的工人极少能上升为低级白领，上面的中产阶级也极少会掉落下去。

不过，职业流动只是众多流动性之一种。彻底理解这个职业流动过程，还需要另一种类型的分析。我在前面章节讨论典型波士顿人的职业模式时，完全没有提及可能至关重要的一个影响——他们所成长的家庭的社会地位。因此，磨坊主的儿子和挖沟工的儿子都从磨坊工开始职业生涯，表面看起来完全一样，但前者是从最底层学会做生意，后者却是因为这对他来说是最佳工作。如果十年内磨坊主的儿子成了销售经理，会被记录为从蓝领阶层中等层次升入白领阶层顶层的职业流动。如果挖沟工的儿子在相同时间内成功地得到了充分培训，成为一名机械师，则会被认为职业流动性要差得多，从半技术工人到技术工人，在职业阶梯上只上升了一级。但很显然，挖沟工的儿子比父亲上升了两个等级，而磨坊主的儿子只是达到了其父的水平，考虑到他的家庭出身，则他根本没有向上流动。

这表明，考察流动性不仅要从一个人职业生涯中的这一点到那一点，还要从一代人到另一代人。下文就是对这一原则虽略嫌牵强却更为生动的说明。从代际角度来看，上一章所揭示的向上和向下的职业流动可能没有一个是真正的向上或向下流动，因为所有向上流动的蓝领工人都可能是中产阶级父亲的儿子，他们最初过着贫穷的日子，后来回归到从自己父母那儿承袭的层次当中。同样地，后来落入工人阶级行列的白领工人很可能全部来自劳动者家庭，因此，他们后来的向下流动也是回归到了个人出身地位的那个水平。从这个意义上说，一个以高度流动性为特征的表面开放的城市，可能同时也是一个相当封闭的地方。在这里，个人在一段早期经历之后所达到的社会地位，往往与他们出身的家庭的地位密切相关。

当然，同样有可能的是，衡量代际流动性将使人们对特定社会结构的流动性有更高的认识。某人的第一份工作和最后一份工作都是职员，并未经历任何职业流动，但如果他的父亲是位纯粹的无技能体力劳动者，他就实现了极大的代际向上流动。

因此，判断家庭出身对职业成就的影响的重要性十分明显。有些出现在我们显微镜下的波士顿人成长于中产阶级宽敞的大房子里，而另一些人则生活在拥挤的公寓里。有些人一直吃得好穿得好，另一些人则挣扎在生存边缘。有些人被鼓励去好好学习并为未来规划，而且他们的家庭保证会提供必要的财务支持与人脉；另一些人面对的环境却压制着他们的期望，比如为了赚钱贴补家用，不得不在合法的前提下尽早地离开学校。简而言之，他们面对的早期环境存在巨大的差异和不平等。

但准确地说，问题的焦点在于，这些环境差异在个人后来的生活中，特别是在他们随后所走的职业轨迹上，究竟留下了多大的印记。美国人所珍视的传统认为，一个人在出生时所承袭的社会阶级地位本身，并不是他日后个人成就的主要决定因素；财富和权力的争夺是面向所有人的，不管他们的社会出身如何。这一观点的倡导者经常强调来自"良好"家庭和接受"适当"教育的重要性，但人们认为，贫穷却诚实的父母可以像那些取得经济上成功的父母一样，让他们的孩子为这个世界做好准备。

然而，也有些美国社会的观察者就没这么乐观了。他们坚持认为，这个体系并不是真的开放，社会阶级背景对人生机遇存在着深刻的影响。因此，波士顿的爱尔兰人报纸《波士顿导报》(The Pilot)的编辑在1883年断言："这场比赛并不是公平竞争，穷人的儿子扛着双倍的重负。"[1] 杰出的波士顿经济学家和统计学家弗朗西斯·A.沃克尔甚至还要悲观，他断言"有一种强大的限制，由精神和物质两种力量构成，它将绝大多数孩子不仅限制在他们所出生的那个大型产业

---

[1] John Boyle O'Reilly, "The City Streets," *The Pilot* [Boston], January 20, 1883.

工人群体之内，甚至局限于他们的父亲所从事的那一行业之内"。[1] 评估这些有关美国社会分层性质的冲突之观点是否合理，就是本章的目标。

一、前期的一些困难

以往的资料对上述目标来说很不理想。个人的社会出身的主要可用指标是其父亲的职业等级，加上一些关于家庭财产持有情况的不充分证据，还有关于民族起源、宗教和种族认同的信息；这些问题将在后面的章节中单独讨论。然而，关于样本中的人的父母受教育程度却一无所知，像父母的志向与价值观这种难以捉摸的事情则更是不用说了。因此，尽早并持久地节俭且努力工作是成功的关键这一主张，不能用现有的历史资料加以检验。

不过，如果说父母价值观的影响依然难以捉摸，直接评估社会阶层背景的重要性则是有可能的。波士顿的年轻人通常会遵循父辈既定的职业路线吗？"穷人的儿子"在个人成功的竞赛中真的背负"双倍的重量"，还是说他的职业成就与其父母的地位无关？我们对于观察到的任何代际流动模式都可以提供各种各样的解释——劳动力市场上的阶级偏见啦，受教育程度的差异啦，有助于成就的价值观的阶级差异啦，或许还有先天能力的阶级差异——尽管如此，准确地揭示出这种模式实际上是什么，还是很有启发意义的。

---

[1] Francis A. Walker, *The Wages Question: A Treatise on Wages and the Wages Class* (New York. 1876), pp. 198–199.

　　这里采用的样本是前面章节用过的，但加了一个重要的补充。为了提供关于二战后代际流动性水平的补充信息，我使用了爱德华·劳曼（Edward Laumann）在 1962 年对波士顿郊区剑桥和贝尔蒙特的 405 名男性居民的抽样调查。[①] 这个样本的年龄范围相当宽泛，限制了与其他样本可能做的比较的准确性。还有个困难之处在于，与波士顿市区相比，剑桥和贝尔蒙特的中产阶级比例要高一些。因此，劳曼样本所提供的十有八九只是波士顿模式一个粗糙的近似值，但若谨慎使用，它确实会提供一些有价值的线索。

　　资料来源的性质所带来的最严重的问题是，除了劳曼的剑桥与贝尔蒙特研究，没有任何一个样本中有关于样本中人的父亲的职业等级信息。现有的历史记录只允许在两代人都居住在波士顿的情况下比较父母和子女的地位。1880 年和 1910 年的样本中许多男性都是只身迁到了这个城市，并没有父母相伴，另一些人的父亲曾住在波士顿，但在取样日期之前就去世了。因此，考察社会阶级背景对他们职业模式的影响是没有可能了。同样，虽然 1930 年所有样本中人的父亲的职业都在出生记录上专门列出了，但儿子若不到进入劳动力市场的年龄，仍然无法估计样本中这些年轻人的代际流动情况。他们当中很多人在到年龄之前就离开了波士顿，所以，评估代际流动再一次要基于整个样本中的一小部分来进行了。

　　这样做的一个结果就是，可以从中概括出波士顿代际流动模式的案例数量大大减少了。不过，这还不算是个大难题，因为通过分析可以得到具有统计学意义的模式。

　　更棘手的问题是，我对波士顿代际流动的讨论，以人口中较为稳

① Edward R. Laumann, *Prestige and Association in an Urban Community: An Analysis of an Urban Stratification System* (Indianapolis: BobbsMerrill, 1966).

定那部分的经历为基础，但移民——1880 年和 1910 年父母没有同来波士顿的男性样本，以及 1930 年后离开波士顿到其他地方工作的年轻男性样本——群体的代际流动经历很可能与来自更稳定的当地家庭的男性截然不同。

根据手头的证据，不能断然排除这种可能性。现有记录的性质构成了一个无法逾越的障碍。[1] 然而，有一项指标表明，波士顿定居人口和迁移者的代际流动模式很可能大致相同。当我们把第一份工作和最后一份工作之间的职业流动率按样本中的人是否与其父亲同时居住在波士顿来分别绘制时，并没有出现显著的差异。至少，在样本中人的职业生涯中，本地人与外来者经历了相同的流动性。当然了，尽管如此，这仍有可能是因为，移民比他们的父辈刚进入劳动力市场时流动性更强。对这一点，并不能得到直接证据。但我们可以设想，如果移民在影响他们代际流动前景的个性上与非移民存在着显著的差异，其中某些差异一定会在他们后来的职业模式中表现出来。如果这种推理是正确的，虽没能研究出父子之间有一人不住在波士顿这种情况的代际流动水平，但也并没有严重扭曲我研究结果的普遍性。

当然，从问卷调查而不是从历史档案中获得社会流动性数据的学者可以避免这个问题，因为他们只需要像劳曼那样要求受访者详细说明他父亲的职业即可，父亲住在哪里并不重要。历史学者不能开展问卷调查，除非他面对的是非常切近的过去，我也不会在本研究中做这种尝试。但是，有必要从资料来源中恢复有关父亲职业的直接信息，

---

[1] 有些历史记录容许人们研究父与子职业之间的关系，即使父亲并不住在该市。但没有一份是关于波士顿的。印第安纳州的结婚证申请书提供了必要的信息，例如 Naulie S. Rogoff 在其重要著作 *Recent Trends in Occupational Mobility* (Glencoe, Ill.: Free Press, 1953) 中所用的，可惜 Rogoff 并未像她本可以做到的那样挖掘移民与代际职业流动的关系。对这一问题的进一步讨论，见第九章，p279，注释①。

这是有一定好处的，因为它消除了因记忆不全或有意拔高或降低家庭的社会地位而产生的偏差。这类回忆性数据的错误在多大程度上扭曲了以往依赖于问卷调查的研究，目前尚不清楚，但我们有理由相信，错误的范围是相当大的。[①] 无论如何，目前的讨论依靠的是能具体说明父亲职业的客观数据。

选择父亲所从事的哪种职业作为衡量其子女进步的基础，存在一些困难。以往美国社会分层与社会流动的研究主要集中于代际流动而忽视了职业流动，这种忽视导致一些学者想当然地认为，典型的美国人在当上父亲之前，就已经安稳地、永久性地从事着一种职业。这种方便但错误的假设，支撑着流动性调查研究中的一般程序，这一程序要求被调查者说明他父亲的"正式职业"。通过让受访者从其父亲在不同时期从事的几种不同职业中做出选择，这一提问完美地掩盖了上述问题。通过阅读前面章节，应该对这个程序上的瑕疵已然十分清楚了，因为其中分析了许多在分层与阶级之间不知疲倦地流动的男性，在大萧条时期（来自 1930 年波士顿出生记录的样本）他们的确都已经做了父亲。如此提问将留给他们的儿子极大的自由裁量权，任由他们来决定父亲的"正式职业"是什么。

理想的解决办法是将父亲的整个职业生涯，或至少是儿子出生以来的职业生涯，作为评价儿子职业生涯的基础。因此，从儿子出生起就一直做百货商场经理的父亲，要与当父亲时还是薪水微薄的小职

---

① 在一项试验中，要考察调查对象对自己 16 岁时父亲职业的记忆，并将这一信息与之前的人口普查记录进行对比，结果发现，有 30％的案例中两者之间存在差异；Peter M. Blau and Otis Dudley Duncan, *The American Occupational Structure* (New York: Wiley, 1967)。这并不像看上去那么令人沮丧，其原因布劳和邓肯已讨论过。但它确实表明，只要有可能，最好使用直接数据而不是回忆作为证据。Cf. Eugene J. Webb et al., *Unobtrusive Measures*; *Nonreactive Research in the Social Sciences* (Chicago: Rand McNally. 1966)。

员、成功较晚甚至直到儿子离开学校参加工作后才获得成功的父亲区别开。类似的办法已经在起码一项研究中使用了，但是现有的历史数据不完整，再加上样本体量有限，使我们不可能在这里如法炮制。[①] 但至少我们的基础比从回忆性数据中得到的统一了，这些数据没有明确定位于父亲职业生涯中的某一点。而这里衡量波士顿年轻人职业成就的方法，是在儿子们初次进入劳动力市场时（或根据现有数据尽可能地接近那个时间）与他们的父亲已经取得的地位等级作对比。

二、职业生涯结束时的继承与流动

共有 1792 名波士顿居民的信息被披露，这些信息既包括他们在职业生涯起步——至少过了 30 岁，有些例子要到 40 多岁或 50 岁以后——之后的职业状况，也包括儿子们本人进入职场后他们的父亲的职业等级。这些人被分成了若干个不同年龄组，从生于 1840—1859 年的男性组，到生于 1930 年的男性组。表 5.1 显示出，其中有多少人最后在波士顿工作时还处于与自己父亲相同的职业等级。这里并未尝试分析特定职业的"子承父业"程度——计算木匠之子成为木匠的比例，或律师之子成为律师的比例。尽管与弗朗西斯·沃克尔的主张相反，初步列表仍表明，这部分比例是可以忽略不计的。事实证明，询问儿子是否通常能获得与其父同一职业阶层的职位，木匠的儿子是否通常会成为某一类技术工匠，律师的儿子是否倾向于专业岗位或者

[①] John Allingham, "Class Regression: An Aspect of the Social Stratification Process," *American Sociological Review*, 32(1967), 443 – 449.

其他高级商业职位，会更有成效。

表 5.1 阶层间代际职业继承：最后一份工作与父亲工作所在阶层相同的百分比

	出生队列				
	1840—1859	1860—1879	1870—1889	1890—1930[1]	1930
样本整体	40	37	39	49[2]	47[3]
父亲的工作					
高级白领	51	60	67	71	52
低级白领	53	58	55	57	57
技术工人	40	33	36	27	44
半技术工人	21	28	33		39
无技能工人	25	10	5	48	0
样本总数	208	784	193	405	202

[1] 这些数字是经过对 Edward O. Laumann. *Prestige and Association in an Urban Community: An Analysis of an Urban Stratification System*（Indianapolis: Bobbs-Merrill, 1966）的表 5.6 重新整理后得出。其样本是剑桥和贝尔蒙特的成年男性居民，不是波士顿市区人。按照 1960 年人口普查记录，这两地大约 48％的在职男性从事白领工作，整个波士顿都市圈的相应比例是 46％，劳曼的样本更向中产阶级偏移，有 54％的成员从事白领职业。在评估研究结果时，必须将这一小幅偏移铭记在心。还要指出的是，这一样本的年龄分布很不幸地相当宽泛，无法提供更精细的年龄界限。这个序列在时间上的限定远没有其他序列那么清晰。在劳曼的研究中，没有将无技能工人与半技能工人和服务业劳动者区分开来，因此必须给出这两个阶层的综合数字。如果无技能工人和半技能工人两类像其他序列那样合并起来，数据如下：1840—1859 年是 43％，1860—1879 年是 40％，1870—1889 年是 37％，1930 年是 44％。
[2] 明显高于之前的序列，但也只是因为无技能工人和半技能工人没有分开，因此两个阶层间的流动没有记入。
[3] 明显高于 1860—1879 年那组。

而答案是，即使按阶层大类划分，子承父业的倾向也不是很强。五组样本中没有一个样本的大部分成员在自己父亲所在的职业等级结束职业生涯。在头三组中，这一数字只有十分之四或者更少。在 20 世纪出生的两个群体中，这一比例略高，很可能并未真正反映子承父业有所增加的趋势，而是反映了两个样本的一些特殊性质。出生于 1890 和 1930 年之间的男性这个比例最高，为 49％，部分原因在于劳曼没有把无技能者与半技能工和服务业劳动者分开，因而没有将这两个层次间的转移计入流动。当其他四组的无技能和半技能类别进行类似组合时，继承父亲职业的儿子所占比例分别为 46％、44％、44％和 48％，它们与 49％之间的差异，不足以具有统计学意义。出生于 1930 年的那组男性的流动性似乎也不像生于 19 世纪的男性样本那么大，但这些数字指的是他们在相对年轻的 33 岁时所从事的职业；可以合理地推测，如果能够在与其他样本中人相当的年龄对他们进行追踪，这一组人的职业"遗传"率可能会略低一些。[1] 但是，考虑到 20 世纪的两个样本的这些特点，两代人之间的职业"遗传"率很可能在这五个样本中都非常接近 40％。在近一个世纪的时间里，波士顿人从一个职业层次到另一个职业层次的流动，一直以一个相对较高且惊人一致的速度进行着，不仅是在一个人的职业生涯跨度内，而且还在这一代到下一代之间。在这方面没有任何迹象表明，阶级体系变得不那么开放或者更加僵化了。

虽然波士顿只有十分之四的年轻人结束职业生涯时与他们的父亲处于同一阶层，但对于那些拥有高级职业地位的家庭来说，这个比例要高得多；而对那些职业地位较低的家庭，这个数字则低得多。就像职业流动性的例子一样，那些处于阶级阶梯较低位置的家庭，因流动

---

[1] 这一假设是：随着年龄的增长，儿子职业分布的净转移远离了父亲的职业阶层。事实上，如下文所示，工人阶级之子的净转移具有这种特征，中产阶级的儿子则表现出相反的模式。由于前者数量更多，文中的概括是正确的。

性带来的好处最多，他们的流动性就很大；对那些阶梯较高位置的来说，流动可能意味着向下滑落，他们的流动性就要小得多。职业人士和成功商人的儿子当中起码有一半到达了他们所在的职业等级，有两个样本中甚至超过了三分之二，而在职员、推销员和小店主的儿子中，有20％的人继承了父亲的衣钵。（低级白领家庭职业继承倾向的一致性尤其显著；其中三个数据相差不到1个百分点，而5个数据整体之间的差距微不足道，只有5个百分点。）

相比之下，工薪阶层劳动者的儿子则不太可能被父亲所在级别的工作吸引。这一比例变化很大，高的时候1930年技术工人子弟有高达44％子承父业，低的时候则低到零，但平均下来只有26％。（当然，1890年至1930年间的48％这一比例是夸大了，因为它忽略了无技能工人和半技能工人之间的流动。）通常会有四分之三的人流动至与他们所继承的职业不同的职业地位上。当然，有人可能会认为这种流动微不足道，因为无技能与半技能工作之间的地位差别相当小，而真正有意义的问题是，出生在无技能或半技能蓝领工人家庭的孩子，是否倾向于集中在这两个低技能类别当中，虽然从技术上讲，他们与父辈属于不同的阶层。然而，即使我们将无技能与半技能这两个类别合并在一起，职业继承的程度仍然是比较低的。在五个样本中，低技能工人的儿子在两个较低阶层结束自己职业生涯的比例分别是43％、40％、37％、48％和44％；由此可见，有52％到63％的人升迁到了技术或白领岗位。

当然，许多在结束其职业生涯时不再停留于所继承职业等级的男性，只是流动了相对较短的一段距离，即向上或向下移动了一级，但仍与他们的父辈一样，处于蓝领—白领分界线的同一边。表5.2表明了这个城市里几代人中有多少阶级间的流动——出身波士顿中产阶级家庭的男性在职业生涯结束时下滑到蓝领岗位的比例，以及工人阶级年轻人在白领世界找到安全位置的比例。

表5.2　代际职业继承与跨阶级流动（百分比）

最后工作与父亲工作相比	出生队列				
	1840—1859	1860—1879	1870—1889	1890—1930[1]	1930
与父亲同一阶级	70	66	64	73	67
与父亲不同阶级	30	34	36	27	33
工人阶级儿子得到白领工作	41	41	43	36	34[1]
中产阶级儿子滑入蓝领岗位	20	17	24	122	29[3]
上升与下滑比率	2.1	2.4	1.8	3	1.2
样本总数	208	784	193	405	202

[1] 显著低于1840—1859年组、1860—1879年组、1870—1889年组。
[2] 显著低于1870—1889年组和1930年组。
[3] 显著高于1860—1879年组和1890—1930年组。

　　当然，两代之间阶级地位的承袭比例要比阶层地位的承袭比例高得多。只有十分之四的人在父辈的阶层上结束了自己的职业生涯；其中三分之二到四分之三的人停留在他们出身的那个阶级，有27％到36％的人流动到了另一个阶级。

　　在整个时间段内，从蓝领出身通往白领职业生涯的自动扶梯上搭载的乘客，远比下行扶梯上搭载的人多。代际流动过程并不按照零和博弈的原则运行，收益与损失并不一定相抵。在三个19世纪出生的人的样本中，流动模式是一致的，工人阶级子弟有足足40％爬上了中产阶级岗位，落入蓝领职位的中产阶级子弟是这个数字的一半。20世纪的两个样本与此稍有不同，但是鉴于这些样本的特殊性，其是否能代表社会流动过程的真正变化还值得怀疑。

　　表面看来，这些证据似乎表明，在劳曼的样本中，工人阶级男性向上流动的可能性比之前的标准略低，而中产阶级出身的男性更有可能保住他们承袭的职位。职业结构似乎收得相当紧，与此同时，上升和下降的比例已变得格外有利，上升者的数量是下滑者的 3 倍。但我怀疑，贝尔蒙特和剑桥在这方面并不能代表作为一个整体的波士顿，它们的样本中拥有稳定的代际职业继承模式的个体数量超乎寻常。对这一群体的下滑率估计得极低，只有 12%，看起来特别值得怀疑，而这也许是在暗示，贝尔蒙特尤其不可能是那种中产阶级向下流动的儿子会生活的社区。

　　同样，1930 年出生在波士顿的那组人的儿子所表现出的异常模式——通常是向上流动性相对较低，而向下流动性较高——并不能令人信服地证明职业结构发生了真正的变化，因为这些人的年龄都不超过 33 岁。而波士顿在现代史上除了 1930 年代之外的每一时期，职业向上流动者的数量都大于向下流动者，在更晚年龄段考察这个群体的职业地位可能会更好一些，降级的中产阶级后代会更少，上升的工人阶级年轻人会更多。如果我们以早期样本的流动率为基础，推断1930 年代儿子们那组未来十年可能会有的经历，估计出的代际流动率将与早期样本数据非常一致。当然，这种推断不能证明什么，因为它假定这一组在 1963—1973 年的情况将与前面几组在几十年前的情况很相似，而事实可能完全不是这样。但是，这项工作应该足以表明，这个样本的独特模式显然要归因于其相对于其他群体的年轻，它不能作为社会结构发生重大变化的坚实依据。（令人遗憾的是，由于其他样本的规模有限，因此不可能像 1963 年得出 1930 年组的流动率那样，把其他样本在完全相同年龄段的流动率准确地分离出来进行比较，从而最终解决这个问题。)

因此，尽管并不确定，但极有可能20世纪波士顿代际流动机会的真正变化很小很小，我们所选时段的后半部分更令人满意的数据将揭示出与早期模式相当接近的结果，在这种模式当中，大约十分之四的工人阶级年轻人在退休前进入了中产阶级职位，而十分之二的中产阶级家庭后代跌落到工人阶级行业。

如表5.3所示，我们来看一个更详细的流动性模式，其中父亲的职业阶层与儿子最后一份工作的阶层相关，这可以进一步了解家庭出身在多大程度上决定了波士顿居民的职业模式。我们已经清楚地看到，出生在波士顿中产阶级家庭的年轻男性获得白领职位的前景非常好。他们当中通常只有五分之一的人会在体力劳动的岗位上结束个人职业生涯。不过，表5.3所提供的更丰富的细节表明，来自中产上层阶级的年轻人要比来自中产下层阶级的优势大许多。各样本中只有平均9%的上层白领家庭后代在自己的职业生涯中跌入了蓝领职位。唯一与9%这个数字有统计学意义上的区别的，是劳曼的样本，该样本中没有一个来自上层白领的孩子下滑到了体力劳动岗位，但这可能仍要归因于样本的特殊性。

表5.3 代际层次流动（百分比）

父亲的工作层次	出生队列	儿子最后一份工作所属层次				数量（人）
		高级白领	低级白领	技术工人	低级体力劳动[1]	
高级白领	1840—1859	51	40	6	3	65
	1860—1879	60	31	8	2	121
	1870—1889	67	20	0	13	15
	1890—1930	71	29	0	0	59
	1930	52	35	9	4	23

父亲的工作层次	出生队列	儿子最后一份工作所属层次				数量(人)
		高级白领	低级白领	技术工人	低级体力劳动[1]	
低级白领	1840—1859	6	53	19	22	32
	1860—1879	19	58	9	14	128
	1870—1889	18	54	8	20	50
	1890—1930	23	57	10	10	102
	1930	8	57	13	23	53
技术工人	1840—1859	8	29	40	23	48
	1860—1879	8	35	33	23	274
	1870—1889	13	26	36	26	55
	1890—1930	10	29	27	34	89
	1930	4	23	44	29	48
低级体力劳动	1840—1859	8	35	14	43	63
	1860—1879	5	34	20	40	261
	1870—1889	5	41	16	37	73
	1890—1930	5	30	17	48	155
	1930	5	33	18	44	78

[1] 见表 4.7 注释 1。

　　然而，高级白领阶层的儿子降至较低白领阶层在程度上存在一些显著的差异，最早的那一组经历了这种短距离向下流动，达到了最高值——40%。这个数字可能证实了 1870 年代长期萧条导致的社会停滞的效果。最后一个样本，生于 1930 年的年轻人，在这方面的记录也很糟糕，但由于例子数量太小，可能是样本存在瑕疵所致。此外，该样本的年轻化也使其职业分布向下倾斜。对于出生于南北战争前并于 19 世纪 70 年代进入劳动力市场的中产上层阶级的儿子们来说，利用自己的继承优势确实比后来那些样本要难一些，然而避免滑入劳动阶级这一点并不难做到。

总之，来自专业人士或大企业主家庭的确对一个人的职业生涯很有帮助。有一半到三分之二——平均为60%——生在高级白领阶层的孩子自己也在这一阶层找到了工作，相比之下，低层白领工人孩子的这一比例大约是15%，技术工人出身的人是9%，来自无技能或半技能家庭的是5%。换言之，在上层白领阶层工作的上层白领出身的年轻人相比之下，是低层白领孩子的400%，技术工人之子的650%，无技能或半技能工人之子的1200%。在最高等级工作的竞争中，"穷人的儿子"这一劣势要远大于《波士顿导报》上"双倍重负"这一隐喻的暗示。

还有一点值得注意：大多数没有达到职业阶层顶端的上层中产阶级年轻人，通常只会下降一个层级，不会更多了。他们最终成为体力劳动者的可能性只有工人阶级年轻人的三分之一。在波士顿社会结构的上层，遗传优势非常重要。

职员、推销员、小店主及与之类似的低层白领员工之子们的职业前景，就远不是那么乐观了。有些人上升到了高级白领层，但也有不少人是向下流动。下滑的比例各有不同，高者可达41%，是生于1840年代到1850年代的那些人；低者可至20%，是不具代表性的劳曼研究中所用样本；但平均下来它仍然是专业人士与大企业主的儿子下滑比例的3倍。

在低级白领的儿子追随自己父亲职业的趋势上，则没有任何波动；在本书选取的这段漫长的时间跨度里，每个样本中有二十分之十一是这样的；由此，有二十分之九流动到了其他阶层。但两代人之间上下流动的平衡在样本之间发生了很大的变化。不幸的是，我们无法估计这一时期最大的经济灾难——1930 年代的大萧条——给代际流动率带来的影响。前面章节揭示了这段经历给低技能男性的职业生涯带来的灾难性影响，以及某种程度上对低级白领员工造成的影响。但是，那些资料没有提供 1900—1909 年这个序列的社会出身信息，该序列的人在 1930 年代正处于最脆弱的年纪。劳曼的 1890—1930 年样本中有些男性正是与此相同的年纪，但这个群体的年龄限制相当宽泛，而且目前还没有对实际出生于本世纪头十年的人口的流动率进行单独的细分。很显然，在第一个和最后一个样本中，下降至蓝领岗位的比例很高（约为 40％），而上升至高级白领层的比例异乎寻常地低（6％—8％）。在 1860—1879 年、1870—1889 年及 1890—1930 年的群体中，下滑率在 20％到 28％之间变动，上升至白领顶层的男性占比大约是 20％。出于已经提到的原因，1930 年组的糟糕记录可能不会被重视，但 1840—1859 年序列的特殊性似乎很清楚。我们再次看到，有证据表明，对于内战前出生在波士顿中产阶级家庭的男性来说，职业结构并不那么有利。爬到非体力劳动阶层顶端的低级白领员工的儿子只有后来的三分之一，落入体力工作岗位者的数量则大得不同寻常。

　　这表明波士顿的社会结构在 19 世纪晚期的某个时候可能变得不那么开放了，变化虽不大，却看得出来。而且，遗传优势开始在很大程度上成为个人职业模式的决定因素了。1880 年后进入劳动力市场的中产上层阶级和中产下层阶级的孩子，都不太容易遇到来自下层社会的竞争，某种程度上更有把握维持白领的地位了。专业人士和大商人的儿子越来越有能力获得他们父亲的职业地位，而小业主、职员和推销员的孩子则更容易达到他们父亲的水平，或者爬到它上面。

　　然而，太简单的概括——说职业结构正在收紧——对所发生事情的复杂性而言可谓十分荒唐。因为，如果出身对那些家庭出身相对较高的人来说更重要的话，那么社会出身较低的人的妨碍作用并没有相应的变化。前三个样本里生在工人家庭的年轻人中有很大一部分——十分之四稍多一点——找到了进入白领行业的路径。出生于本世纪那两个序列的可比数字较之低了几个点——分别是 36％和 34％。但我已经列举了一些理由，证明这些估计出的数字偏低，因此它们不能构成有说服力的证据来证明传统的社会上升流动渠道正在受到阻碍。表5.3 提供的细节提醒我们考虑这样一个现象：在这些向上流动的工人阶级青年中，只有约四分之一的人到达了上层白领阶层，其余大部分集中在相对常规和卑微的文书、销售员或小店主工作中。但至少在整个研究时段内，获得较低白领阶层的工作仍然是相对容易的。

另一个非常重要的观点是，在蓝领阶层**内部**存在着显著的向上代际流动，以及相当大的向非体力劳动阶层的流动。在头三个样本中，不少于十分之六的无技能或半技能工人家庭的儿子升迁到了技术职位或白领职位；即使在后来两个我们有理由相信人为低估了的向上流动的样本中，也有超过一半来自无技能或半技能家庭的孩子上升为技术工匠或白领工人。

这是值得注意的，因为有一种经常被提及的观点认为，"贫穷孕育贫穷，［并且］在一个几乎不可避免的残酷循环中代代相传"。[①] 与邻居们相比，绝大多数波士顿低技能劳动者都是贫穷的，他们的薪水微薄且不稳定，很少有人能指望积攒下像样的财产（附录 B 提供的材

---

① 此话出自 Robert McNamara，在 1966 年 8 月的一次公开演讲中被奥蒂斯·达德利·邓肯引用。"Inheritance of Poverty or inheritance of Race?" in Daniel P. Moynihan, ed., *On Understanding Poverty: Perspectives from the Sochi Sciences* (New York: Basic Books, 1969), pp. 85 - 110. 这种观点是 20 世纪 60 年代讨论贫穷问题时的陈词滥调，实际上在美国由来已久。早在 19 世纪 40 年代，William Ellery Channing 就曾为"赤贫者的致命遗产"(the fatal inheritance of beggary)担忧；"Discourse on Tuckerman," *Works*, VI (Boston. 1849), p. 101。见上文 p88，注①和 p89，注①所引用的样本。

料可资证明)。但是，大多数成长在这类家庭的年轻人在自己的职业生涯中都设法爬上了明显高出父辈的职位等级。进一步列出的几个表格显示，来自该市少数有财产、低技能家庭的儿子，境况要好于那些来自无财产家庭的儿子（见下表 5.6）。然而令人惊讶的是，即便是那些其父既有残疾又缺乏职业技能或财产的年轻人，仍然更有可能从事技术性工作或白领工作而不是继续从事低技能的体力活。

　　这一点不应过分强调。如果对贫穷采取更严格的界定，不把低技能劳动者作为一个群体考察，而是对低收入且最粗贱岗位的体力劳动者进行考察，就有可能会发现一个与某些评论者所假设的"几乎不可避免的残酷循环"更接近的模式。要探讨这个问题，这里的数据还不够充分。也可能，如果我们能把注意力集中在那些具有"贫穷文化"理论家所强调的心理特征的人身上，就会看到更多贫穷的代际传播。"贫穷文化"理论家将贫困的根源定位于早期的社会化经验，认为这些经验会导致人们无法推迟享乐，无法规划未来。[1] 然而，这一看法

---

[1] "贫穷文化"论最重要的应用见于奥斯卡·刘易斯（Oscar Lewis）的各种研究中；简要说明参见刘易斯的论文"The Culture of Poverty,"载 Moynihan, *On Understanding Poverty*, pp. 187 - 200. 对这一概念有些过火却令人振奋的抨击，参见 Charles A. Valentine, *Culture and Poverty: Critique and Counter-Proposals* (Chicago: University of Chicago Press, 1958), chap. 3. Edward Banfield. *The Unheavenly City: The Nature and Future of Our Urban Crisis* (Boston: Little Brown, 1970)一书将当代城市的"大多数"问题归因于"下层社会"的存在。下层亚文化的"典型特征"是"面向未来的独特心理取向","无法想象未来，无法约束自己为了未来的享乐而牺牲现在"，一种"童年时习得的取向，并作为一种集体遗产传承下去"（第 46—47 页）。Banfield 没有提供任何实证证据来支持他的观点，即在下层社会文化中存在高度的代际连续性，也没有任何数据表明，在数千万按收入水平划分为"穷人"的美国人中，有多少比例属于这个意义上的"下层阶级"。因此，尽管该书对具体的城市政策问题有着独到的见解，但它所依据的前提却毫无根据、极不可靠——城市困境的核心在于存在着一群默默无闻但据推测数量极大的人，他们"无法向前多看一两天，也无法控制自己的冲动"，因为他们的早期社会化是在底层家庭之中。这一极其宿命论的结论就来自上述前提，但建立这一前提的证据始终没有提供。就同一话题更乐观的讨论，见 Herbert J. Gans, "Culture and Class in the Study of Poverty: An Approach to Anti-Poverty Research," and Lee Rainwater, "The Problem of Lower-Class Culture and Poverty War Strategy" in Moynihan, *On Understanding Poverty*。

尚未得到大量经验证实，而且显然不适用历史证据进行检验。是否绝大多数具有这些特征的父亲都将这些特征遗传给了自己的孩子，而他们的孩子也因此无法有效发挥自己的作用，这很难说。

我们可以说的是，如果确实存在一些世代相传的永久贫困地区，那也只是这些地区而已。所谓这个社会的主要组成部分——约占城市总人口三分之一的低技能劳动者群体——被困在一个循环之中，而这一循环注定了绝大多数出生在其中的儿童必须从事与其父同样的地位卑微、报酬微薄的职业，这根本不是事实。向上流动要比低技能职业的代际传递更加普遍，这是一个具有深远意义的事实。毫无疑问，某些情况下贫穷的确孕育贫穷，但在将近一个世纪的时间跨度里，波士顿的社会秩序有足够的流动性，这使得上述现象更像是一个例外而不是规律。

在无技能或半技能工人的子女中，有近六成在自己的职业生涯中成了技术工匠或白领。正如我们预期的那样，更多来自技术工人家庭的男性在职业竞争中境况较好；他们当中只有四分之一的人下滑至无技能或半技能等级。然而，令人有些惊讶的是，拥有技工父亲的年轻人的主要优势在于他们更容易获得技术工作。他们在打入白领世界时不会更加成功，事实上，五个序列中有三个在这方面都略有些不及低级体力劳动者的儿子成功。这个数据暗示着，爬上非体力岗位的技术工人的儿子更有可能一路攀上高级白领阶层，但这两个群体职业模式的区别主要是在他们蓝领世界的内部，技术工匠之子得到技术工作的比例几乎是体力劳动者之子的两倍，相应地，他们受困于无技能或半技能工作的比例也更少。成为技术工匠的渠道——学徒计划和工会会员资格——显然对那些父亲已是技工的男性更为敞开。但是，来自蓝领上层家庭的男性成为白领、从事非体力劳动的职业的机会与下层家庭之子并无多大不同。①

总而言之在波士顿，从 19 世纪末到现在，家庭的社会阶级背景对个人职业模式产生了显著的影响。大约十分之九的专业人士之子与大企业主之子，以及三分之二到四分之三的低级白领工人之子，最终在白领岗位工作，但只有十分之四的蓝领男性之子能做到这一点。不过，还要指出的同样重要的一点是：出生于工人阶级家庭的孩子远非注定要老死在工人阶级阵营。他们爬上白领工作岗位的几率仅略低于平均水平。如果一个年轻人的父亲处于职业阶梯的最底层，从事无技能或半技能的卑微工作，那么他自己获得高一级职业的机会——无论是技术工人还是白领，实际上都好于平均水平。来自中产家庭的男性的背景优势十分可观，对来自工人阶级家庭的男性来说，上升的机会也十分可观。

三、家庭背景与第一份工作到最后一份工作的流动

一个人的父亲的职业等级与他自己最后一份工作所处的社会阶梯之间存在某些相关性。现在我们可以探究，来自家庭背景的优势或劣势何时对一个人的职业生涯产生主要影响。一种可能性是，社会出身在很大程度上通过决定个人最初进入劳动力市场的等级来影响其最终

---

① 对于这一令人有些惊讶的发现，部分解释可能是，尽管一般来说低级白领工作要优于技术工作（见附录 B），但也存在一些重叠，尤其是在收入水平方面。一些技术类中排名最高的工作无疑比一些低级白领类中最不具吸引力的工作更受欢迎。进入这类岗位的技术工人之子可能更倾向于这些工作，而不是那些本可以得到的低级白领工作。要测出这种可能性，需要更大的样本和关于特定职业性质更精确的信息。然而，来自低级体力劳动家庭的男性进入白领岗位的人数如此之多，仍然令人震惊。

的职业路线。也就是说，父母为中产阶级尤其是上层中产阶级者，儿子初入职场就找到了白领工作，而体力劳动者的儿子一开始更倾向于干体力活。正如上一章所述，由于一个人的起点会影响他在职业竞争中的最终位置，这本身就可以解释我们所观察到的最后一份工作与家庭出身之间的关系。然而，另一种可能性是，除了对一个人第一份工作的影响，家庭地位的高低还给他后来的事业施加了持续的压力，所以在职业生涯结束前，最后一份工作和家庭出身之间通常有着更密切的联系。因为我们至少掌握了我们手头几个样本中的一些人第一份工作和最后一份工作的信息，所以有可能在一定程度上探讨这个问题。

相关数据不够充分，因为样本中许多人的第一份工作的信息无法找到。由于样本太少，不得不放弃生于 1930 年的年轻人那组，劳曼的贝尔蒙特和剑桥样本也是如此，因为他的调查没有关于第一份工作的提问。另外三个样本的体量非常小，因此有必要忽略各阶层之间的移动，只处理白领与蓝领两大阶层之间的流动。尽管如此，还是出现了一个有趣的结果。

表 5.4 显示了在白领阶层开始职业生涯的波士顿中产阶级与工人阶级儿子的比例，以及两者在职业生涯的起点与终点向上或向下流动的程度，最后是那些以某种中产阶级职业结束职业生涯者所占的比例。首先，它揭示出白领子女中，有很大一部分人在刚进入劳动力市场时确实直接进入了非体力劳动岗位，是开始工作就做白领的工人阶级儿子的 2 到 3 倍。这些中产阶级年轻人中有不到十分之一在后来的职业生涯中向下流动；起初在白领世界立足的工人阶级年轻人后来落入蓝领岗位的比例是前者的 2 到 4 倍。在这方面，家庭出身在个人初次进入劳动力市场后产生了一定的影响，把一大批有抱负的工人阶级之子拉回到了他们出生时的水平。

表5.4 家庭出身对职业流动的影响：从第一份工作到最后一份工作（百分比）

工作	出生队列		
	1850—1859	1860—1879	1880—1889
第一份工作是白领			
中产之子	79	81	67
工人之子	28[1]	42[1]	35[1]
白领变蓝领			
中产之子	7	9	11
工人之子	32[1]	24[1]	22[1]
第一份工作是蓝领			
中产之子	21	19	33
工人之子	72[1]	58[1]	65[1]
蓝领变白领			
中产之子	63	51	50
工人之子	30[1]	19[1]	28[1]
最后一份工作是白领			
中产之子	87	84	76
工人之子	40[1]	43[1]	46[1]
样本数量	164	653	157

[1] 与中产之子明显不同。

　　同样的对比也出现在最初从事体力劳动的年轻人的记录中。一半以上最初从事蓝领工作且来自中产阶级家庭的男性——分别是63％、51％和50％——只是暂时从事体力劳动；他们后来都回归了自己出身的阶级的职位。相比之下，起初做蓝领工作后来爬上非体力岗位的蓝领出身的年轻人只有前者的三分之一到一半。家庭出身不仅影响最初的工作定位，在决定一个人未来的职业走向上仍继续发挥着重要作用。

另一方面，家庭背景对工人阶级年轻人的影响似乎比对中产阶级年轻人的影响要微弱。中产阶级之子中，开始像父亲一样从事白领工作，后来又跨越了阶级界限的，只有不到十分之一；但最初在父亲那一等级工作的工人阶级之子中，有20％到30％的人后来离开了原来的阶级。同样地，那些因选择第一份工作可能会被称为异类的中产阶级之子——起初从事蓝领工作——后来至少有一半转入了白领岗位；而工人阶级年轻人中的异类——在非体力劳动阶层开始工作——后来回到他们阶级出身的不足三分之一。因此，自己的工作与父辈的处于同一等级的中产阶级男性的比例，从最初进入劳动力市场直到退休时都在增长，与此同时，与父辈一样是蓝领的工人阶级年轻人的比例下降，而从事白领工作的比例相应上升。家庭出身的影响远不止于第一份工作。有一股力量不断将人们推高或拉低至他们父辈的地位。然而令人惊讶的是，中产阶级家庭向上的吸引力要强于工人阶级家庭向下的吸引力。

四、家庭财产的重要性

一个人社会阶级出身最重要的指标无疑是他父亲的职业，但是，还有另一个分层维度也应予以考察。一个家庭对经济资源——其收入、财富和持有物业——的掌控，显然影响着它为孩子提供的成长环境的特性。在关于阶级制度的通俗话语中——例如它声称在社会地位竞争中"穷人的儿子肩上有双倍重负"——财富往往比职业更常被提及。当然，掌控经济资源与职业密切相关。没有几个体力劳动者是富有的，也没有几个银行家会被当成穷人。但是就在本书所采用的宽泛职业分类的内部，财富也有一些差别，看看它们是否会对个人职业模式有重大影响将是有益的。

　　针对这一话题能够得到的证据极为有限。没有关于个人收入或流动资产的直接数据。[①] 唯一的信息来源就是波士顿的税收记录，其中显示了样本中人持有的房地产的价值。对于波士顿来说，这是一个特别严重的局限，因为它长期以来一直是个独户住宅比例非常低的城市，所以住房拥有率也很低。在美国主要的大都市中，它的住房拥有率一直与纽约双双垫底。在一个以独户住宅为主的城市（比如底特律或者洛杉矶），房地产记录将是衡量家庭收入和财富的敏感得多的指标。在波士顿，那些有能力买房而且在其他城市可能真这么做的人，却更愿意把钱存在银行，或者用其他方式投资。这种情况对于从房地

---

① 19 世纪加拿大城市的税收稽征清册提供了关于个人收入和财富的丰富细节；参见 Michael B. Katz, "SocialStructure in Hamilton, Ontario," in Stephan Thernstrom and Richard Sennett, ed., *Nineteenth-Century Cities: Essays in the New Urban History* (New Haven, Conn.: Yale University Press, 1969), pp. 209 – 244, and Peter G. Goheen, *Victorian Toronto, 1850 – 1900: Pattern and process of Growth* (University of Chicago. Department of Geography Research Paper 127, 1970)。遗憾的是，对于那些研究美国城市的人来说，没有什么可以与之相比的资料。1850 年的美国人口普查手稿附表包括有关不动产所有权的信息；1860 和 1870 年的人口普查也调查了个人财产的持有情况。不幸的是，在随后的美国人口普查中没有出现财产问题。自 1870 年以来，我们必须求助的主要信息来源是地方税务记录。在 19 世纪早期，这些记录通常提供一些个人财产和房地产的信息。但到了 19 世纪末，至少在波士顿，评估个人资产变得如此不认真，以至于信息的价值令人怀疑。1822 年，在波士顿评估的财产中，45％是以动产的形式存在的。尽管经过几十年收入和消费水平的急剧增长，1880 年的动产却只占全部的 32％，到 1908 年，这一数据下降到只有 18％。见 C. H. Huse, *The Financial History of Boston, From May 1, 1822 to January 31, 1909* (Cambridge, Mass.: Harvard University Press, 1916), pp. 376 – 377，因此，这一时期的波士顿税收记录主要登记了房地产情况，只能为样本中人的全部财产提供有限的线索。

产记录中得出的房地产持有量估计值造成了严重的向下偏差，这种偏差并不局限于住公寓的中产阶级。1870 年的人口普查手稿中记录了市民拥有房产及资产的大量信息，从中抽取的一个由 1 000 个波士顿工人家庭组成的单独样本显示出，只有 11％的人是自己住房的屋主，但拥有流动资产者的数量是 2.5 倍（28％）。无房产的工人所报告的个人财产的中位数是 500 美元，那个时代一个技术工人的年收入通常比这多一点，这个数字并不算小。在接下来的分析中，相当大一部分被列为"无产者"的父亲们，实际上可能并非没有大笔金融资产，他们只不过不是自己住房的持有者而已。

这份证据的另一个局限在于，我们的注意力必然被局限在 1880 年前出生的男性身上。对税务记录的搜索范围不得不限于波士顿市；如果将其扩展到整个大都市区的数十个郊区，势必负担过重、成本高昂。1880 年后的样本中，有很大一部分人的父亲居住在波士顿市范围之外，没有出现在税收记录中；因此，用于分析的案例太少。[①] 不过，从现有的证据中，我们可以对 19 世纪晚期波士顿的住房所有权与代际职业流动之间的关系有一些深入的了解。

常识会让我们以为，父亲拥有房产的人在职业竞争中通常会比无产者的后代表现得好。美国一些观察人士认为，房屋所有权体现了其所有者对有助于成功的价值观的执着追求："直到拥有了自己的房子，一个男人才算得上是真正的男人，那些人通过拥有自己的房产变得更

---

① 我最初预计，有关财产的证据即使仅限于房地产，也足够为整个章节提供立论基础。这并不是因为文中提到的波士顿的两个显著特征：（1）在城市住房存量中，独户住宅所占比例低得异乎寻常，这使得那里的购房业主很少；（2）很大一部分样本中人迁入了税收记录没有覆盖到的波士顿郊区，这在波士顿是一个特别大的群体，因为从历史上看，波士顿市区的人口只占整个大都市区人口的一小部分，远低于全国正常水平。

受尊敬、更诚实、更纯洁、更真实、更节俭，也更谨慎。"① 如果这么说在现代人听来显得过分，其中现实的考虑在于：该市拥有房产权的男性更有可能在支持后代上处于优势地位——例如，超越法律规定的最低限度供他们受教育或为商业冒险提供资金支持。

然而，更复杂的可能性是，在中产阶级中，父亲拥有的财产与儿子的职业成就之间存在正相关关系，而在职业阶梯较低层级的家庭中，两者之间存在反向关系。也就是说，投资于房产或者为有抱负的孩子提供职业支持，可能并不是互补的选择，只能二者择其一。体力劳动者的赚钱能力是如此有限，通常只能打发孩子尽早去工作，利用他的额外收入买下一个小房子。因此，投资于"人力资本"——正规的教育，长期低报酬的学徒，或者会对孩子未来职业产生好处的其他帮助——就为当下拥有房产的安全和体面，为成为"一个真正的男人"而牺牲了。这似乎就是 19 世纪中叶，在马萨诸塞州纽伯里波特攒钱买房的无技能劳动者所做的交易。② 在主要的大都市区是否能观察到同样的模式，这一模式是否也在半技能与技术工人家庭中存在，则是个问题。

对作为一个整体的样本而言，家庭财富与代际职业成就是正相关的（见表 5.5）。超过一半（56%）的样本中人的父亲根本没有房产；这些人的孩子中只有十二分之一结束职业生涯时是专业人才或大企业主，几乎有三分之一成了无技能或半技能体力劳动者。财富金字塔另一头的父亲群体，占总数的 15%，为房产纳税至少 1

---

① Russell H. Conwell, *Acres of Diamonds: His Life and Work*, by Robert Shackleton (New York: Harper, 1915), pp. 19 – 20.
② Stephan Thernstrom, *Poverty and Progress: Social Mobility in a Nineteenth-Century City* (Cambridge, Mass. : Harvard University Press, 1964), pp. 154 – 155.

万美元。他们的儿子中超过 60％的人在高级白领行业找到了工作，只有 2％在干低级体力活。两个极端之间的普遍模式也是一样，家庭资产规模越大，儿子在较高阶层从业的比例就越大，困于蓝领岗位的比例就越小。然而，拥有少量或中等数量的财产与儿子的职业前景关系不大，至少要纳税 5 000 美元才能极大地改变代际流动模式。

表 5.5　1880 年的样本中家庭财富与儿子职业成就的关系（百分比）[1]

父亲的房产	儿子最后工作所属层次				数量（人）	所有家庭百分比
	高级白领	低级白领	技术工人	低级体力		
无房产	8	38	23	31	526	56
2 500 以下	7	41	26	26	95	10
2 500—4 999	16	41	27	16	113	12
5 000—9 999	29	45	9	17	66	7
10 000 以上	62	30	6	2	138	15

[1] 房产数据通过追踪每个样本中人在波士顿城市税册里每十年的记录得出。父亲按照他们在儿子成年前获得的最高积蓄分类。这些人在 1880 年都有男性后代，生于 1840 年代或 1850 年代（有几个例外）。无产者父亲和那些积蓄少于 2500 元者之间的区别没多大意义。积蓄在 2500—4999 这一级的父亲，儿子在高级白领岗位的比无产者明显更多，做低级体力工作的明显更少。积蓄在 5000—9999 一级的与 2500—4999 一级的相比，儿子做高级白领和技术工作的比例显著不同。积蓄在 10000 以上那一级与 5000—9999 那一级的，儿子做高级白领、低级白领和低级体力劳动者的比例均显著不同。

　　一个家庭的资产规模与其子女可能遵循的职业模式有关，而在那些位于资产表顶端的家庭中，这种关系非常密切。然而，我们尚不清楚，家庭资产是否在流动过程中产生什么独立的影响，这种关联是否可以简单的归因于这一事实：相对富有的父亲通常自己就身处高端职业，而无产者父亲则处于低端职业。从整个样本的数据来看，还有一

点也不清楚，即对于特定的亚组例如低技能劳动者，拥有房产与儿子
的成功之间是否存在什么反向的关系。

　　因此，有必要考察不同职业层次内部家庭资产与代际职业流动的
关系（见表5.6）。当然，一个家庭的财产地位和户主的职业之间存
在着非常密切的关系。几乎四分之三（74%）从事高级白领工作的父
亲纳税额在5000元以上，而职员、销售和小业主却只有20%，蓝领
工人更是仅有6%。[1] 相反，所有无技能或半技能的父亲中，72%的
人根本没有可纳税的房产，相应地，这一比例在技术工人父亲中是
69%，在低级白领中是56%，在专业人才和大企业主中仅
10%。[2] 但是，仍有少数高级白领员工和许多低级白领雇员鲜有或没
有房产，而有些体力劳动者有自己的房产，因此我们或可判断财产所
有权本身是否会影响下一代的职业成就。

表5.6　1880年的样本中家庭财富与代际职业流动的关系（百分比）

父亲的职业层次	儿子最后工作所属阶层					数量（人）
	父亲的房产	高级白领	低级白领	技术工人	低级体力	
高级白领	无房产	28	50	17	5	18
	5000以下	35	48	17	0	29
	5000以上	65	29	4	2	136
低级白领	无房产	11	60	8	21	87
	5000以下	18	54	15	13	39
	5000以上	24	55	14	7	29

---

[1] 父亲在高级白领职位上取得经济上的成功一点也不令人惊讶，因为财富是将男性归
　　入这一类别的一个主要标准。这一类别由专业人士和大企业主组成，区分后者与小
　　企业主的方法是看他们持有的是5000美元的不动产还是1000美元的动产。
[2] 可以看出，这些数字是由表5.6的边际值计算出来的。

父亲的职业层次	儿子最后工作所属阶层					数量（人）
	父亲的房产	高级白领	低级白领	技术工人	低级体力	
技术工人	无房产	9	34	31	26	200
	5 000 以下	4	36	46	14	74
	5 000 以上	21	43	21	14	14
低级体力	无房产	4	34	22	41	221
	5 000 以下	8	34	15	43	65
	5 000 以上	14	41	9	36	22

在波士顿攒下财产的工人阶级父亲并不像在纽伯里波特的人那样以牺牲孩子的利益为代价。大部分体力劳动者的房产价值在 5 000 美元以下，他们儿子的职业道路与那些来自无房家庭的同龄人非常相似。有小房子的低级体力劳动者的孩子其实境况比他们的对手好一点，但也并非统计学意义上的差别。[①] 无论如何，拥有一幢朴素的工人阶级住宅对两者都没有什么不同。

然而，积攒下大量的家庭财产确实改变了工薪阶层年轻人的职业生涯，而且是积极的改变。在样本中，只有 5％ 的技术工人父亲和 7％ 的无技能或半技能职业的父亲获得了多达 5 000 美元的房产，这个数字是这一时期技术工匠平均年收入的好几倍。这一组富裕工薪阶层的孩子与那些父亲拥有少量家产或根本没有财产的孩子相比，显然更能成功地打入高级白领阶层和低级白领阶层职场。尚不知道这些家庭是通过什么手段积攒下如此可观的财富，但显然不是通过损害年轻一

---

① 有人会认为，在纽伯里波特发现的家庭财产和代际职业流动之间的反向关系也许只适用于波士顿无技能工人的儿子，将无技能和半技能两类合并在一起掩盖了这一点。但是，给无技能的父亲单独列出表格，无法显现出纽伯里波特模式。

代未来的流动性得到的。

　　然而，即便是在这个例证当中，对于儿子的职业地位而言，一家之主的职业阶层仍是比家庭房产情况更强大的决定因素。在拥有最高价值房产那一组中，低级体力劳动者的儿子有 45％，相对富裕的技术工人的儿子有 35％，仍然从事蓝领工作，与此同时，根本没有房产的低级白领雇员的孩子只有 29％成为蓝领工人，高级白领家庭的相应比例是 22％。可以肯定的是，拥有较大房产的工人的儿子和拥有较小房产的白领的儿子之间的差距，要比一般白领和蓝领的儿子之间的差距小得多。但仍有一些与父亲职业有关的阶级文化因素，即使在和与其房产情况相反一方的几组进行比较时也没有消失。

　　在中产阶级家庭之中，拥有价值不足 5 000 美元的房产对孩子未来的职业模式只有有限的意义，只能稍稍抑制向下流动或根本抑制不住，对拿到高级白领职位的帮助也十分有限。最鲜明的差别仍然不在有房和无房家庭之间，而在那些有较大房产者和余下的家庭之间。拥有一幢自己的房子可能会使一个人"更受尊敬、更诚实、更纯洁，更真实、更节俭，也更谨慎"——关于这些特质，历史记录没有任何表示——但这对他孩子的职业前景似乎并没有什么显而易见的影响。

　　考虑到另一种衡量代际成就的方法，这一普遍观点可能会得到强化：家庭拥有房产与儿子的成功几乎无关。表 5.7 显示了在波士顿，父亲的房产状况如何影响儿子成为有自己房产的人的可能性。该市足有 83％的来自无房家庭的孩子自己也没有房产，只有 8％的人攒下了高达 5 000 美元的房产。然而，拥有中等价值房产者的儿子，情况并无明显不同。他们当中的绝大部分（三分之二）没有成为有房者，而其中大部分有房者只有一套小房子。只有 12％的人成功积攒了 5 000元以上的房产，比无房者儿子的 8％这个数字稍多一点。

表5.7　1880年的样本中儿子们积攒的家庭财富与房产情况（百分比）[1]

父亲的房产	儿子的房产			数量（人）
	无房产	5 000 以下	5 000 以上	
无房产	83	9	8	225
5 000 以下	67	21	12	100
5 000 以上	37	18	45	105

[1]最后一份工作与家庭房产有关的年轻人，这里比表5.5和表5.6里的例子更少，原因是样本中许多人在波士顿城区之外工作，他们的职业可以通过城市名录追踪，但追踪波士顿城外剑桥、沃尔瑟姆、牛顿和其他几十个城市的税收记录以收集他们的房产信息是不可能的。

来自有大房产家庭的人要成功得多。其中三分之一多一点的人没有房产，接近一半（45％）的人达到了"5 000元以上"这条线。更详细的表格（这里没有列出）显示，在财产规模的上部，父亲的财富和儿子的财富之间的联系变得更加紧密。拥有多达10 000元（$N=$49）资产的年轻人中，有45％的人的父亲的房产也是同等级别的，而来自无房家庭的年轻人，这个数字只有14％。资产达到25 000元以上（$N=27$）的年轻人中，有70％的人的父亲也在这一级别；只有7％的人是来自根本无房产家庭。

因此，在房产阶梯顶端，就像在职业阶梯顶端一样，波士顿阶级结构的刚性很强。生在一个富有家庭是极大的优势，它显著地提升了一个人致富和取得理想职业的机会。然而，在标准线以下，家庭背景的影响就要微弱得多。在地位与房产的竞争中，普通房产拥有者的儿子只比无房家庭的年轻人境况稍好一些。在普通人最容易看到的社会阶层之间，代际之间的流动有很多。但在更高阶层——在高级白领阶层和5 000元的家庭财产这个门槛上——存在着一个相对来说无法跨越的障碍。

五、变化中的职业结构与流动趋势问题：两种分析模型

通过以上证据，我们得出了两个具有广泛意义的结论。第一，尽管承袭的社会优势在波士顿非常重要，但承袭的劣势没那么重要。社会阶梯上向上流动的人数大大超过了向下流动的人数。第二，在整个时段内，该市的代际职业循环过程似乎有相当惊人的一致性。

对代际流动矩阵的直接研究，似乎很清楚地表明了这一点。然而，仍有一个主要问题需要讨论。在这几十年中，波士顿的经济结构发生了变化，各个职业阶层的工作占比都不一样了。这种变化绝非前面一章中表明的那样，如我们想象的那般剧烈（见表4.1和表4.2），但它的确发生了。也就是说，在此期间，高级职位和低级职位的工作供应并没有保持不变。某种意义上，职位供应上的结构变化需要职业流动。例如，如果30年当中本地劳动力市场上无技能与半技能岗位显著增加，那么低级体力劳动者的儿子继承父亲职业的可能性也会相应增加，其他所有类别也是如此。另一方面，如果低级体力劳动岗位缩减而白领岗位增加，在没有其他情况的变化抵消时，就会导致低级体力劳动者之子的流动性增加。社会学家已经开发了许多分析手段，试图把握职业结构随时间发生的这种变化。

其中一个手段就是运用"最大稳定性"模型，以便把结构性变化所需的最低流动性从表上观察到的流动总量中分离出来。实际观察到的流动性超过最低结构流动性的程度，是衡量所谓"循环"或"交换"的流动性的一个指标。此方法需要比较一组父亲及其儿子的职业

分布，并在已知分布的情况下计算出很可能承袭了父亲职业的儿子的
比例。[①] 将此模式应用于波士顿的 5 个样本之后（见表 5.8），显示出
最低流动性的标准接近 20%，1930 年出生的序列除外，其最低流动性
只有 11%。由于每个样本中观察到的流动性都远高于这一最低值，所
以其中存在大量的循环流动。每组中至少三分之一的人流动到了不同
的职业等级，流动原因与当地经济对该职位的供应没有关系。从数据
中可以看出结构性流动下降和循环流动性上升的趋势，但这很可能是
1930 年样本特殊的年龄导致的结果。有一点很清楚，那就是并不存在
相反方向的、社会体制走向封闭的趋势。利用"最大稳定性"模型发
现当地职业结构保持着不断变化，让我们先前大胆假设的结论不受
影响。

表 5.8　代际流动趋势（儿子最后一份工作流动的百分比）

指标	出生队列				
	1840—1859	1860—1879	1870—1889	1890—1930	1930
观察值[1]	54	56	56	51	52
结构变化最低值	23	23	20	17	11
循环（观察值减去最低值）	31	33	36	34	41
预期全等模型	76	76	74	74	72
观察值与预期值之比	0.71	0.74	0.76	0.69	0.72

[1]这些数据与表 5.1 的不同，显示出略低的流动性。因为半技能和无技能两类为了分析
方便合并为一类。当然，伴随分类数量的变化，流动的数量也增加了。

---

① 最大稳定性模型的使用，见 Elton F. Jackson and Harry J. Crockett Jr. , "Occupational
Mobility in the United States: A Point Estimate and Trend Comparison," *American
Sociological Review*, 29（February1964），5 - 15；Blau and Duncan, *The American
Occupational Structure*, chap, 3。

　　另一个用于掌握职业结构变化和测量循环流动性的分析模型定义了最大流动性的假设条件，其中父亲及其儿子所从事的职业分别单独统计。不同的研究者使用不同的术语描述这种方法——最常见的是"全等"（full-equality）模型、"随机流动"（random-mobility）模型、"完美流动"（perfect-mobility）模型、"联合指数"（index of association）、"社会距离流动比率"（social distance mobility ratios）——但潜在的逻辑都是一样的。[1] 通过一个分类对比儿子与父亲职业的表格，我们可以计算出，**如果**父亲的职业等级对儿子的职业没有影响，也就是说，儿子是随机进入劳动力市场的，那么儿子的职业分布情况会是怎样的。然后，可以将来自各个社会阶层的儿子的实际职业分布情况与假设机会均等情况下预期的分布情况进行比较，以了解两者之间的差距有多大。

　　表5.8显示，这5个样本的总体流动模式没有达到在"完美流动"模型情况下的普遍水平。事实上，这5组当中有略多于一半的人在职业上与他们的父亲相比是流动的；如果他们的职业模式完全未受到其社会出身的影响，大约三分之二的人职业会流动。如果所有的儿子都享有平等的职业机会，那么城市中实际发生的流动性大约是预期

---

[1] 带有开创性的应用见 Rogoff, *Recent Trends in Occupational Mobility*, and David V. Glass, ed., *Social Mobility in Britain* (London: Routledge and Kegan Paul, 1954). 然而，这种技术是否达到了其设计目的还存在严重的问题。参见邓肯彻底而高度技术性的批评，"Methodological issues in the Analysis of Social Mobility," 载 Neil J. Smelser and S. M. Lipset, *Social Structure and Mobility in Economic Development* (Chicago: Aldine, 1966), pp. 51 - 97,其中主要结论总结在 Blau and Duncan, *The American Occupational Structure*, chap. 3 中。邓肯断然总结道，这种方法"显然不适用于不同时期之间的比较问题"，而且像前面提到的那样，"直接比较"流动率表"很可能是测量流动趋势的最佳策略"（第97页）。我必须坦率地承认，我缺乏足够的专门知识来充分肯定我自己在这个非常复杂问题上的立场。然而，随后的分析结果完全符合早先在直接比较流动率表的基础上得出的关于流动趋势的结论，而全等模型确实为衡量数据的重要性提供了另一个标准，因此我觉得这里的应用是合理的。

的 70％到 75％。职业结构的开放性或刚性仍然没有表现出明显的增长趋势。无论是早到内战前 20 年的人,还是迟至 1930 年的人,流动性观察值与预期值的比率几乎完全相同。

表 5.8 中观察出流动性、最低流动性和预期流动性的综合性度量方法在两个方面是有用的。首先,用这种方式掌握当地职业结构的变化,为本章的中心议题——过去的整个世纪中,波士顿社会循环过程表现出了惊人的稳定性——提供了进一步支持。在这个漫长的时间跨度里,不仅是总体的代际流动,而且总体流动性、最低的结构性流动和预期流动性的变化都微乎其微。

用最大稳定性模型和全等模型计算出的这些综合性度量方法在另一方面也很有帮助。它们提供了两个标准来判断实际观察到的流动率值。波士顿经济结构的变化必定会引起一定量的代际流动,但我们发现,这只能解释观察到的不到一半流动率。流动率要比必须完成的当地劳动力净再分配值大得多。另一方面,观察到的流动率值没有达到通过全等模型计算得出的最大标准,在不同样本中有 25％到 30％的差距。如果儿子的职业模式与家庭出身完全无关,那么流动就会远远少于预期。

然而,流动率的综合性度量方法有严重的局限性,里面所有职业类别间的流动——向上和向下、短距离与长距离——都被同等对待。按照表 5.8 所采用的方法,两个截然不同的社区,一个是大量向下流动而很少向上流动的社区,另一个是大量向上流动而很少向下流动的社区,彼此之间可能没有什么区别。因为两者可能展现出了相似的总体职业流动水平,相似的观察值与最小值和预期值比率。所以,尽管波士顿在过去一个世纪保持着相对稳定的流动率观察值、最小值和预期值,这个城市的流动模式也许已经显著地改变了。

　　因此，有必要对不同社会出身的波士顿男性流动模式偏离全等模型的程度进行更详细的研究（见表5.9）。每个单元格的索引值记录了各个职业阶层上来自高级白领、低级白领、技术工人和低级体力劳动者家庭的儿子过高或过低的比例。高级白领行业中专业人才和大企业主的儿子集中度为5.0，意味着拥有特权背景的年轻人本身达到了最高职业阶层的频率，是同样的流动发生在社会出身与职业前景无关的社区时的5倍。与此类似，无技能与半技能劳动者之子在高级白领类的集中度为0.1，意味着在全等条件下，这些年轻人中只有十分之一真正爬上那个层级。

表5.9　儿子最后工作职业分布的实际值与预期值比率

父亲的职业层次与出生队列	儿子最后工作所属层次			
	高级白领	低级白领	技术工人	低级体力
高级白领				
1840—1879[1]	3.2	0.9	0.3	0.1
1870—1889	4.3	0.5	0	0.5
1890—1930	3.6	0.9	0	0
1930	4.8	0.9	0.4	0.1
所有样本平均值[2]	4.0	0.8	0.2	0.2
低级白领				
1840—1879[1]	0.9	1.5	0.5	0.7
1870—1889	1.2	1.4	0.4	0.7
1890—1930	1.1	3.1	0.7	0.3
1930	0.7	1.5	0.6	0.8

父亲的职业层次与出生队列	儿子最后工作所属层次			
	高级白领	低级白领	技术工人	低级体力
所有样本平均值[2]	1.0	1.9	0.6	0.6
技术工人				
1840—1879[1]	0.5	0.9	1.7	1
1870—1889	0.8	0.6	2.0	0.9
1890—1930	0.5	0.8	1.8	1.2
1930	0.4	0.6	2.0	1.0
所有样本平均值[2]	0.6	0.7	1.9	1.0
低级体力				
1840—1879[1]	0.3	0.9	1.0	1.7
1870—1889	0.4	1.1	0.9	1.4
1890—1930	0.2	1.1	1.2	3.0
1930	0.5	0.9	0.8	1.4
所有样本平均值[2]	0.3	1.0	1.0	1.9

[1] 1840—1859 年与 1860—1879 年这两组在此合并成一组。此举简化了表格，而且非常合理，因为这两组显示出几乎完全相同的比率。

[2] 这个平均值是个简单的未加权平均值，没有考虑每一组在体量上的区别。其目的只是简化论述。

波士顿的职业结构中的确存在着某种黏性，某种对全等模型明显的偏离。每个样本的每种职业类别当中，在父亲那一职业等级工作的儿子的集中程度都要更高一些。衡量职业承袭趋势的指数值（从左上角到右下角的对角线）在任何情况下都不低于 1.4，12 个例子中有 8 个是 2.0 或更高。

另一方面，阶级出身的重要性对高级中产家庭之子要比对其他人更大。高级白领出身的年轻人自己达到那一水平的几率是机会所决定的几率的 4 倍，而其他职业群体的平均指数不到这个数字的一半——为 1.9。那些没能达到父亲所在社会地位的专业人才与大企业主之子通常也不会下滑太多；预期值里五分之四的人进入了其他白领岗位，但只有预期值里五分之一的人成为蓝领工人。

来自职员、销售人员或小业主家庭的男性，在上升到高级白领岗位的流动中相当成功，赢得了他们在平等机会环境下本应获得的工作份额，而且是远比留给工人阶级出身年轻人的更大的份额。另一方面，这一群体中也有很大的向下流动，如果中产阶级出身在就业竞争中根本没有优势的话，这个比例将达到 60% 左右。

令人惊讶的是，较低等级的白领工作对工人阶级出身的儿子来说很容易得到。技术工匠的儿子得到了成为职员、销售人员、小业主的"公平份额"的 60% 到 90%，无技能与半技能劳动者之子在这方面尤为成功，令人震惊地赢得了他们配额的 90% 到 110%。来自工人阶级较低层的儿子也找到了进入技术行业的重要机会，在机会均等的情况下，他们在这一类别找到的空缺职位和预期的一样多。只有在职业结构的顶端，低级体力劳动者家庭出身的男性才会表现出严重劣势。体力劳动者之子中不足预期值三分之一的人能够得到上层中产阶级的社会地位。技术工人之子这方面的境况要好得多，尽管与低级体力劳动者之子相比，他们进入低级白领岗位的几率要低得多。当他们进入中产阶级世界时，其上升到最高层的可能性是后者的 2 倍。然而，这两组工人阶级的儿子都经历了显著的向上流动，虽然比家庭出身没有任何障碍时的向上流动要少，但也不会显著减少，除非是低级白领出身者向高级白领工作流动。

　　总而言之，当本地职业结构的变化通过应用全等模型保持恒定时，中产阶级，特别是上层中产阶级之子的优势仍然非常显著。尽管，真正令人印象深刻的是，生于工人阶级家庭的年轻人展示出了可观的向上流动。

　　表5.9中详细的流动比率还让我们得以避免因表5.8中那种综合度量流动性的方法的相对稳定而掩盖的特定群体的重要流动变化。表5.9对角线上的单元格里，看不到明显的职业承袭增加或减少的趋势，也没有明确的证据表明儿子们流动的方向和距离发生了长期的变化。有些指标波动相当大，但这可能主要归因于许多样本中例子数量太少。无论如何，并没有任何系统性变异的迹象。总的来说，虽然波士顿发生了剧烈的社会变化，但在过去的一个世纪里，美国社会存在着一种引人注目的近乎怪异的连续性。某个特定家庭的年轻人进入特定职业阶层的可能性由一个概率支配，这个概率对于1840年至1930年间出生的所有年轻人来说几乎完全一样。

第六章
美国佬与移民

　　美国历史最大的主题之一，就是来自遥远海外的百万移民如何进入这个社会并在其中打拼，在奋斗过程中成为全新的男女，成为美国人。美国民间传说里充满了表现移民经验的隐喻：他在金色大门的召唤下，被拉进这个大熔炉，最终融入了美国主流社会。致力于研究移民和移民同化的历史及社会学文献是丰富的，甚至是极其丰富的。但仍有一些巨大的空白，一些重要问题还没有给出令人眼前一亮的答案。

　　我们知道，在工业社会的城市里，新移民往往没有多少资本或宝贵的技能，因此往往要从底层起步。我们知道，所有群体都在一段时间内经历了某种程度的社会流动，并造就出了在这个更庞大的社会里获得财富、权力与认可的人。但是，对于美国移民流动率、时间和渠道的系统性研究一直少得惊人。如果移民的职业生涯起点通常低于本地出生的美国人，那么他们在职业生涯中经历的向上流动至少是与后者相当的，还是会随着时间的推移落后得越来越远？外国出生者的孩子——移民第二代——是像传说中的那样进步远大于他们的父辈，还是也在职业竞争中遭受了严重的阻碍？大量移民人口的出现损害了老牌美国人（old-stock Americans）的前景，还是刺激了这个群体的向上流动？特定移民群体的文化背景差异，或者移民初到时经济及劳动力市场的特征的差异，在多大程度上加速或减缓了移民的提升？所有群体，无论其民族背景如何，都有本质上相同的流动形式和渠道，抑或有"典型的爱尔兰式"与"典型的意大利式"或者"典型的东欧式"模式可供我们比较？

　　波士顿为探究这些问题提供了完美的实验室。一个多世纪以来，这个城市的历史在很大程度上就是移民及其子女的历史。1840 年代从饥荒横行的爱尔兰逃出来的大量农民，是移民早在 1850 年就占该市人口三分之一的主要原因（见表 6.1）。① 而且，因为太小和太老的人都不像处于工作年龄的人那么容易移民，来自国外的新来者在波士顿劳动力市场中所占比例更高——达 45%。直到一战后美国对移民不加限制的政策结束时，移民在城市中的比例一直保持着大体上的稳定，占人口的三分之一，占男性劳动力近一半。但是，城市中外国出生人口的绝对数量增长巨大，从 1850 年的不足 5 万人到 1920 年的将近 25 万人。新来者的民族出身（national origin）同样变化剧烈。1850 年，接近四分之三的波士顿移民是爱尔兰裔，到 1920 年，来自东欧和南欧的"新移民"已经超过爱尔兰人，接近 2∶1。

表 6.1　1850—1960 年[1] 波士顿白人移民及其子女的百分比

总人口			
年份	外国出生	外国或混合血统	男性劳动力，外国出生
1850	35	46	45

---

① 对这次移民的生动叙述，见 Oscar Handlin, *Boston's Immigrants, 1790 - 1880: A Study in Acculturation* (rev. ed. , Cambridge, Mass. : Harvard University Press, 1959)。

总人口			
年份	外国出生	外国或混合血统	男性劳动力，外国出生
1860	36	无数据	无数据
1870	35	无数据	无数据
1880	32	64	41
1890	35	68	44
1900	35	72	45
1910	36	74	48
1920	32	73	44
1930	30	无数据	40
1940	23	无数据	30
1950	16	无数据	17
1960	12	41	16

[1]取自各年的美国人口普查数据。

移民对城市的重要性甚至比这些数字所显示的还要大，因为它们没能将美国出生的移民之子，即第二代移民考虑在内。第一代和第二代移民加起来——外来人口存量——构成了 1850 年波士顿人口的近一半（46%），到 1880 年接近三分之二（64%），到 1910 年几乎是四分之三（74%）。在欧洲移民大量涌入美国的典型时期，城市里这种"少数"群体共同构成了波士顿人口的一大部分。从单纯的人口统计学意义来说，真正的少数其实是本地土著。在这方面，波士顿与同时期美国其他大城市非常接近（见表 6.2）。

表6.2 1820—1920年[1] 波士顿与其他大城市白人移民及其子女的百分比

城市	1890	1900	1910	1920
外国出生				
波士顿	35	35	36	32
纽约	39	37	40	35
芝加哥	41	35	36	30
费城	26	23	25	22
底特律	39	34	34	29
克利夫兰	37	33	35	30
圣路易斯	25	19	18	13
贝尔蒙特	16	13	14	11
外国或混血				
波士顿	68	72	74	73
纽约	77	77	79	76
芝加哥	78	77	77	72
费城	57	55	57	54
底特律	78	77	74	64
克利夫兰	75	75	75	69
圣路易斯	68	61	54	44
贝尔蒙特	42	38	38	34

[1] Niles A. Carpenter, *Immigrants and Their Children*, *1920* (Washington, D. C.: U. S. Government Printing Office. 1927), p. 27.

涌入城市的移民在一战及随之而来的限制性立法后急剧减少，接着，首先是外国出生居民的比例下降，然后是第二代移民群体的比例下降。早期的白人移民不断被新来的黑人取代，本书第八章将分析他们的经历。但是，外国人口存量在 1960 年仍然占总人口的 41％。在金色大门正式关闭后将近 40 年，民族出身的差异仍旧是波士顿社会结构中一个重要的因素。

一、移民与土著的职业生涯模式

衡量波士顿移民是否成功地适应了当地职业结构所需的数据，可以从已出版的人口普查表中轻松获得。表 6.3 显示了第一代移民与本地出生的男性在 1890、1910、1930 和 1950 年的职业分布情况。当然，"本地人"与"外来者"的分类是粗略的。适当的时候，将考虑到关键的第二代群体，他们在这里被包含在本地人口中。不过，最佳的分析起点还是土著—移民的简单区别。在整个考察时段内，新来者被职业阶梯较低层级所吸引的倾向十分显著。每个时间点上，都有接近 45％的该市移民从事无技能或半技能体力工作，绝大多数生于国外的人都从事着某种蓝领工作。

但是，在此期间，移民与土著之间的差距已经大大缩小。1890年，从事白领工作的外来者比例只有从事白领工作的本地人比例的 38％；到 1910 年，这个比例上升到了 50％。1910 到 1930 年间，这个趋势出现了轻微的逆转。从事白领工作的移民比例降至本地人比例的 44％，但到 1950 年数字再次回升，移民中产阶级几乎相当于本地中产阶级的三分之二。

表6.3　1890、1910、1930、1950年本地人与移民的职业分布（百分比）[1]

年份	职业等级					移民-土著中产阶级比
	国籍	专业人才	其他白领	技术工人	低级体力	
1890	美国	4	43	29	24	0.38
	外国	1	17	37	45	
1910	美国	6	42	19	33	0.50
	外国	2	22	33	43	
1930	美国	9	46	20	25	0.44
	外国	4	20	30	46	
1950	美国	13	33	21	33	0.65
	外国	6	24	28	42	

[1]由每年的美国人口普查数据计算得出。如表4.1说明所示，这里采用了相同的方法。1890年人口普查部门采用的职业分类没有精确地将技术工人与无技能或半技能工人区别开来，1910年的数据也有类似情况。1890年的数据适用于50个筛选出的职业，而不适用于全体男性劳动力。然而，这些缺陷是否会误导我们对移民与本地人相对地位的印象，是很令人怀疑的。这里给出的数据和整章所指的样本都仅限于"白人"土著与移民，波士顿黑人的情况将在本书第八章中讨论。还要指出的是，"其他白领"类既包括大商人也包括小商人。在米自样本的数据中，前者可以分离出来，与专业人才一起放在高级白领那一阶层，但已出版的人口数据做不到这一步。据以得出百分比的数字并没有给出，也没有任何必要指明统计学上重要性的程度，因为这些数字来自枚举而不是抽样。所有的差异，无论多么微小，都是真实的，并非样本瑕疵所致。不幸的是，从1950年起，人口普查就不再提供可对比的表格了。

　　对移民和土著在4个时间点职业分布的这些简捷比较是具有启发性的，但它们也留下了许多未解答的问题。这种比较分布分析方法（distributional analysis）在研究移民同化的过程中得到了广泛的应用，但对其重大的局限性却没有给予足够的重视。① 通过时间点1到时间

---

① E. P. Hutchinson, *Immigrants and Their Children, 1850－1950*（NewYork: Wiley, 1956），在全美职业分布数据的基础上分析了第一、第二代移民的职业成就。讨论移民与本地人相对地位的同样尝试，还有 Joseph Schachter, "Net Immigration of Gainful Workers into the United States, 1870－1930," *Demography*, 9（1972），pp. 87－105. 同样的脉络和主题且受到同样限制的地方研究，包括 W. Lloyd Warner （转下页）

点 2 之间外国出生者职业分布情况的变化，分辨出这种变化有多少要归因于个人——时间点 1 上构成"外国出生者"的那些个体——所取得的进步，并且这段时间内这一群体的构成又发生了多大变化，是不可能的。例如，1930 年至 1940 年间，住在美国身为商人或专业人才的德国移民的比例出现了增长，但原因并非 1930 年居住在美国的大量德国移民在大萧条期间上升到了商业和专业人才岗位，而是因为大批逃离希特勒统治的犹太移民涌入，在 1940 年改变了"出生于德国"者的总体分布。这一点还没有得到广泛认同，但由于生育率、死亡率及严格审查下移民进出的变动，即使在较短的时段内，各群体的构成也会有相当大的变化。1890 年波士顿的"爱尔兰人"并不只是 1880 年的"爱尔兰人"老了 10 岁。当面对的群体更大，或使用更长的时间间隔时，这一警示更加有说服力。1910 年在波士顿工作的"外国出生者"绝大部分不是 1890 年在那儿工作的"外国出生者"，其中很多人 1890 年时太年轻因而没法工作，另有很多人还没有来到波士顿。下面将对各群体的分布随时间的变化给予一些关注，在我们选择的时间段内，各群体的构成本身也在变化之中。但是，在可能的情况下，将这种方法得出的结论与揭示**同一个人**在不同时间点所处位置的数据进行核对是至关重要的。

为这项研究收集的样本经得起这种细致的分析，尽管样本大小的限制和某些样本中关于民族背景的信息瑕疵造成了一些令人遗憾的空

（接上页） and Leo Srole, *TheSocial Systems of American Ethnic Groups* (New Haven, Conn. : Yale University Press, 1945）; Jerome K. Myers, "Assimilation to the Ecological and Social Systems of a Community, *American Sociological Review*", 15(1950), 367 - 372; Francis A. J. lanni, "Residential and Occupational Mobility as Indices of the Acculturation of an Ethnic Group," *Social Forces*, 36(1957), 67 - 72; 许多文献引自 Fred L, Strodtbeck, "Jewish and Italian Immigration and Subsequent Status Mobility," in David McClelland et al. , *Talent and Society* (Princeton, N. J. : Van Nostrand, 1958), pp. 259 - 268。

白。表6.4展示了过去一个世纪居住在波士顿的移民及土著四个群体初次进入劳动力市场和后来的职业生涯过程中的遭遇。(对1909年出生的男性不可能做这样的分析,移民—土著差异无法在1930年出生的年轻人样本中进行考察,因为其中的所有人都在美国出生,也找不到劳曼的剑桥—贝尔蒙特样本或来自1958年城市名录样本的种族背景信息。)

表6.4 移民与土著的职业流动模式

出生队列与国籍	群体百分比				数量(人)
	从白领开始	以白领结束	上升的蓝领[1]	下滑的白领[1]	
1850—1859					
美国	51	62	33	11	241
外国	18[2]	24[2]	13[2]	25[2]	68
1860—1879					
美国	55	56	22	16	614
外国	50	60	33	14	42
1880—1889					
美国	51	61	32	13	215
外国	23[2]	39[2]	28	23	206
1900—1909					
美国	40	47	23	17	146
外国	23[2]	31[2]	14	14	35

[1] 上升的蓝领是指那些开始做体力活但最后成为白领工人的男性;下滑的白领在职业生涯中有了从白领到蓝领的相对流动。需要说明的是,这两栏给出的百分比指的不是整个移民或土著群体,而只是群体中可能是上升者或下滑者的那部分。美国出生的上升者占33%,这个数字的意思并不是样本中的241个本地人里面有33%在职业生涯中从蓝领变成了白领,而是说,那些第一份工作是体力活的本地年轻人中有33%是上升者。因此,我们不能用上升率减去下滑率,将结果与第一列数据相加得出职业生涯以白领结束者的百分比(第二列)。除非下滑率和上升率是在这样的基础上计算——不取整个群体,只取那些从白领或蓝领岗位开始工作的人——否则两个群体之间的对比很难进行。例如,在整个外国出生者群体中,更大比例的人可能会向上流动,原因在于一开始是白领的本国出生者占更大比例,因此很显然,他们无法进入更高的阶层。通过这种方式计算比例,我们掌握了这个群体最初的职业分布,并且更清楚地看到了其后在流动性上的差异。
[2] 显著不同于本地出生者。

除一组之外（1860—1879 年那一组的与众不同稍后会解释）的所有群体中，波士顿移民通常靠他们的双手开始工作——包括 82％在内战前出生的年轻人、77％生于 1880 年代及 20 世纪头十年的年轻人。因此，样本数据与城市总人口的普查证据高度一致；它们也表明波士顿的新移民主要集中在蓝领行业，而且到世纪之交时，他们得到白领工作的机会出现了一定的增长。

然而，样本证据的有趣之处在于，它让我们能够进一步探索一个至关重要的问题，即典型的移民和土著在他们随后的职业生涯中遭遇了什么。例如，阻止移民得到更有吸引力、薪水更高的工作的一大障碍，很可能是这些新来者完全不熟悉当地的文化和语言。若是这样，这个障碍迟早会被克服，野心勃勃的新来者稍后会靠自己的努力取得成功，消除或缩小他们最初进入劳动力市场的劣势。因此，众所周知的民间传说主人公是这样的：自强不息的移民小伙儿从报童做起，或者是在一家血汗工厂踩缝纫机，但一旦摸清门道，他超强的野心和内驱力就会让他赢得成功。这可能是种相当典型的移民职业模式，对表6.3 中应用的那种职业分布方法并无重大影响，因为这个一直被认定是"外国出生者"的群体，其构成正在迅速改变，而且不断被更多的也从低阶蓝领岗位开始职业生涯的新来者所稀释。

然而，表 6.4 显示，这种自强不息的移民小伙儿在波士顿并不特别常见。四组中只有一组——很快会对这个例外做出解释——从体力劳动起步的移民后来比本地出生者更为频繁地找到中产阶级工作，因而缩小了两个群体间的差距。其他各组中，本地人的职业向上流动率都超过了移民，甚至在比赛结束时将后者甩得比枪响时更远。[1]

---

[1] 由于样本量有限，1880—1889 年和 1900—1909 年的上升、下滑率的差异并未大到显著程度，但四项比较中有三项显示出 1850—1859 年模式在方向上的差（转下页）

而且，生于外国的年轻人中，有一小部分人确实在白领世界中获得了最初的立足之地，但他们在保住来之不易的职位方面表现出的能力，并不比那些第一份工作是非体力活的本地人之子更强，本地人在这方面所占比例更大。其实，在1850—1859年及1880—1889年两组中，随着职业生涯的展开，移民进入蓝领岗位的可能性大约是普通工人的2倍。但是，移民不利因素的这一面在一战后似乎已经被克服了。在生于新世纪头十年并于1930年前后进入劳动力市场的男性样本中，移民白领工人后来下滑的可能性比他们的本地对手要稍小一些。

因此，无论怎么算，外国出生者都处于不利地位。他们通常在社会阶梯较低层开始工作，后来爬上更高层的也不及本地人那么多，至少在19世纪晚期和20世纪早期，他们明显要比后者更容易滑入低等级的工作。在职业生涯末期，他们仍然比美国本地人更多地集中在蓝领职业中。

但是，移民的不利因素程度在20世纪减轻了。一开始就从事白领职业的移民比例相对升高了；在南北战争前出生的男性中普遍存在的向上流动的巨大差异，已大大缩小；生于20世纪的移民所经历的向下职业流动比本地人少。在好工作的竞争中，移民仍然稍落后于本地人，但已经不像19世纪晚期差得那么远了。

反常的1860—1879年那组表现出的模式与上述任何概括都不一致，说明我们需要进一步将分析精细化。这一组中，外国出生的男性十人中有五人开始工作时是白领工人，十人中有六人在职业生涯结束前进入了中产阶级。其原因在于此样本的一个鲜明特点：它是由

（接上页）异，这在统计学意义上是显著的。

1880 年住在波士顿的 20 岁以下年轻人所组成的。因为这一组的年龄中位数在 1880 年时只有 10 岁，其中大部分外国出生的年轻人离开祖国来到波士顿时还是小孩子。他们在法律上是外国出生者，但就经验而言，他们更像生在当地的移民的孩子，即第二代移民，而不像真正的移民。当然，这些"事实上的"第二代移民在自己家接触到的是移民的生活方式，但他们在世界观形成的早期就融入了美国文化。例如，他们年纪小，正好够得上去就读美国学校，这可能会使他们比典型的移民更适合做白领工作。最为可能的推测是，1860—1879 年那组中这些外国出生但"事实上的"第二代移民年轻人在与本地出生美国人的竞争中脱颖而出的能力表明，移民的孩子在职业成功方面并没有像他们的父亲一样面临同样的障碍。

二、第二代移民的境况

第二代移民是确实迅速融入了美国主流社会，还是也发现了有些门对他们紧紧关闭？第一条线索可以从人口普查表上的信息看出，这部分信息简单地比较了 1890、1910 及 1950 年外国出生的男性、外国父母在本地所生的儿子、本地父母在本地所生儿子的职业分布情况（见表 6.5）。以出生地来界定第一代移民，误将许多"事实上的"第二代移民划为了第一代移民，某种程度上混淆了两代移民之间的真正区别，尽管如此，还是出现了一幅相当清晰的画面。在流向职业结构上层这方面，第二代移民比他们的父辈成功得多。1890 年开始做白领工作的第二代移民有三分之一，但第一代移民不足 20%。1910 年不足四分之一的波士顿移民在中产阶级行业工作，但他们的孩子有

45％在这一级。1950 年，这一差距变小了——为 43％比 30％——但仍然很可观。而且在每个观察节点上，在美国出生的移民子女成为专业人士的频率都是他们父亲的 2 倍。

表 6.5　1890、1910、1950 年[1] 第一、第二代移民与美国佬的职业分布（百分比）

年份	种族身份	职业层次			
		专业人才	其他白领	技工	低级体力
1890	第一代移民	1	17	37	45
	第二代移民	2	30	34	34
	美国佬	5	47	26	22
1910	第一代移民	2	22	33	43
	第二代移民	4	41	21	34
	美国佬	8	43	16	33
1950	第一代移民	6	24	28	42
	第二代移民	10	33	22	35
	美国佬	14	34	20	32

[1] 与表 6.3 一样，由已出版的人口普查数据计算得出。没有 1930 年的数据，因为人口普查局没有单独为外国父母及本地父母的本地出生子女列表。所有的差异都很有意义，因为这些数据代表的不是一个样本而是整个领域。

然而，尽管第二代移民的所取得的成就令人瞩目，有一位外国出生的父亲仍然是某种缺陷。在每个点上，本地父母所生的本地儿子（为了更好地命名他们，我在此处用了“美国佬”这个标签）都更多地集中于白领行业，特别是高等级的专业岗位。

但是，这个阶段他们的优势也在急剧缩小。1890 年，美国佬的儿子领先于第二代移民的程度正如第二代移民领先于他们的父辈。到 1910 年，第二代移民中产阶级的数量与美国佬中产阶级的数量几乎一样，1950 年也是如此。

　　不可否认，关于第二代移民相对于美国佬的境况，这些数字给人一种过于乐观的印象。因为第二代移民年轻人往往集中于不太吸引人、报酬不太高的白领工作，而美国佬得到了不成比例的更好职位。与此有关的详细证据非常稀缺，但 1910 年的一些数据证实了这一点。[①] 做制造商和公务员的美国佬的比例是第二代移民的 2.6 倍；美国佬做保险代理人的边际优势为 2.2，做房地产经纪是 2.3，做批发商是 2.0，做律师是 2.2，工程师是 2.3，医生是 3.3。第二代移民年轻人最为集中的白领职业是报酬较低的工作。他们做商场职员和办公室职员的比例超过了美国佬，做推销员的也是一样。1950 年的这类精确信息无法找到，但从表 6.5 可以明显看出，与第二代移民相比，美国佬白领在那些更高层次职业中所占的比例仍然过高，有人怀疑，美国佬白领在常规的文员和销售这一等级之上的其他白领工作中所占的比例也有上升的趋势。尽管如此，以下的趋势仍然很明显：在 19 世纪末的波士顿，美国佬相对于第二代和第一代移民所享有的巨大职业优势，到 1910 年已经被大大削弱，而且在 1910 年到 1950 年间，这种趋势并没有逆转。

　　然而，在解释诸如此类的分布指数变化时需要谨慎，这一点上文已经做了说明。当群体本身的构成在这段时间内发生变化时，基于群体测量方法来推断个人的经历是有风险的。令人遗憾的是，样本中关于第二代移民职业流动的信息并不丰富，因为 1880—1889 年和 1900—1909 年出生的男性样本资料不包括其父母国籍的信息。但是，比较 1880 年前出生的男性与 1930 年出生的男性在职业模式上的基本

---

① 根据人口普查数据计算得出。

差异，看看能否确认波士顿第二代移民的地位已经得到了表面上的改善，还是可能的。

在生于 1850 到 1879 年之间并在 19 世纪晚期进入劳动力市场的年轻人样本中，个人第一份工作所处等级的代际差异非常鲜明（见表6.6）。不足十分之二的移民从白领开始他们的职业生涯；但移民在美国生育的孩子中则有十分之四，而老牌美国人（old native stock）之子中有近四分之三是这样。第一代移民后来在职业生涯中的经历，正如表 6.4 所示，令人沮丧。比起土著，移民更少向上流动而更多向下流动。但是，移民的儿子表现出截然不同的模式。他们中不但有更多的人一开始就进入了白领岗位，那些起初做体力工人后来上升到中产阶级的人，数量也几乎是其父辈的 2 倍，几乎与自力更生开始职业生涯后来爬上白领阶层的年轻美国佬相当。

表 6.6　19 世纪末第一、第二代移民与美国佬的职业流动模式：生于 1850—1879 年的男性[1]

种族身份	各群体百分比				数量（人）
	从白领开始	以白领结束	蓝领上升者	白领下滑者	
移民					
第一代移民	18	24	13	25	68
第二代移民	41[2]	46[2]	24[2]	22	499
美国佬	73[3]	74[3]	29	9[3]	351

[1] 这里合并了生于 1850—1859 年和 1860—1879 年的男性样本，因为他们表现出的模式没有重要差异。1860 年后出生的第一代移民被排除在外，因为他们当中"事实上的"第二代移民数量虽不确知却十分庞大。
[2] 显著不同于第一代移民。
[3] 显著不同于第二代移民。

然而，如果说第二代移民从低起点上升的倾向与本地土著类似的话，那么在到达白领世界后开辟一个安全地带方面，他们显然不及后者能干。在白领岗位开始职业生涯后来下滑到体力工作的第二代移民年轻人，是美国佬的2倍多。他们的向下流动率（22%）几乎与第一代移民一样高，只比他们的向上流动率低一点点。

因此，在19世纪晚期的波士顿，第二代移民的流动非常特别，他们从低起点向上的流动与美国佬一样频繁，但反方向的流动却与新移民一样多。对于移民和美国佬来说，在职业竞争中，一个人的开始之处与结束之处之间有着密切的关系——根据γ统计值计算，美国佬的关联值为0.88，移民的关联值是0.70。[①]第二代移民的相应关联值低得多，只有0.40。

当然，在对体力工作与非体力工作的流动这项分析中，多次采用的职业流动性指标都是很粗略的。也许有人会认为，上述发现要归结于这种粗略——举个例子来说，外国血统的男性所表现出的"下滑综合征"源于这样一个事实，即这些男性不成比例地集中在低级白领职位上，从这个职位向下移动是很常见的。与此同时，美国佬不成比例地集中在白领阶级的上层。不过，采用更详细的职业分类可以让我们避免这种观点成为现实。在采用更精确的等级衡量方法时，这里所讨论的群体差异并没有消失，它们仍然清晰可见。

的确，更细致的表格（这里没有列出）将阶层之间的上下流动以及蓝领阶级与白领阶级之间的转换都考虑了进来，这样的表格强化了新来者与他们的孩子所面临的困难。从白领开始职业生涯又丢了工作落入工人阶级的第一代或第二代移民比美国佬年轻人多得多；不仅如

① 将父亲和儿子的职业划分为5个层次，根据25个单元格的表格计算。

此，那些留在非体力岗位并且能够上升到收入更高的专业、专有或管理职位的人比例也要小得多。有十分之二的从白领工作起步者在职业生涯中爬上了高级非体力劳动阶层，只有十分之一下滑到了蓝领岗位。对于从白领起步的第一代和第二代移民来说，这个比例是相反的；下滑到体力行业的概率是升上去的概率的 2 倍。

19 世纪末，本地出生的美国人在争取职业阶梯更高层级的竞争中具有明显的优势，如果他们的父亲也是本地出生，这优势就会更大。移民和移民在当地出生的孩子都更多是穿着蓝领凭自己的双手开始及结束职业生涯。外国出生者不但更多是从底层起步，他们的向上流动也更少，而且那些起步良好者也更容易失去中产阶级地位，最终以体力工作结束职业生涯。

不过，关键的第二代在某种程度上更顺利一些，尽管不像大熔炉传说中所说的那么顺利。就算你自己生在这个国家，有一个外国出生的父亲就是个明摆着的缺陷。那意味着你比本地父亲的儿子更有可能在体力工作那一级进入劳动力市场，而且还意味着如果你开始找到了白领工作，你下滑的可能将是上升的 2 倍。但是，与真正出生在国外的人不同，以体力劳动起步的第二代移民有相对较好的前景上升到职员、销售和小企业主职位；他们并没有一年比一年离美国佬越来越远。

表 6.5 的职业分布显示，在世纪之交前后，移民及其子女的地位相对于本地土著的地位而言，都开始改善了。移民中产阶级从 1890 年的 18％增长到 1910 年的 24％和 1950 年的 30％，第二代移民也有相应的收获。移民境况的改善，部分源于他们从白领岗位开始职业生涯的比例变化，部分源于他们的职业上升率和下降率相对本地人的增长和下降而言（见表 6.4）。

现有证据中关于第二代移民与 20 世纪移民和美国佬职业模式的对比，存在着令人沮丧的差距，因为两个样本中都缺少有关其父母国籍的信息。但有一点值得一提，即样本数据可以用来检验人口普查分布证据得出的初步结论。1930 年生于波士顿的年轻人样本中有近一半是第二代移民，其余的则是美国佬。1963 年，当他们 33 岁时，这个样本中 48％的移民儿子在从事中产阶级工作，美国佬出身的则只有 46％。鉴于样本有限的体量，第二代移民年轻人并未领先美国佬多少，但他们已经不再落后了。他们只在一个方面保持劣势：只有 7％的人是专业人才或大商人，而 41％的人在做常见的低级白领工作。近 2 倍比例的美国佬（13％）在高级白领行业，相应地，较少人（33％）做职员、销售或小商人。因此，种族背景的差异仍然影响着进入职业结构顶层的机会。不过，第二代移民不再显示出明显的被体力工作吸引的倾向，这是与 19 世纪的主流模式极为不同的变化。

三、阶级出身的影响

上文可能对种族背景和职业成就之间的关系造成了严重的误导。目前提供的人口普查分布证据和抽样数据表都没有考虑到职业生涯模式的主要决定因素——社会阶层出身。正如前一章指出的那样，在波士顿，工人之子与律师之子的不平等现象十分严重。这一简单的事实可能是上述分析所揭示的种族差异的主要原因。假设 19 世纪晚期波士顿第一代和第二代移民的父亲绝大多数是体力劳动者，而美国佬的父亲则主要集中在商业和专业领域。那么，正是这一点，而不是新来者或他生活那个社会的任何其他特点，能够解释他们为何无法与本地父母的本地儿子平等竞争。同样，20 世纪两代移民地位的相对改善也许仅仅意味着，出身中产阶级而非出身工人或农民的移民比例在上涨。也就是说，以上对种族背景和职业成就之间相互关系的考察，可能似是而非，只是阶级出身差异碰巧与种族背景相关联而已。因此，在控制阶级地位承袭因素的同时，有必要研究职业生涯模式的代际差异。

这些控制无法在各群体某一时间点的职业分布普查数据中加以应用，这是对职业分布分析的又一个非常严重的限制，但尚未得到普遍的认识。不过，抽样证据在某种程度上可以用于这些目的。所得结果是有限的，因为只能找到父亲住在波士顿的样本中人的阶级出身信息；除了一个样本外，所有可供分析的样本中人数量都太小，仅可供参考而不能说明任何问题。尽管如此，还是得出了一些有用的结论。

表 6.7 揭示了 19 世纪晚期工人家庭或中产家庭出身影响第二代移民及美国佬职业成就的程度。它清楚地表明，第二代移民在白领阶层（尤其是在高级白领职位）中所占比例偏低，部分原因只是在于他们相对较低的社会出身。来自工人移民家庭的年轻人中，39％在职业生涯末期得到了白领工作，但美国佬工人的儿子有 51％走到了这一步。美国佬工人的儿子在职业等级上升得更高，也更多，他们当中有 12％的人成为专业人才或大商人，但他们的对手第二代移民，却只有 5％。

表 6.7　社会阶层出身、种族、中产阶级就业差异，19 世纪晚期：生于 1840—1879 年的男性[1]

种族身份	各群体百分比		数量（人）
	最后一份工作是白领	最后一份工作是高级白领	
	蓝领之子	白领之子	
第二代移民	39	5	485

续表

种族身份	各群体百分比		数量（人）
	最后一份工作是白领	最后一份工作是高级白领	
美国佬	51[2]	12[2]	143
	蓝领之子	白领之子	
第二代移民	75	26	126
美国佬	91[2]	44	209

[1] 这里合并了出生在 1850—1859 年及 1860—1879 年的男性样本。生于 1840 年代的一组也加了进去，1880 年第一次职业追踪时已年过三十的男性，不能列入有关第一份工作和最后一份工作之间流动性的早期表格。没有足够的案例来分析第一代移民的代际流动。

[2] 显著不同于第二代移民。

代际差异在成长于中产阶级家庭的年轻人中甚至更加强烈。到 19 世纪晚期，波士顿出现了一个新兴的移民中产阶级，但是按一个重要标准衡量的话，这个新兴中产阶级的地位还相当脆弱，因为其成员将中产头衔传给他们的孩子时经历了重重困难。有十分之九的中产阶级出身的美国佬年轻人自己在白领岗位上结束了个人职业生涯，只有十分之一没能保住他承袭的地位。但是，来自中产家庭而下滑到蓝领岗位的第二代移民年轻人却足足有四分之一。此外，美国佬中产家庭之子中有 44％ 在高级白领阶层找到了工作，但同样家庭出身的第二代移民却只有 26％ 如此。

因此，19 世纪晚期波士顿第二代移民独特的职业模式不能简单地解释为仅仅是社会阶层背景差异的产物。当我们通过分别考察来自中产家庭及工人家庭的男性来控制这些差异时，第二代移民在职业竞争中表现仍然不及美国佬，很有可能——尽管并不确定，因为可供分析的案例太少——第一代移民的地位更脆弱。

对社会阶层出身数据采用更细致的控制不会改变这个结论。中产阶级美国佬之子通常有在高级白领层工作的父亲，然而第二代移民年轻人更多来自推销员、职员或小商人家庭。但是这只能部分地解释中产阶级美国佬出色的职业成就。21％的美国佬职员、推销员和小商人之子（$N=78$）以专业人才或大商人身份结束职业生涯，但来自相同背景的第二代移民只有13％如此（$N=69$）；36％的外国低层中产阶级之子下滑至蓝领岗位，但同样情况的美国佬只有14％。[1]

之前已经指出，世纪之交过后，两代移民及其子女的相对经济地位都开始改善。这可能说明出身卑微的移民遭遇的偏见不再像他们的19世纪前辈那么多了。不过，另一种可能是，来自卑微家庭的移民及其子女的比例开始下降了。也就是说，这个城市职业流动前景的改善可能主要源于来自中产家庭的第一代及第二代移民比例的增加。

现有的证据严重贫乏，而且极不充分，但表6.8中的两条线索颇有启发意义。这些百分比所依据的案例数量很少，足以引起相当大的抽样误差，而对于在1870年至1890年间出生的男性来说，由于该样本中没有关于其父母出生情况的信息，因此只能粗略地比较外国出生的和本国出生的男性。然而，波士顿移民的地位在20世纪初明显改善，似乎在很大程度上确实要归因于新移民社会阶层出身的变化。[2] 当来自工人家庭的移民儿子与同样出身的本地人儿子对比时，

---

[1] 对父亲的职业数据进行更精细的控制，在这里是不可能的，因为样本的大小限制可能会缩小或消除这些差异。从事低级白领工作的移民父亲们可能不成比例地集中于边缘白领岗位上，比如小杂货商、沙龙老板、小建筑商等。身处中产阶级世界边缘，他们不太可能帮助儿子进入这个世界。波士顿第一代中产阶级移民超乎寻常的下滑率可能就是因为这个（见表6.4）。克莱德·格里芬的19世纪波基普西研究面对的是总人口而不是样本，因此不受数量小这一问题的困扰，该研究发现这是来自白领家庭的第二代移民的一个重要缺陷。

[2] 对比中只有两组产生了具有统计学意义的区别，但其余的至少也是有启发的。

外国出生者表现出严重的劣势。十分之七的人以蓝领结束职业生涯，但本地出生的美国人只有一半如此。我们有理由推测，如果有可能把土生土长的群体划分为第二代移民和美国佬，工人阶级美国佬之子中进入中产阶级的比例将远远高于这两个群体的49％，第二代移民则会明显低于48％这条线，尽管要比他们的移民父亲领先许多。这个样本中的工人家庭的本地儿子在打入白领阶层的高层这方面也要成功得多，有13％的人做到了；但样本中没有一个移民年轻人能达到这一步。诚然，第一代和第二代移民在20世纪早期波士顿取得的成就是真实存在的，但那是移民社会阶级出身变化的结果，而非外来者超越父辈阶级地位能力的提升。

表6.8　20世纪社会阶层出身、种族及中产阶级就业差异

出生队列及种族	各群体百分比		数量（人）
	最后工作是白领	最后工作是高级白领	
蓝领之子			
1870—1889[1]			
第一代移民	30	0	40
本地人	49[2]	13[2]	88
1930			
第二代移民	38	2	58
美国佬	31	8	65
白领之子			
1930			
第二代移民	74	22	23
美国佬	69	20	45

[1] 一组生于1870年代的人加入了这个样本，之前的分析不能包括这些男性是因为他们在30岁之前的工作无从得知。这个样本中有白领父亲的移民儿子数量太小，不足以将他们的数据包括在内。
[2] 显著不同于移民。

然而，当 1930 年出生于波士顿的男性样本成年之后，不同国家背景的男性在社会阶层出身固定不变时所能获得的机会似乎发生了真正的变化。样本非常小，而且更困难的是，能够在职业生涯最后一点上（1963 年）追踪到的成员只有 33 人，以致他们的职业生涯没有多大进展。但引人注目的是，来自工人家庭和中产家庭的第二代移民儿子都比相应的美国佬更多地得到了白领工作。美国佬工人之子在进入白领阶层的高层似乎略有优势，但差别太小不具有统计学意义，美国佬中产阶级的年轻人在这方面没有同样的优势。到 1963 年，波士顿第二代移民年轻人已经与相同阶级背景的美国佬平等竞争了，事实上，他们在很多方面都比美国佬略胜一筹。

四、有关特定族裔群体间差异的一些线索

试图将移民及其子女一概而论并非不合理，但很有可能如此宽泛的笔触会掩盖不同国家背景的人在应对美国环境要求的方式上存在的重要差异。样本数据只允许我们对这个问题进行有限的反驳，因为许多例子中特定族裔元素代表的数量都太小，不足以支撑对这个群体进行有效的概括。但是，将抽样证据与人口分布数据综合起来看，能够提供一些有用的见解。

在 19 世纪晚期的波士顿，移民大量地聚集在职业阶梯的底层。他们当中 82％的人靠双手工作，其中大部分都是无技能的人（见表 6.3）。然而，来自特定国家移民之间的差异就像外国移民与本地美国人之间的差异一样显著。表 6.9 对比了本地出生的波士顿人与 1890 年居住在波士顿的几个最大移民群体——爱尔兰人、英国人、说英语

的加拿大人、德国人和斯堪的纳维亚人——的职业分布。超过四分之一的德国和英国移民及20％的加拿大移民从事中产阶级工作，远远低于本地出生美国人在这类职业的集中程度，但又是爱尔兰人和斯堪的纳维亚人在白领职业中所占比例的2倍多。生于瑞典、挪威和丹麦的男性与爱尔兰人一样，绝大多数集中在体力工作中，但在一个关键方面优于后者：他们当中超过一半的人在技术岗位，但这一行的爱尔兰人只有四分之一。所有爱尔兰移民中有三分之二都是普通的无技能或半技能工人，几乎是其他所有国家移民低级体力工人占比的2倍。波士顿爱尔兰人的最大特色，就是他们找不到有保障、有威望、有经济回报的工作。

表6.9 1890年[1] 本地人及主要移民群体的职业分布（百分比）

国籍	职业层次			
	专业人才	其他白领	技工	低级体力
美国	4	43	29	24
爱尔兰	0[2]	10	25	65
大不列颠	2	24	43	31
加拿大[3]	1	19	51	29
德国	5[4]	22	48	25
斯堪的纳维亚	1	8	55	36

[1] 由已出版的人口普查数据计算得出。
[2] 在所统计的4个职业中，只有94个爱尔兰移民，他们占1880年在波士顿工作的爱尔兰男性的0.013％。
[3] 不包括讲法语的加拿大人。
[4] 德国人在专业领域的惊人表现有些误导，因为统计中的4个职业之一是"音乐家与音乐老师"，79％的德国专业人才都在这一类当中。

考虑到爱尔兰人是波士顿最大的移民群体，并且已经夺取了波士顿的政治控制权，这一点着实令人震惊。第一位爱尔兰裔市长在1880年代当选，不久之后，政府的权力几乎专属于爱尔兰人之手。然而，将集体的政治权力转化为集体经济权力，是个艰难而缓慢的过程。

不过，爱尔兰人攻下波士顿的政治所带来的经济利益，可能并没有惠及移民一代，而是造福了他们的子女。已出版的人口普查数据没有提供第二代爱尔兰人的职业信息，他们在世纪之交构成了城市总人口的足足五分之一。不过，样本证据可以让我们从中分离出1860年代和1870年代出生的一群年轻人，他们的职业生涯是在爱尔兰人攻下波士顿的政治之后展开的，而且可以将他们的成就与其他群体的记录进行比较（见表6.10）。

表6.10 特定第二代移民群体与美国佬在最后一份工作上的职业分布（百分比）：1860—1879年出生的男性

族裔	职业层次				数量（人）
	高级白领	低级白领	技工	低级体力	
第二代移民					
爱尔兰人	6	32	26	36	247
英国人[1]	13[2]	40	24	23[2]	91
西欧人	15[2]	37	21	27[2]	106
美国佬	31[2]	42[2]	15[2]	12[2]	258

[1]包括说英语的加拿大血统男性。
[2]显著不同于爱尔兰人。

很明显，在美国出生的爱尔兰移民孩子的表现显著好于他们的父亲，近40％的人在职业生涯后期成为中产阶级，而1890年这个城市的第一代爱尔兰移民中只有10％从事白领职业。稍多于三分之一（36％）的第二代爱尔兰移民以无技能或半技能体力工作结束职业生涯，1890年这个城市的爱尔兰移民有三分之二集中在这两类职业中。

另一方面，爱尔兰社区不断增长的政治力量一点都没有使爱尔兰裔美国年轻人与他们的美国佬对手在职业竞争中处于平等地位。最后一份工作时后者只有四分之一是体力劳动者，而第二代爱尔兰移民中却有近三分之二是。只有12％的美国佬年轻人在无技能或半技能职业中结束了职业生涯，但美国出生的爱尔兰人相应比例是3倍。相反，足有三分之一的老牌美国人成为专业人才或大商人，但第二代爱尔兰移民能做到这一步的只有十四分之一。

第二代爱尔兰移民不但与美国土著年轻人相比表现糟糕，而且还不及那些政治上更弱势的其他第二代移民群体成功。在本地出生的英国或西欧（主要是德国和斯堪的纳维亚）移民之子有二十分之十一在中产阶级工作岗位上结束了职业生涯，但爱尔兰移民的这一比例还不足二十分之八。非爱尔兰裔第二代美国人进入上层白领阶层的人数是他们的2倍，从事非技术或半技术性劳动的人数则大幅减少。英裔与西欧裔第二代移民与美国佬相比都处于劣势，但他们在职业阶梯上的攀登速度超过了波士顿的爱尔兰人。

这一点非常重要，但我们必须一提的是，19世纪晚期住在波士顿的第一代爱尔兰移民中，十分之九是体力工人，比其他任何主要移民群体的比例都大很多（见表6.9）。由于社会阶级出身有力地影响着职业成就，我们不能指望作为一个群体的第二代爱尔兰人，能像中产阶级人数更多的群体的第二代表现得一样好。因此，有必要比较第二代爱尔兰移民年轻人与其他相应阶级背景群体的职业成就。

　　经过比较（见表 6.11），第二代爱尔兰移民的境况似乎就没那么惨了。爱尔兰移民工人家庭的儿子与西欧血统的工人阶级年轻人表现一样；两个群体得到白领工作的比例一样——都是 35％，而第二代西欧移民集中在无技术或半技术性岗位的实际上还比爱尔兰人略多一点。英裔工人阶级年轻人比前面两组更成功，无论是在得到中产阶级工作还是脱离体力工作上。但是在考虑阶级出身后，英国人和爱尔兰人之间的差距明显缩小了。

表 6.11　特定第二代移民群体的社会阶级出身和职业成就（百分比）：1860—1879 年出生男性

族裔身份	最后职业的等级				数量（人）
	高级白领	低级白领	技工	低级体力	
蓝领之子					
爱尔兰	4	31	28	37	233
英国	8	37[1]	33	23[1]	71
西欧	5	30	24	40	62
美国佬	11[1]	42[1]	23	24[1]	114
白领之子					
爱尔兰	25	42	12	21	24
英国	30	50	0	20	20
西欧	45	45	16	9	44
美国佬	69	44	8	31	144

[1] 显著不同于爱尔兰人。

　　然而，来自英裔工人家庭的儿子表现确实明显要比相同阶级出身
的第二代爱尔兰移民年轻人更好。在出身中产阶级家庭的男性当中，
尽管例子太少而不能产生有统计学意义的发现，英国人和西欧人的表
现似乎都好于爱尔兰人。因此，19 世纪末第二代爱尔兰人的劣势很
大程度上可以用该市缺少中产阶级爱尔兰移民来解释，但这绝不是全
部理由。可以说，第二代爱尔兰人在职业竞赛中的起步落后了几码，
而这只是他们的麻烦的一部分。

　　19 世纪晚期的波士顿"移民"与"第二代移民"都不是一成不
变的群体。在许多方面，特定族裔群体之间的差异与移民、移民家庭
的孩子和美国佬总体之间的差异同样重要。爱尔兰人尽管政治上很成
功，在移民职业成就排行榜上却排名靠后；英国人排名最高。这些差
异即便在这些移民的孩子身上也照样看得见，这只能部分归因于两个
群体有代表性的成员社会阶层出身的不同。

　　可以找到的 20 世纪初以来的资料并不是那么丰富，但某些族裔
群体之间的差异似乎并没有消失。英裔与爱尔兰裔移民的数量急剧下
降，来自西欧和南欧的所谓"新移民"大量涌入。到 1910 年时，波
士顿的意大利人超过了 31 000 人，来自西欧的移民大约有 42 000 人，
大部分是犹太人。当时，人们普遍认为新移民来自劣等种族，比他们
的先辈更不容易融入美国主流社会。① 不同国家移民在经济适应上确
实存在重大的差异，但这些差异并不符合新旧移民模式二分法。被
认定为旧移民模式的适用于英国人，但不适用于爱尔兰人；被认为
是新移民模式的适用于意大利人，但不适用于东欧人。1910 年，在

---

① 许多波士顿知识分子对这一问题的看法，见 Barbara M. Solomon 的概括：*Ancestors and Immigrants, A Changing New England Tradition* (Cambridge, Mass.: Harvard University Press, 1956)，对这种新老二分法的有价值的批评，见 Oscar Handlin, *Race and Nationality in American Life* (Boston: Little, Brown, 1957), chap. 5。

波士顿工作的意大利男性中只有 10％是白领，仅相当于 1890 年在
这类岗位上的爱尔兰人比例（12％）；65％的意大利人是无技能或
半技能工人，20 年前爱尔兰人中的比例正是如此（见表 6.9 和表
6.12）。1910 年该市四分之一的东欧移民是白领，1890 年英国人的
相应比例是 26％；在低级体力劳动行业这一类当中，前者占 40％，
后者占 31％。

　　意大利人与爱尔兰人、英国人与东欧人之间的这种平行对应不仅
适用于这些群体的初始职业分布，也适用于他们后来的职业进展。19
世纪晚期，爱尔兰人在他们职业生涯中将中产阶级人数占比从 10％
扩大到了 38％，将低级体力劳动者从 65％减少为 36％。下一代的波
士顿意大利人将中产阶级人数从 12％扩大到了 35％，将无技能和半
技能工人的比例从 65％降低到 38％（见表 6.1 和表 6.12）。英国人更
早地看到了他们的白领代表从 26％增长为 53％，低级体力工人群体
从 31％缩小为 23％。与他们对应的东欧人中的中产阶级从 25％增长
为 50％，低级体力工人从 40％缩减为 23％。从采集样本的来源上并
不能区分第二代移民和美国佬，但是很可能在特定的第二代移民群体
成员的职业轨迹上仍然存在着差异。

表 6.12　意大利与东欧移民的职业分布，1910 年与职业生涯结束前

族裔身份	职业等级				数量（人）
	高级白领	低级白领	技工	低级体力	
	1910 年				
意大利人	2	10	23	65	132
东欧人	3	22[1]	35[1]	40[1]	157

续表

族裔身份	职业等级				数量（人）
	高级白领	低级白领	技工	低级体力	
	从事最后职业时				
意大利人	10	25	27	38	48
东欧人	12	38[1]	28	23[1]	61

[1] 显著不同于意大利人。

美国移民局在 1909 年对波士顿移民进行的一次调查也得出了相同的结论。（移民局提供的是东欧犹太移民相关数据，而不是全部东欧移民的，但绝大多数迁移到波士顿的东欧人都是犹太人，因此，这种区别并不重要。）东欧犹太人的创业倾向显而易见：这些男性中至少有 45％ 的人"从事旨在营利的商业活动"，相反，第一代爱尔兰移民中只有 5％ 的人如此（见表 6.13）。毫无疑问，这些犹太人中许多都不过是收入微薄的小贩，尽管犹太人在商业领域拥有远超爱尔兰人的优势。移民局发现，波士顿犹太人的平均年收入只有 396 美元，而爱尔兰人则是 510 美元。但尽管如此，犹太人高度集中于涉及冒险和发展商业技能的职业这一点，仍然对这一群体的经济前景非常重要。在美国出生的爱尔兰家庭的孩子，甚至比他们的父辈更不喜欢经商，只有 3％ 的人从商。意大利移民中做小贩、小店主之类行当的人比两代爱尔兰移民都多，尽管只有犹太移民的一半。然而，十分之四的意大利人是无技能工人或佣人，第一代爱尔兰人是四分之一，第二代爱尔兰人是十分之一，犹太人是 3％。

表6.13 1909年[1] 波士顿特定移民群体的职业

族裔身份	营利性商业活动		无技能劳动或家政服务	
	百分比	数量（人）	百分比	数量（人）
第一代移民				
犹太人	45	226	3	374
爱尔兰人	5	139	24	188
意大利人	22	309	39	698
第二代移民				
爱尔兰人	3	58	11	156

[1] 表格来自美国移民局的《报告》（*Reports*），第 26 卷（Washington，D. C.：U. S. Goverment Printing Office，1911），第 475—476 页。经商男性的数字针对的是户主的男性；无技能及家政工人包括所有抽样的 16 岁以上男性。人口普查局的样本不是对波士顿移民的随机抽样，而是来自那些"同一族裔成员尽可能凑在一起居住的最密集街区"（第 7 页）。毫无疑问，没能考察居住在最大少数族裔社区外的移民，让我们对新来者总体的经济状况形成了过于暗淡的印象，还可能对特定群体之间的差异产生错误的估计，因为样本里只包括了隔离程度差异巨大的群体中隔离程度最严重的部分。尽管如此，这种偏差也不太可能足以造成与目前所见有明显对比的模式。

在欧洲移民潮被限制性立法遏止后，特定族裔群体的职业分布仍然存在巨大的差异。从1950年的人口普查中可以收集到一些有启发性的证据。较早前的数据显示（见表6.5），到1950年，波士顿移民及其子女的相对职业地位都有所改善，但哪个群体都没有完全达到与美国佬相当的水平。在该市工作的外国出生男性中有6%是专业人才，相比之下，在第二代移民中，这一比例为10%，在老牌美国人中这一比例为14%；24%的波士顿移民从事其他白领工作，而他们子女的相应比例是33%，美国佬的比例是34%。十分之七的移民是体力劳动者，相比之下，第二代移民男性中这一比例是57%，美国佬是52%。

　　然而，这些综合数字模糊了特定族裔之间的重要区别。尽管1950年波士顿"典型"的移民中有十分之七的人从事蓝领工作，但在国外出生的 8 个主要群体中，体力劳动者的比例实际上在 46％至 84％之间（见表 6.14）。45 岁或 45 岁以上的外国出生男性中，在职业生涯的后期，只有不到一半的英国或俄罗斯血统的男性还靠双手谋生。另一个极端是爱尔兰人、意大利人、瑞典人和法裔加拿大法语区人，做体力劳动者超过十分之八。德国移民处于英-俄模式和移民整体平均水平中间；生于波兰的男性无产阶级明显比平均数多，尽管比来自爱尔兰、意大利、瑞典或者加拿大法语区的男性要少一点。

表 6.14　1950 年[1] 各族裔第一代移民职业分布：45 岁及 45 岁以上男性

职业	出生国							
	英格兰及威尔士	爱尔兰	苏联	意大利	瑞典	德国	波兰	加拿大法语区
百分比								
白领	52	18	54	18	16	40	24	19
蓝领	48	82	46	82	84	60	76	81
代表的索引[2]								
专业人才与技工	108	11	70	22	45	133	33	38
经理人，小业主与公务员	162	53	241	85	54	122	111	64
职员与推销员	99	52	79	27	22	51	34	32
工匠与工头	119	97	97	114	283	152	103	197
操作工及服务员	68	141	78	132	65	82	156	116
无技能工人	43	298	38	273	55	47	123	78

[1] 根据 1950 年美国人口普查数据计算得出。
[2] 计算方法是将该类别中受雇的群体成员的百分比除以从事这类工作的整个波士顿男性劳动力的百分比，当两个分布相同时，将小数点右移两位。

除了在获得白领或蓝领工作机会方面的这些明显差异外，各群体在所从事职业类型的特色上还存在着更为细微却很重要的差异。表格里列出了每个群体"从专业人才和技术工人到无技能工人"6个职业等级的各项过高或过低比例指标，从中显示了这些差异。该标准将某一特定群体在某一特定职业类别中的比例与该类别中全市劳动力的比例联系起来。分数100表明这个群体在这一职业等级中已经取得了平等，而且正在该级别的工作中获得自己的"份额"；分数200意味着如果工作分布不考虑群体特征，在该等级工作的人将是预期的2倍。20分的得分则意味着这个群体在该等级工作的人只有机会允许的五分之一。①

截至1950年，英国及俄罗斯第一代移民中都有相当多的中产阶级人士，但他们的构成却大不相同。英国人在整个白领阶层中的分布比例相当平均，只有文员和推销员职位的比例略高于专业职位的比例，而经理、业主和公务员比例过高，大约有60％。相反，犹太移民中的中产阶级则远比他们专业化。俄罗斯人在专业领域与职员及销售岗位的比例都明显偏低，做经理、业主和公务员工作的几乎是预期的2.5倍。找不到更详细的数据了，但毫无疑问，犹太移民中大多数都不是经理或公务员，而是业主。我们不清楚这种显著的集中要在多大程度上归结于美国佬雇主对犹太人的偏见，又在多大程度上出于这

---

① 在讨论不同职业中过高与过低比例群体时，很难避免"份额"这个名词，但以为"份额"意指"公平分配"将是严重的错误。该指数衡量的是一个群体的实际分布与整个城市劳动力分布的偏离程度，但偏离了100这个值并不是职业歧视的直接证据。在一个先进的工业社会中，大多数更理想的工作由人口中那些具有特定素质的人所拥有，而这些素质——教育、技能，有时是资本——的分布不均，在解释指数代表性时必须考虑到这些素质的分布。例如，一个平均上过四年学的移民群体没有医生和律师的"份额"，几乎不能成为职业歧视的证据。对种族群体不同职业表现的进一步讨论与对职业歧视程度的评估尝试，见第七章和第八章。

个群体对创业的偏好，但这种独特之处是值得注意的。

在无产阶级人口最多的第一代移民群体（爱尔兰人、意大利人、瑞典人、波兰人和加拿大法语区人）中，也同样存在着重要的差别。在职业阶梯最底层，只有爱尔兰人和意大利人的比例高得出奇。他们当中属于无技术性岗位的人几乎是预期的 3 倍，而瑞典人和加拿大法语区人在这些岗位上的比例实际上是偏低的，波兰人的比例只是略高一些。他们当中从事技术性体力工作者的比例略低于预期，仅为加拿大法语区人的一半，瑞典人的三分之一。爱尔兰移民和意大利移民的专业人才阶层要比其他三个蓝领占绝对优势的群体小得多。意大利人起码还有些创业传统，从 1909 年的数据也可以明显看出，他们的表现超过了瑞典人和加拿大法语区人；爱尔兰人即使在这方面也照样乏善可陈。只有在职员和推销员这一类中，爱尔兰人表现得比意大利人、瑞典人、波兰人和加拿大法语区人都好。爱尔兰中产阶级移民不但规模非常小，而且其中为他人工作的男性比例过高，独立的专业人士和商人比其他任何群体都要少。无论 1950 年还是 1880 年，爱尔兰人都是底层可怜人。与他们非常相似但稍好一丁点的是意大利人。其他明显聚集于蓝领岗位的移民群体——瑞典人、波兰人和加拿大法语区人——显然处于更有利的地位，因为他们更容易获得白领和蓝领世界中最有吸引力、回报最高的职位。

这些人的孩子，即第二代移民在职业竞争中表现如何呢？虽然没有确切的资料，但是通过调查 1950 年居住在波士顿的 25 岁至 44 岁的第二代男性的情况，可以得到一个合理的近似值（这个群体的平均年龄足够年轻，是这座城市第一代移民的儿子，尽管其中许多人的父亲无疑要么住在其他地方，要么已经去世）。早些时候的研究显示，作为一个群体，第二代移民在职业阶梯上的上升速度令人印象深刻。

1950年，他们当中43％的人从事白领工作。关于特定第二代移民群体的数据显示，曾盛行于第一代移民群体中的差异已明显缩小（见表6.15）。例如，拥有中产阶级职业的第二代爱尔兰年轻人的比例，只比第二代移民的整体数据低1个百分点。瑞典人的比例高出2个点，德国人高出4个点，英国人高出6个点。大的第二代移民群体中的大多数人都从这种进步中分到了一杯羹。8个群体中只有2个群体的第二代中产阶级人数不到所在群体总数的三分之一；有5个群体的这一比例超过了40％。第二代的各群体的白领工人比例的平均偏差只有8％；而第一代的各群体的平均差是它的2倍（14％）。

表6.15　1950年[1]各群体第二代移民的职业分布：25—44岁男性

职业	父亲出生国							
	英格兰及威尔士	爱尔兰	苏联	意大利	瑞典	德国	波兰	加拿大法语区
百分比								
白领	49	42	75	31	45	47	36	29
蓝领	51	58	25	69	55	53	64	71
代表的索引[2]								
专业人才与技工	130	93	163	62	134	159	105	64
经理人，小业主与公务员	112	63	217	78	94	104	74	64
职员与推销员	105	125	153	75	95	83	79	67
工匠与工头	104	85	42	111	158	123	117	146
操作工及服务员	85	111	52	125	66	86	128	121
无技能工人	61	111	23	131	28	30	32	83

[1]根据1950年美国人口普查数据计算得出。
[2]见表6.14注释2。

　　然而，尽管第二代移民之间的差异有缩小的趋势，一些独有的模式仍然清晰可见。俄罗斯犹太移民之子的成就最不同寻常。他们当中有四分之三进入了中产阶级岗位，这个数字远远高于其他任何一个第二代移民群体，甚至高于本地出生的父母在本地生的儿子。犹太人第二代移民，像他们父辈一样，做业主的比例远超预期，但也成功地打入了其他白领职业；在专业人员、文员和推销员几个类别中，他们都超过了所有其他第二代群体。

　　第二代爱尔兰及意大利年轻人的表现与常规背道而驰。他们在非技术性劳动岗位上的集中程度异常地高，与父辈一样，他们中的技工比犹太人（当然，犹太人在所有体力工作中所占比例都很低）之外的其他任何群体都要少。相应地，他们成为专业人才、业主、经理或公务员的速度也比其他大多数群体更慢一些。

　　然而，第二代爱尔兰移民确实在白领世界找到了比他们的意大利同行更多的工作机会。第二代爱尔兰中产阶级的特点是，其中包含的专业人士比第二代群体正常水平要少一些，管理人员、业主或官员要少得多，而且文员和销售人员高度集中。由于文员和销售人员在工资水平、经济独立性和社会声望方面的排名通常低于其他白领工作者，因此，许多第二代爱尔兰人一望可知的成功只在社会阶梯上升了一小步，这一点非常重要。

五、结　论

　　因此，来自国外的新移民在对美国的情况更加熟悉后，往往会奋力爬上职业阶梯的一两个台阶，他们的孩子在这方面明显有了更大的进步，但与竞争对手美国佬相比，他们仍然处于劣势。在人口从欧洲农村向美国城市大规模迁移的那些年及此后的一段时间里，存在着相当明晰的族群世代层级结构。来自欧洲移民及其后代的竞争似乎并未有损美国土著的职业前景；相反，第一代和第二代移民充当了拔高美国佬地位的平台。[1]

但是，你生于何处，你父母又生于何处，在 19 世纪晚期到 20 世纪中期这一时间跨度中逐渐变得不那么重要了。即使是 1950 年，本地父母所生的本地子女的职业分布仍然比第二代移民更显得头重脚轻，并且远比第一代移民中的这种情况更甚，但差距已经比之前缩小许多。作为一个美国佬的优势已经减弱。是不是黑人移民潮涌入波士顿为该市的白人居民带来了相应的优势，这个问题将在后面探讨（见第八章）。

关于波士顿的移民和社会流动性，我们要得出的另一个主要结论是：特定群体以不同的速度、通过不同的渠道前进。例如，爱尔兰人就落在后面，即便确实有了职业上的进步，也是做较低级的白领雇员，而非专业人才或企业家。他们在波士顿取得的政治胜利先人一步

---

[1] 美国佬是否真的"站在移民及其孩子的肩膀上"这一问题，很难经验性地解决，尽管这里提供的证据明显指向了这一结论。如果有两个条件占了上风，美国佬确实会从大量移民的存在中获益：（1）美国佬比新移民更有资格从事高阶的工作，或者至少是被雇主认定如此，并且（2）特定地位的劳动力需求在很大程度上独立于具有这种职位资格的劳动力供应。但是，如果许多移民都具备了教育、技能或资本，如果他们得到雇主的公平对待，来自他们的竞争就很可能妨害美国佬。同样地，如果对缺乏技能的新移民的涌入刺激了工业的扩张，而这种扩张可以利用这种廉价劳动力池，那么美国佬群体的地位就不会因移民的涌入而得到改善，反而可能受到损害。欧洲移民到波士顿的主流人群并不包括很多能够成功竞争上层职位的男性，因此在这方面的移民竞争构成的威胁很小。然而，正如奥斯卡·汉德林就 1850 年至 1880 年期间移民问题提出的那样，移民劳动力池的存在有可能导致一些低技能工作岗位的扩张；见 *Boston's Immigrants*, pp. 72–87。然而，这种情况后来不可能大规模发生，因为波士顿职业结构的整体轮廓一直在朝着相反的方向变化。因此我认为，正文中所做的解释是有效的。

又具有决定性，但经济进步却是缓慢地跟在其后。意大利人的商业冒险比爱尔兰人更多，但总的来说，意大利人的职业成就也处于低位。天平的另一端是英国人和俄裔犹太人，他们在初抵美国后进入无产阶级行业的人要少得多。犹太人的成绩尤其引人注目。第二代英国移民广泛分布于职业结构的各个层次，比例与他们父亲的基本一样；而第二代犹太移民则奋力挤进了曾对第一代移民相对封闭的各白领职业。其他群体也走出了各具特色的道路，瑞典人和加拿大法语区人集中从事技术行业的趋势就说明了这一点。

特定群体为什么会以不同速度和不同道路上升，这一问题需要我们的关注。然而，对这个问题的解释最好推迟到另一个问题得到澄清之后。明显位于队伍末尾的两个群体——爱尔兰人和意大利人——当然，主要是罗马天主教徒；而领头的大多是新教教徒或犹太人。因此，宗教信仰对职业调整的影响可能比国籍更大。

第七章

新教教徒、天主教徒和犹太人

宗教，一如族裔，长期以来都是波士顿社会结构的重要组成部分。事实上，这两者一直相互重叠，有时甚至到了不可分割的地步。成千上万的爱尔兰移民在19世纪40年代涌入这座城市时，它既是一个新教城市，也是一个美国佬城市；反观这些新来者，他们既是爱尔兰人，也是天主教徒。宗教信仰与国家背景决定了随后几年出现的冲突与和解的界线。随后的移民浪潮进一步改变了这个城市的宗教面貌，增加了一些新教徒、许许多多的天主教徒以及相当多的犹太人。本章的目的就是比较波士顿几个主要宗教群体在19世纪晚期与20世纪的社会流动模式，进而为该市职业流动的宗教及族裔差异提供一些解释。

宗教取向与世俗成功之间的关系问题，自从马克斯·韦伯在其经典著作《新教伦理与资本主义精神》[①]中以富有挑战性的形式提出来之后，一直在引起激烈的争论。尽管韦伯的主要目标是在前资本主义社会的宗教意识形态和新兴的资本主义精神之间建立联系，[②]但他的分析仍不可避免地得出一个命题："新教伦理"将继续使新教教徒更容易在资本主义市场上取得成功，天主教则将继续抑制其信徒的世俗欲望。

有关新教教徒—天主教徒在世俗成就上差异的韦伯式推论，后来遭到了严重的但并不完全能说服人的批评。利普塞特（Lipset）和本迪克斯（Bendix）在 1952 年的美国全国人口样本中发现，天主教徒和新教教徒的职业流动性没有差异，但是，正如格哈德·伦斯基（Gerhard Lenski）所指出的那样，他们忽略了一个事实，即样本中的天主教徒中有相当大一部分是在大城市长大的，因此，他们的职业生涯应该比新教教徒的表现更好，因为新教教徒中有更多是来自农村或小城镇。③ 在对 20 世纪 50 年代中期底特律职业模式的分析中，伦斯基发现了韦伯所预测的那种实质性差异，后续对底特律的研究也指向了同样的方向④。然而，有人认为，伦斯基混淆了宗教和种族，底特律的天主教徒碰巧来自波兰人等相对不太成功的族裔群体，一般来

---

① Max Weber, *The Protestant Ethic and the Spirit of Capitalism*, trans. Talcott Parsons (New York: Scribners, 1958)。
② 就这个话题对韦伯最彻底的批评来自 Kurt Samuelson, *Religion and Economic Action*, trans. £. G. French (New York: Basic Books. 1961)，对清教主义现代化影响的新韦伯主义分析，见 Michael Walzer, "Puritanism as a Revolutionary Ideology," *History and Theory*, 3(1963). 59 - 90, and *The Revolution of the Saints: A Study in the Origin of Radical Politics* (Cambridge, Mass.: Harvard University Press, 1965)。
③ S. M. Lipset and Reinhard Bendix, *Social Mobility in Industrial Society* (Berkeley: University of California Press, 1959), pp. 48 - 56; Gerhard Lenski, *The Religious Factor: A Sociologists Inquiry* (paperback edition, New York: Anchor, 1963), p. 84。
④ Lenski, *The Religious Factor*, chap. 3; Albert J. Mayer and Harry Sharp, "Religious Preference and Worldly Success," *American Journal of Sociology*, 27 (1962), 218 - 227. 然而，梅耶和夏普关于底特律天主教徒的成就水平较低的结论，建立在一个高度可疑的、旨在衡量各种背景优势重要性的方案之上。令人惊讶的是，该方案将底特律天主教徒与圣公会教徒和犹太人的背景特征列为同一级。所采用的指数及所附权重都存在严重的问题，而对一个明显具有显著背景特征的父亲的职业控制更是出现了非常奇怪的失败。我之所以相信伦斯基在 1950 年代底特律发现的模式继续发挥着作用，不是基于梅耶和夏普的论文，而是基于对未出版的、来自 1966 年底特律地区研究中的代际流动表的仔细研究，该表由密歇根大学教授爱德华·劳曼慷慨提供。

说，波兰人中的天主教徒比美国人中的天主教徒更多①。安德鲁·
M. 格里利（Andrew M. Greeley）和彼得·罗西（Peter Rossi）以各
族裔抽样而非单个社区的数据为基础的两项重要研究，从一个更好的
角度描绘了天主教徒的职业成就。② 其中关于犹太人的世俗成功有一
点小分歧：根据最近的每一项研究，他们的表现既胜过新教徒，也胜
过天主教徒。③

　　然而，以为最近的抽样调查揭示的是必定已在过去存在过的不
受时间影响的社会模式，这样的假设是有问题的。天主教教义和仪
式可能在过去一个世纪里变化相对较小，但这并不意味着教会信众
的社会及文化特征也同样变化较小。很有可能在一两代人以前，新
教和天主教在社会流动模式、政治偏好和其他问题上存在着巨大的
差异，而这些差异直到最近随着教会变得更加"美国化"已经逐渐
消失。甚至可以想象，犹太人在世纪之交的成就明显不如近些年来。
当然，上述说法无论多么高明，都是无法被当下的抽样调查研究所
验证的假说。它们是关于过去的命题，那个时代特定宗教群体的社
会特征可能与现在大不相同，而且它们必须经过来自历史记录的证
据验证。

　　这项调查有一个重要的限制必须牢记在心。在美国社会，至少在

---

① Bernard C. Rosen, review of *The Religious Factor*, *American Sociological Review*, 27 (February 1962), 111 – 13.
② Andrew M. Greeley and Peter H. Rossi, *The Education of Catholic Americans* (New York: Aldine, 1966); Andrew M. Greeley, *Religion and Careers* (New York: Sheed and Ward, 1963).
③ 例如 Mariam K. Slater, "My Son the Doctor: Aspects of Mobility Among American Jews," *American Sociological Review*, 34 (1969), 359 – 373; Nathan Glazer, "The American Jew and the Attainment of Middle-Class Rank: Some Trends and Explanations," in Marshall Sklare, ed., *The Jews: Social Patterns of an American Group* (Glencoe, Ill.: Free Press, 1960), pp. 138 – 146。

过去的那个世纪当中，宗教一直与族裔结合得如此紧密，以致很难对两者进行单独分析。美国天主教和美国犹太教一样，直到近来仍是移民及其子女的宗教信仰；新教教徒在第一代和第二代新来者中所占比例要少得多。此外，有移民背景的天主教徒和犹太教徒并不是同等比例地来自向美国发送移民的各欧洲国家。每个宗教团体都有自己独特的民族融合，这一点对用来解释职业成就的任何宗教差异造成了严重的问题。它们到底是不是真正的宗教差异，抑或只不过是碰巧与宗教相关的族裔出身差异的结果？

在国籍保持不变的前提下进行多变量分析似乎可以解决这个问题，但这并未被证明是个实用的方法。即使是一个庞大的（成本高得令人望而却步的）波士顿人口样本，也不可能囊括进足够多的爱尔兰新教教徒或意大利犹太人，从而能够分析不受国籍影响的宗教差异。下文讨论的波士顿天主教徒绝大多数都是第一代或第二代爱尔兰或意大利移民，这是一个无法回避的事实。如果宗教和国籍在历史上曾如此纠缠不清，以致无法分开来予以分析，我们能做的就很少，只能指出以下所揭示的模式不能被理解为普遍的"天主教"模式，而应理解为爱尔兰和意大利天主教徒模式，它们是在特定历史时期的特定城市中表现出来的。它们很可能并没有出现在某两个社区里，因为其中的天主教人口大多数是德国裔。① 因此，这一章与其说是对韦伯观点的检验，不如说是对前一章主题即移民同化过程的进一步探索，旨在评估族裔之宗教维度的重要性。

---

① 克莱德·格里芬发现，在19世纪的波基普西，德国天主教徒在职业竞争中表现得和德国新教教徒一样好。Griffen, "Making It in America: Social Mobility in Mid-Nineteenth Century Poughkeepsie," *New York History*, 51 (October 1970), 479 – 499.

一、数据问题

令人沮丧的是，有关美国人过去宗教取向的证据很难找到。美国的人口普查和其他大部分适合这种研究的记录都不包括个人宗教偏好的信息；与国籍、种族及其他社会特征不同，宗教被认为是个人隐私。本章所用的六个样本中，只有两个样本的例子可以找到准确的宗教取向信息。

1910年波士顿城的结婚申请表标明了所办婚礼的类型。因此，有可能区分出哪些男性是由新教牧师、罗马天主教牧师和犹太拉比主持结婚仪式的。此外还有第四种，即由治安法官证婚的男性。但这些只是婚姻总数中的一小部分——17％，而且只有11％的婚姻里的男性一方留下了足够的信息可供进行流动分析。当时，波士顿绝大多数年轻人都是十分笃信宗教的，选择在教堂举行婚礼，因此，可令我们放心地分析流动模式的群体差异，而不必担心有大量个体本是信教的社会群体的一部分却因举行的是民间结婚仪式而无法确定。在这种情况下，样本中人的宗教信仰是相当确切的，这是因为数据来自1963年爱德华·劳曼对贝尔蒙特和剑桥居民的调查，问卷中包括一个有关宗教归属的提问。劳曼并未收集任何有关职业流动性的信息，这恰恰是本研究关注的主要问题之一，但他考察了代际间的流动，因此他的数据为这里的部分分析提供了稳固的基础。

有了两个稳妥的参照点——两个样本中的人的宗教归属的准确信息——之后，对其他样本采取一种在其他方面不可原谅的随意态度似乎是适当的。我决定根据国籍和姓名等数据来猜测个人的宗教信仰，并想看看已知宗教归属的样本中所揭示的模式是否与仅仅是假设出的宗教归属的样本所揭示的模式相似。如果差异很明显，那么猜测过程的准确性就值得怀疑。但令人开心的是，这个猜谜游戏的结果似乎相当准确，因为同样的模式在两类样本中确实重现了。

这并不让人惊讶，因为猜测并不像想象的那么困难和武断。爱尔兰或意大利出生的或父母来自两国的男性被认为是罗马天主教徒。类似的情况还有那些有爱尔兰名字的，尽管他们实际上出生于英格兰或加拿大。来自德国南方天主教地区像巴伐利亚州的男性，也被列入天主教徒一类，一如法国和保加利亚移民。那些与俄罗斯或波兰有渊源的，还有那些来自德国、有常见的犹太名字的，被列为犹太教徒。（在这类例子当中，我们主要关注家庭全部成员的名字；许多德国人的姓氏要么是犹太人的，要么是非犹太人的，但妻子或孩子以《新约》人物命名的现象解决了这种难题。）在1930年出生记录的父子样本中常常会有进一步的线索，因为从中可知儿子出生在什么医院，光顾天主教或犹太教医院可视为相应宗教归属的一个标志。

通过对照1910年的数据卡片——卡片上记录了宗教信仰——并且不看列明宗教仪式的那一栏，而以其他线索为基础将个人的宗教信仰分类，以此对这个猜谜游戏的准确性做些验证。检验结果表明，有大约十分之九的判断是正确的。考虑到分类上可能存在的错误，下面观察到的差异显然十分重要。

二、职业流动模式

19世纪到20世纪，天主教徒、新教教徒和犹太人在不同的职业阶层开始了他们的职业生涯，在第一份工作和最后一份工作之间，他们在职业阶梯上上升或下降的前景也各自不同（见表7.1）。在初次进入劳动力市场时，犹太年轻人不成比例地集中于白领职业（尽管计算百分比的例子数量小到不会使结果有多大的改变）。相反，波士顿天主教徒通常倾向于职业结构中较低层的工作。在职业生涯之初，四组中有三组远比新教教徒更多地集中于蓝领职业，第四组也差不多一样。犹太年轻人似乎迅速地找到了需要脑力的工作，天主教徒倾向于用双手开始劳作，新教教徒则更为平均地分布于蓝领职业和白领职业之间。

表7.1 职业流动上的宗教差异：从第一份工作到最后一份工作

出生队列及宗教信仰	各群体百分比				数量（人）
	第一份工作是白领	最后一份工作是白领	蓝领上升者	白领下滑者	
1840—1859					
天主教徒[1]	14[2]	33[2]	28	33[2]	105
新教教徒	59	65	26	9	196
1860—1879					
天主教徒[1]	41[2]	43[2]	20	24[2]	297
新教教徒	65	64	25	14	340
犹太教徒	73	85[2]	57	5	26
1880—1889					
天主教徒[1]	32[2]	44	29	23[2]	203
新教教徒	41	50	23	10	151
犹太教徒	43	60	43[2]	19	37
不详[3]	33	53	33	6	49

续表

出生队列 及宗教信仰	各群体百分比				数量 （人）
	第一份工作 是白领	最后一份工作是白领	蓝领上升者	白领下滑者	
1900—1909					
天主教徒[1]	6[2]	22[2]	18	20	76
新教教徒	38	39	13	20	133
犹太教徒	71[2]	82[2]	55[2]	7	38

[1] 如文中所释，这里的宗教团体标签不是基于个人宗教归属的确凿证据，只有从 1910 年的结婚证得到的那组样本除外，即本表中 1880—1889 年出生那一组。

[2] 显著不同于新教教徒的数据。

[3] 这 49 人由治安法官证婚。

　　但是，这里做个警示性的注释是必要的，因为这些概括并不那么适用于 1880—1889 年那一组，这组的宗教归属信息最为可信。由戴着白领的神父①证婚的男性要比由新教牧师或犹太拉比证婚的少一些，但差距并不惊人，其他序列中可见的犹太教—新教差异在这一组中根本看不出，这表明其他序列表现出的模式很可能是源于宗教分类上的差错。在犹太人的案例中，这种差错似乎是不可能的，因为有另外一个现成的解释：早期的犹太人主要来自德国，而那些生于 1880 年代并于 1910 年结婚，后来赴美的犹太移民，来自波兰和俄罗斯。到 1930 年，1900—1909 年那一组的人开始工作时，东欧犹太人已经像德国犹太人在 19 世纪那样为自己的儿子充分确立了领先一步的优势——第二组和第四组以白领工作起步的比例分别是 73％和 71％——但是 1880—1889 年这一组中的年轻犹太人，与年轻的新教

①　典型的天主教神父衣着。

教徒及天主教徒一样，大部分在职业生涯之初是靠双手劳动的。
1880—1889 年那一组中的天主教徒—新教教徒在第一份工作上的差
异很可能比之前几组要小，因为这份样本不像之前的样本那样完全由
1910 年 21 岁到 30 岁的男性组成；这个年纪的新教教徒白领因未结
婚而未进入抽样者很可能多到不成比例。但是，同样的论证也适用于
1900—1909 年出生的那组男性，他们全部已婚。由于在头两组中观
察到的宗教差异也出现在了这里，关于 1880—1889 年这一组仍有一
些未解之谜。无论如何，即使在天主教徒明显不同于新教教徒和犹太
人的组里，情况也与其他组一样，也就是说，他们奔向了无产阶级职
业。关键是，这种趋势没那么明显。

关于第一份工作和最后一份工作之间职业阶梯上的上升及下滑率方
面的宗教差异，有一个明确而统一的模式，统一到足以减轻因样本太小
及宗教信息不太准确而可能引起的任何质疑。有三点是非常突出的。

第一点，很明显的是，从蓝领工人开始职业生涯的天主教徒年轻
人后来上升到白领岗位的可能性，同与他们进行比较的新教教徒一样
多。在职业生涯结束时，靠双手劳作的波士顿天主教徒比波士顿新教
教徒还要多，但这个差异主要源于以下事实：他们在起步时更容易在
体力劳动层次进入劳动力市场。换言之，没有迹象表明，天主教徒体
力劳动者对向上流动至白领世界的渴望比新教教徒的少，或者在实现
他们的抱负方面没那么成功。大约有四分之一的人在职业生涯中实现
了这种流动，四组中有三组的天主教徒职业上升流动率比新教教徒略
高一点。阻碍波士顿天主教徒的并不是他们在第一份工作之后没有足
够的向上流动性，而是那种决定了他们在刚离开学校开始工作时往往
不得不选择体力劳动的环境。

根据这一证据得出的第二个结论是，民间关于犹太人在流动方面

取得的成就的传说确实有其充分的依据。波士顿的犹太青年中，不仅有非常高的比例是从职业结构上层开始职业生涯的；即使是那些一开始被迫从事蓝领工作的人，后来也在进入白领世界方面取得了非凡的成功。以体力劳动起步的犹太人中只有约一半——43％、57％和45％——在最后一份工作上仍受雇于体力工作。犹太人的向上流动率是其他群体的2倍！

　　然而，表7.1中可见的最重要的模式，也许是第三个——那些以非体力劳动开始职业生涯的天主教青年往往会失去这些工作，穿着蓝领而不是白领结束了自己的生命，这种戏剧性的趋势意味着工资水平、就业保障和社会声望全方位的转变。在宗教信仰已知并可靠的1880—1889年这一组中，于白领世界开始职业生涯的天主教徒后来下降到体力工作岗位的可能性，是新教教徒的两倍多。较早的两组中，有一组差别虽小一些但仍然明显，而另一组的差别甚至更大。只有在最后一组生于20世纪头十年并在1930年代大萧条中走到职业生涯关键点的男性中，天主教徒那种高下滑率未能体现出来。这表明波士顿天主教徒的地位已得到基本的长期改善，抑或只是面对艰难时世时宗教差异的暂时模糊不清？根据现有数据，我们无法准确地回答，但是关于这个问题，我们将在稍后予以更多讨论。

　　存在着一种独特的天主教徒流动模式，一种从白领世界起步的年轻人无法长期保住这份工作的下滑综合征，在对各个十年样本中的人的职业流动详细数据的考察中（见表7.2）得到了进一步证据。（由于样本流失，这里必须将犹太人排除在外。）在一个十年的时间跨度里，这两组从体力工作到非体力工作的上升率几乎没有差别。在我们观察的12个十年里面，有8个十年中新教教徒的上升速度略快于天主教徒，但这些差异中没有一个大到足够达到0.90这条线，因此天主教徒在这方面的劣势很小。然而，就向下流动而言，天主教徒的数据在所有 12 个案例中都更高，在三分之二的案例中，这一数字都超过了 50％。其中 4 项差异具有统计学意义。

表 7.2　十年中职业流动的宗教差异：百分比（数字）

出生队列及十年[1]	蓝领上升者		白领下滑者	
	天主教徒	新教教徒	天主教徒	新教教徒
1840—1859[2]				
1880—1890	12（169）	12（155）	19[3]（37）	10（161）
1890—1900	9（102）	11（95）	11[3]（35）	2（121）
1900—1910	7（62）	9（47）	3（29）	0（85）
1860—1879[2]				
1880—1890	13（40）	17（36）	50（24）	35（34）
1890—1900	17（83）	21（57）	22[3]（37）	12（113）
1900—1910	12（137）	14（93）	14[3]（94）	6（161）
1870—1889				
1910—1920	24（119）	20（81）	12（66）	10（72）
1920—1930	9（65）	11（45）	10（62）	9（54）
1930—1940	6（53）	5（40）	12（42）	5（38）
1890—1909[1]				
1930—1940	10（126）	10（146）	22（23）	20（94）
1940—1954	9（69）	12（85）	7（15）	2（52）
1954—1963	4（28）	10（31）	15（13）	6（34）

[1]这些序列中的年龄限制比之前的表格放宽了，以便包含“第一份”工作——那些在 30 岁之前拥有的——因为抽样时年龄已经超过 30 岁而信息不详的人。牺牲之前采用的更精确的年龄限制而得到可供分析的更多例子，似乎是值得的。
[2]见表 7.1 注释 1。
[3]见表 7.1 注释 2。

　　然而，也可以认为，这种明显的下滑综合征是由于分析中所采用的职业类别的粗糙性造成的。假设天主教徒白领工人主要集中在白领阶层的下层工作，如小职员、推销员和小业主，而白领新教教徒通常是专业人士、富商或大企业的经理，显然，前一种工作岗位的向下流动将更为普遍。如果情况确实如此，波士顿天主教徒的流动劣势就不再表现为天主教徒白领工人比同样起点的新教教徒更容易下滑至体力岗位；问题将是天主教徒过分集中于向下流动起来稀松平常的岗位，而在更有保障的非体力工作岗位上则代表不足。

　　更详细的流动性矩阵（这里没有列出）分别揭示了工人在白领阶层高层和低层的职业模式，不过，对这些矩阵进行的考察并没有改变先前提出的结论。的确，天主教徒白领阶层中银行家、医生和工厂经理的人数比新教教徒白领阶层要少，卑微的白领雇员较之更多。但这一事实并不足以解释为何在天主教徒中普遍存在下滑综合征，因为即使我们把注意力限制在白领阶层低层的男性的经历上，这种情况仍会出现。新教教徒中的职员、推销员和小业主有时会向下流动，同样的情况在天主教徒身上却要多得多。

　　然而，有人可以将这条攻击线推得更进一步，并坚持认为"低级白领"和"高级白领"这样的分类仍然过于粗糙和异质。例如，假设较低白领阶层中的天主教徒通常是小杂货店职员，而新教教徒白领青年通常是银行职员。虽然工作定位都是"职员"，但两个工作本身在许多方面大为不同，最明显的就是：银行职员所处的职业阶梯上，更高梯级是清晰可见的，而且极有可能在他的掌握之中；而杂货店职员却可能处于一个几年后可能抛弃（或者被迫抛弃）的"中转站"岗位，届时他虽然年纪大了，但在其他方面却并不比刚开始工作时更适合担任其他白领职位。因此，杂货店职员这一群体在他们的职业生涯中会比银行职员经历更多的向下流动，这一点并不令人惊讶。

我不能进一步探究这个问题，唉，因为职业资料的来源并没有做出必要的区分，提供的资料往往不过表明某某是"职员"，还因为即使提供了准确的职业名称，样本的大小也限制了可能的分类。但关于这一点，有足够的证据让我相信天主教徒的下滑综合征不能用这种方式来解释。从1880年美国人口普查手稿列表中抽取的样本，允许我对这个问题进行一些分析。分析表明，天主教徒年轻人做商场职员的比新教教徒更多，做办公室职员的较之更少；在所有低级白领雇员中，有53％的天主教徒和41％的新教教徒在商场而非办公室做职员。在商场做职员的确不及在办公室做职员更安全，从这种岗位向下流动确实更常见一些。但这种向下流动并不是那么常见，而天主教徒年轻人在这些岗位不成比例地集中也没有严重到可以充分解释天主教徒下滑倾向的程度。

总而言之，职业流动模式中存在着重要的宗教差异，与新教教徒相比，犹太人享有明显的优势，天主教徒则排在最后。但是，天主教徒的劣势并非在典型的职业生涯过程中缺乏向上流动，而在于另外两个弱点：一是开始工作时严重集中于职业阶梯的较低端，一是那些一开始处境不错的天主教徒随着年龄的增长，存在着失去白领职位转而从事蓝领工作的明显倾向。

三、父与子

不过，这些明显的差异很可能似是而非，仅仅是不同宗教群体的社会阶级背景差异的结果。因此，很有必要考察一下代际间职业流动

的宗教差异。因为许多样本中人的社会出身不明，所以可供进行这种
分析的案例数目不多。出于这个原因，我们无法对波士顿犹太人的代
际流动性做出估计。不过，我们有一些早先无法利用的来自两个样本
的证据片段。劳曼 1962 年所做贝尔蒙特和剑桥的抽样调查了代际流
动而不是职业流动。此外，1930 年出生于波士顿的年轻人样本中也
有可用的信息。由于我们的第一个追踪年份——1954 年时许多人大
概在军队服役，所以没有在波士顿工作，也就没有对这些年轻人在职
业流动性方面的宗教差异进行过统计。但是到了 1963 年，这些人又
大量出现在就业市场上，这就让对比他们在 33 岁时的职业层次与父
亲通常的职业层次成为可能。有了这两个来自 20 世纪 60 年代早期的
证据来源之后，我们就有可能对本章开头提到的问题——当代美国职
业流动模式中的宗教差异问题——进行更多的探讨。

　　表 7.3 和表 7.4 显示了相同社会阶层出身的天主教徒与新教教徒
年轻人的职业成就。总的来说，工人阶层儿子的总体上升率相当可
观；无论是天主教徒工人阶层，还是新教教徒工人阶层，都不是封闭
的（见表 7.3）。但 5 个样本中除最后一个样本外，其他所有样本的
晋升机会都存在着明显的宗教差异。在前 4 组当中，新教青年比天主
教青年更频繁地爬到职业阶梯的顶端；每一组里，天主教徒都更倾向
于在无技术性或半技术性体力劳动岗位上结束职业生涯。然而，只有
在最初的两组当中，天主教徒工人阶层的儿子们才较少获得低级白领
阶层——职员、推销员和小业主——的工作，在那之后，他们的劣势
幅度就很小了。在后来的样本中，天主教徒实际上比新教教徒更倾向
于这些岗位。即使在那时，他们的成功也是有限的，因为他们比他们
的新教教徒对手更多地集中在回报更少、要求更低的中产阶级职位
上。而那些不能脱离工人阶层往上升的天主教青年，得到技术性工作

的可能要更小，因此相应地会更多从事那些最卑微的低级体力劳动。

表 7.3　工人阶级儿子们退休时职业的宗教差异（百分比）

出生队列及宗教信仰	最后一份工作				数量（人）
	高级白领	低级白领	技术工人	低级体力	
1840—1859					
天主教徒[1]	5	31	21	44	62
新教教徒	13	35	29	22	48
1860—1879					
天主教徒[1]	4[2]	33	25[2]	37[2]	298
新教教徒	9	36	30	24	226
1870—1889					
天主教徒	6	41	17	37	66
新教教徒	10	33	30	28	40
1890—1909[3]					
天主教徒	162	16	21	47	170
新教教徒	26	15	21	38	62
1930					
天主教徒[1]	5	32	20[2]	42	49
新教教徒	6	22	35	37	69

[1] 见表 7.1 注释 1。
[2] 见表 7.1 注释 2。
[3] 这些数据是根据爱德华·劳曼先前描述的剑桥和贝尔蒙特的样本数据重新整理得出的。在已出版的《城市社区中的声望和关联》（*Prestige and Association in an Urban Community*）中，没有提供按宗教信仰划分的代际流动的细目。但是，作者非常慷慨地按照我的要求完成了表格，并向我提供了结果。这两个群体向上流动进入高级白领阶层的相对较高的比例，无疑可以归因于这样一个事实：剑桥和贝尔蒙特的居民从事此类工作的频率略高于波士顿自身的劳动力，这一特点在表 7.4 中也很明显。

在最后一个样本，即 1930 年出生在波士顿的年轻人样本中，天主教徒的境况似乎比新教教徒好一点。很难弄清楚该如何认真对待这些证据，因为这些人还处于职业生涯中期，但是，格里利和罗西在他们的全国样本中发现，天主教徒工人阶层的儿子明显以与新教教徒相同的速度进入了中产阶级，这一发展趋势在波士顿这些数据中可能表现得十分明显。然而，如果真是这样，它也是一个相当晚近的发展，与该市前几代天主教徒居民所表现出的历史模式截然不同。

同样的模式改变并未出现于中产阶级出身的天主教徒和新教教徒当中（见表 7.4）。在大多数样本中，用于分析的案例数量都少得令人沮丧，但其模式的一致性却令人吃惊。在每一组中，新教教徒中产阶级的年轻人在白领阶层高层结束职业生涯的频率远远高于具有类似阶层背景的天主教徒；每组中的天主教徒男性下滑到蓝领岗位特别是低技术性体力工作岗位的，要远远多于新教教徒。例如出生于1870—1880 年的那组样本的案例，宗教身份十分确切，天主教徒中产阶级青年得到高级白领岗位的只有新教教徒的 40％，在职业金字塔最底部结束职业生涯的是后者的 3.5 倍。

表 7.4　中产阶级儿子们退休时职业的宗教差异（百分比）

出生队列及宗教信仰	最后一份工作				数量（人）
	高级白领	低级白领	技术工人	低级体力	
1840—1859					
天主教徒[1]	29	18[2]	35[2]	18	17
新教教徒	38	49	5	8	78

出生队列及宗教信仰	最后一份工作				数量（人）
	高级白领	低级白领	技术工人	低级体力	
1860—1879					
天主教徒[1]	24[2]	50	13	13[2]	46
新教教徒	42	42	9	6	179
1870—1889					
天主教徒	162	48	8	28[2]	25
新教教徒	40	48	4	8	25
1890—1909[3]					
天主教徒	532	20[2]	14	13[2]	74
新教教徒	84	6	9	1	67
1930					
天主教徒[1]	0[2]	57	14	28	14
新教教徒	21	47	16	17	43

[1] 见表 7.1 注释 1。
[2] 见表 7.1 注释 2。
[3] 见表 7.3 注释 2。

可能有人认为，天主教中产阶级青年相对无能，无法进入职业结构的上层，而且不寻常地倾向于从事体力工作，这只能说明分析中对社会阶层背景的掌握过于粗糙。如果典型的"中产阶级"新教教徒父亲是位律师，而"中产阶级"天主教徒父亲是个小杂货店主，我们可以预见，新教教徒父亲之子和天主教徒父亲之子的职业轨迹会有很大不同，因为我们比较的将是一个边缘的中下层群体与一个稳固的中上层群体。当这些数据被制成表格以便区分高级白领家庭和低级白领家庭时，事实证明，天主教徒父亲确实更多地属于后者。但这还不能完全解释他们的孩子在职业模式上的差异。与表7.4所示相同的倾向在这些更精细的表格（并未在这里列出）中再次出现了。

总而言之，将样本中人的社会阶层背景纳入考虑，并未改变先前关于波士顿天主教徒职业滞碍的结论。实际上，天主教徒的相对地位某种程度上似乎比之前更糟糕了。虽然天主教青年在职业生涯中从蓝领上升到白领的频率与他们的新教教徒对手大致相同，来自工人阶级家庭的天主教徒上升的代际流动却不及新教教徒，除了在二战后初次进入劳动力市场的男性，所有样本中都是如此。天主教徒工人阶层青年大量流动到中产阶级较低层岗位，却较少得到上层的专业人士或经理人岗位，而且更有可能以无技能或半技能工人的身份结束自己的职业生涯。

除此以外，在相对优越的环境下成长的天主教青年——他们的父亲从事某种中产阶级工作——远不如有着同等阶级出身的新教教徒成功。他们赢得了职员和推销员岗位常规或更多的份额，但在所有五组中，高级白领所占比例都严重不足，低级体力工作所占比例则严重过高。

四、对职业成就群体差异的解释

种族出身与宗教归属的差异与职业成就的差异显著相关。一些群体在初始的职业安置层次与后续在社会阶梯上下流动方面的表现明显好于其他群体。要解释这个问题，仅凭手头这些粗略的证据是异常困难的。可能与之相关的充足的变量数据——例如样本中人的教育背景信息——根本就找不到。但是，可以粗略估计几个最可能具有重大意义的因素的相对重要性。

1. 歧视：主动的和结构性的

对于波士顿天主教徒移民及其子女所经历的困难，有一种直截了当的解释非常吸引人，那就是他们在市场上受到了不公平的待遇——心存偏见的新教教徒雇主不愿给天主教徒提供他们有资格胜任的工作，新教教徒银行家不公平地拒绝向有抱负的天主教徒商人提供必要的信贷。

的确，在 19 世纪晚期的波士顿，绝大多数能够雇用、提拔、解雇或借钱给别人的人都是信奉新教的美国佬，即使在今天，这部分人在管理层和银行业中也占了很大比例。众所周知，许多这样的人对天主教徒极不友好。早在 19 世纪 80 年代，波士顿上流社会就热烈地赞扬过爱德华·A. 弗里曼反天主教的长篇演说。他为解决美国社会问题提供的别有用心的办法，就是希望每个爱尔兰人都能杀死一个黑人，然后因此被绞死！[①] 直到 20 世纪 20 年代末，"新教教徒"一词还在波士顿报纸 *The Transcript* 的招聘广告中经常作为必备条件出现。[②] 当年，约瑟夫·P. 肯尼迪离开波士顿前往纽约，是因为他坚信由于他的宗教信仰，当地商界的某些大门将永远对他关闭。毫无疑问，直到最近，宗教和种族偏见仍在一定程度上限制着波士顿天主教徒的机会，尤其是在像金融领域这样的经济结构顶层。

然而，十足的偏见只能部分地解释天主教徒新移民所经历的困

---

① Barbara. M. Solomon, *Ancestors and Immigrants, A Changing New England Tradition* (Cambridge, Mass.: Harvard University Press, 1956), p. 93.

② J. J. Huthmacher, *Massachusetts People and Politics, 1919–1932* (Cambridge, Mass.: Harvard University Press, 1956), p. 235. 爱尔兰人自己经常抱怨他们从雇主那里所受的歧视，参见 *The Pilot* [Boston], January 3, 1880。

难，因为其他表现更好的群体似乎也遭遇了类似的敌意，尤其是犹太人。19 世纪末 20 世纪初，人们对移民总体，尤其是来自东欧南部的所谓"新移民"的偏见急剧上升。弗里曼的攻击不仅针对爱尔兰人，也指向所有"非盎格鲁-撒克逊"移民，像"限制移民联盟"[①] 这样的团体，其敌意主要针对晚近的移民，他们当中有许多是非天主教徒。[②] 到了世纪之交，波士顿学校委员会（Boston School Committee）的爱尔兰裔成员与他们的美国佬同事达成了某种权宜之计，这两个群体都谴责"新移民"，并呼吁通过公立学校系统更加努力地让他们"美国化"。[③] 因此，无论"公然歧视在总体上阻碍了新移民的发展"这一看法有多么重要，它能否充分解释天主教徒和非天主教徒移民及其子女截然不同的经历都是值得怀疑的。

与十足的偏见、主动歧视相比，更重要的很可能是所谓"被动的"或"结构性的"歧视。这种劳动力市场的特点是，尽管雇主没有故意的偏见，但仍然限制了某些群体成员的就业机会。[④] 比如，通过与主要群体有关系的网络招聘新员工的普遍做法，产生了劳动力自我复制的趋势。其结果是，已经在一个行业中站稳脚跟的群体的亲戚、朋友和邻居能够占得先机，获得空出来的职位，而这限制了其他群体中没有这种私人关系的个体的发展前景。这起码部分地解释了在一些

---

① Immigration Restriction League, 1894 年出现，该组织坚信应该通过读写测试和其他标准来排斥移民。——译者

② Solomon, *Ancestors and Immigrants, passim.*

③ Rina Davis, "The Immigrant and the Boston Public Schools, 1870 – 1920," unpublished seminar paper, Brandeis University, 1969.

④ Leon Mayhew, *Law and Equal Opportunity: A Study of the Massachusetts Commission Against Discrimination* (Cambridge: Harvard University Press, 1968), pp. 67 – 71; Theodore Malm, "Recruiting Patterns and the Functioning of Labor Markets," *Industrial and Labor Relations Review*, 7(1954), 508 – 525.

公司中观察到的"族裔互助"（ethnic sponsorship）模式。① 当某一特定群体赢得了大量的低层管理职位时，该群体中其他较低级别员工就会在获得晋升和避免被裁员方面处于有利地位。同样，要求求职者接受过"适当的"培训或有"适当的"经验，也可以把外来者排除在外或者让他们留在下属职位。如果所规定的标准事实上与在职表现并没有密切的关系，如果受教育机会并不是平等地对所有群体开放，那么即使是使用看似普遍的工作分配标准——例如受教育程度——也可能会助长结构性歧视。在就业市场上，总有某种惯性以这样或那样的方式悄无声息而不自觉地维持着现状。

虽然结构性歧视在解释外来群体试图改善其地位时所面临的困难方面可能是重要的，但是也很难看出它如何能够解释本章和上一章所指出的特定外来群体之间的差别。例如，一旦爱尔兰人在当地政府、犹太人在零售业中打下牢固的基础，结构性因素就会使他们滞留在那里，并限制其他群体进入相应的经济领域，但是，我们还要回答一个问题：他们最初是如何以及为什么能够创造出那个基础的。

2. 背景劣势

影响不同群体的经济调整（economic adjustment）的第二种情况是，一些人来到美国时所具有的背景劣势，削弱了他们的竞争能力：不识字，不会说英语，缺乏职业训练，不熟悉城市生活节奏。

这些因素不可避免地影响了新移民对美国生活的适应。当跨越大洋的移民潮处于高峰时，爱尔兰和意大利（至少是输出大多数移民的意大利南部）几乎还没有经历过工业化和城市化。因此，大约半数在 1875

① Orvis Collins, "Ethnic Behavior in Industry: Sponsorship and Rejection in a New England Factory," *American Journal of Sociology*, 52(1946), 293–298.

年至 1910 年间来到美国的英国、苏格兰和威尔士移民在迁移前从事技术工作，但爱尔兰人的相应比例几乎不足十分之一，意大利人也是半斤八两。① 1909 年居住在波士顿、来美国前受雇过的爱尔兰移民中，有64％从事农业工作，意大利人的比例则是 42％，这与犹太人中 2％的比例形成对比。② 犹太人在旧世界（Old World）③ 时就是城市居民。虽然犹太人不像传说中有那么多的商人和专业人才，但大约有三分之二从事过技术工作，这显然使他们比一些竞争对手拥有重要的起步优势。④

　　然而，仅凭这些还不能解释各种不同群体的职业调整（occupational adjustment）的差异。如果会说英语是个重要优势的话——一个貌似合理的假设——爱尔兰人显然具备了这一点。如果识字是个重要因素的话，那么 19 世纪末来到美国的爱尔兰新移民比其他许多群体有更强的竞争能力，在这一点上不同于他们的前辈。在1909 年波士顿的第一代爱尔兰移民男性户主中，只有十分之一不会读写，但不会读写的犹太人数量是他们的 2 倍（22％），意大利人则是他们的 4 倍（41％）。⑤ 人们有时还认为，犹太人通常会带着大量的资本来到新世界（New World）⑥，并因此占得先机。事实也并非如

① Brinley Thomas, *Migration and Economic Growths: A Study of Great Britain and the Atlantic Economy* (Cambridge, England: Cambridge University Press, 1954), Tables 80–84.
② U. S. Immigration Commission, *Report*, Vol. 26 (Washington, D. C.: U. S, Government Printing Office, 1911), p. 473.
③ 指东半球，尤其是欧洲。——译者
④ S. Joseph, *Jewish Immigration to the United States from 1881 to 1910* (New York: Columbia University Press, 1914); J. Lestschinsky, "Jewish Migrations. 1840–1946," in L. Finkelstein, ed., *The Jews: Their History, Culture and Religion*, Vol. II (New York: Harper, 1949).
⑤ U. S. Immigration Commission, *Report*, Vol. 26, p. 496. 类似的模式也出现在 1900—1901 年美国移民事务专员报告的全国数据中，由 Frederick A. Bushee 汇编，见"Ethnic Factors in the Population of Boston," *Publications of the American Economic Association*. Third Series. 4 (May 1903), 19。
⑥ 指西半球，尤其是美洲。——译者

此。对于德国犹太人来说,这在某种程度上是真的,但是对于19世纪末和20世纪初来到美国的东欧犹太人群体而言,他们口袋里的钱并不比意大利人多,也不比爱尔兰人少,大约与斯堪的纳维亚移民的平均财富相当。[①] 简言之,移民群体在各种背景劣势上的排名与他们在抵达美国后职业表现上的排名之间,存在着许多差异。

即使背景劣势的论点可以发展,以解释第一代移民各不同群体在表现上的几乎全部差异,也仍会有下一代移民群体成员成就差别的问题等待解释。在移民一代已然退出舞台后,一些群体差异依然明显存在,即使第一代移民的职业成就从分析的角度来看保持不变,这些群体差异也不会消失。因此,已经在白领世界站稳了脚跟的爱尔兰和意大利天主教徒新移民的孩子表现出了下滑综合征。旧世界的背景劣势本身几乎无法解释这种现象。其中一定涉及了各族裔群体在新世界的组织形式与文化。

3. 聚居区成了流动壁垒

美国城市中少数族裔群体生活的一个特点是居住区的各不相干、自成一体,这经常被认为是同化和流动的障碍。有人认为,群体扎堆的趋势,"维持着一个族裔群体在自己成员和城市其他人口心目中的地位和认识",同时也以各种方式阻碍着他们得到机会。[②] 人们认为,在聚居区长大的儿童被局限在一个环境中,这环境限制着他们的抱负,阻碍着他们成长为有能力的公民。

波士顿移民的确曾极大程度地集中在某些特定的社区。1880年,

---

① Bushee, "Ethnic Factors," 14. 然而,人们严重怀疑移民在进入美国时是否准确地报告了他们进入的方式;见 Frederick Kapp, "Immigration," *Journal of Social Science*, 2(1870), pp. 1 – 30. 能得到这份材料要多谢 Patrick Blessing。

② Stanley Lieberson, *Ethnic Patterns in American Cities* (Glencoe, Ill.: Free Press, 1963), p. 6.

意大利移民和居住在这座城市的土生土长美国人之间的相异指数（index of dissimilarity）为 74，这意味着必须有 74％ 的意大利人搬到城市的其他地区，才能形成与土生土长的本地人同样的居住模式，俄罗斯移民的这一数字是 55％。同样，在 1910 年，66％ 的意大利移民和 48％ 的俄罗斯移民以这种方式聚居在一起。[①]

然而，用聚居区假说来解释波士顿移民及其子女的职业成就差异还存在着两个关键的弱点。第一，正如第三章所示，这个城市的人口在整个考察时段里一直令人惊讶地流动着，而且社会阶梯较低层上的人事变动率尤其高，这些社会阶梯较低层恰恰是移民所在之处。虽然在不同的时间点特定群体的聚居情况不同，但随着时间的推移，组成这个群体的"相同个体"并不多。如果说聚居区生活的病态效应取决于被长期困在那里，那么快速的人口流动就是一个重要的解决办法。

当然，某些族裔群体的空间流动可能比其他群体少得多，波士顿的爱尔兰移民和意大利移民职业的向上流动就很慢，因为他们深深扎根于各自的族裔小社区，对其他城市可能向他们提供的机会没有意识或不感兴趣。然而，事实上，平均而言，各样本中天主教徒的稳定性并没有出奇地高于从事类似职业的新教教徒，而所有群体中最少移栖的是成功率极高的犹太人（见表 7.5）。[②]

[①] Liberson, *Ethnic Patterns*, p. 209.

[②] 这些数据与波士顿任一地方的人口持久性有关，而与城市内特定子区域的持久性无关。可能的情况是，尽管爱尔兰人和意大利人在一段时间内留在波士顿的可能性并不比其他族群的人高多少，但那些坚持下来的人在波士顿市内的流动性较低。这可能表明他们对大都市地区其他地方的其他就业机会反应较差。编码样本成员地址的过程中存在的缺陷阻碍了对这一假设的检验。然而，我的直觉是，这对爱尔兰人来说是不太可能的。根据利伯森计算的不同指数，爱尔兰人分布在整个城市的各个角落。关于意大利人的争论可能还有更多。

表7.5 三个十年中城市样本中人的宗教信仰、职业和持久性（百分比）

宗教信仰与职业	1880—1890[1]	1910—1920	1930—1940[1]
天主教徒	61	43	59
新教教徒	66	42	56
犹太人	74	44	75
高级白领[2]			
天主教徒	83	75	[3]
新教教徒	74	50	55
低级白领			
天主教徒	69	56	84
新教教徒	68	51	58
技术工人			
天主教徒	63	39	67
新教教徒	60	36	62
低级体力工			
天主教徒	58	37	50
新教教徒	50	38	51

[1] 见表7.1注释1。
[2] 样本中的犹太人太少，不允许按照职业层次进行持久的交叉列表对比。
[3] 例子太少，无法计算百分比。

关于解释职业成就差异的聚居区假说，第二个反对意见是，城市中少数族裔在聚居区的集中程度与其职业排名之间并没有一以贯之的关系。波士顿移民中族裔居住隔离的程度最低的（以1880年和1950年的相异指数来衡量）是非常成功的英国人和相对不太成功的爱尔兰人；居住隔离的程度最高的群体是非常成功的俄罗斯犹太人和不成功的意大利人。当这个城市的移民按照居住隔离程度和他们在劳动岗位上所占的比例被分成两份名单时，这两份名单的排序几乎完全不相干。两者之间的等级相关性（斯皮尔曼相关系数）在 1880 年仅为 0.10，在 1950 年甚至更低，为 0.08。[①] 尽管居住隔离可能严重影响其他领域的行为，但它显然不是群体流动性差异的重要根源。

4. 生育率差异

对波士顿的爱尔兰和意大利天主教徒相对较差的职业表现，一个简单的人口统计学解释是，他们往往比其他群体的成员拥有更大的家庭，因此更难向儿子们提供职业援助。可以推测，一个父亲越是有很多孩子需要帮助，就越不可能鼓励和花钱让他们受教育，为他们的商业冒险提供资金支持。可以找来检验这一解释的历史数据非常粗略，但它们似乎无法支持这一解释。19 世纪晚期住在波士顿的爱尔兰移民的出生率，只比苏格兰和英格兰移民的出生率略高一点，低于德国人和瑞典人的出生率。[②] 而且，爱尔兰人的死亡率，大部分来自其婴儿死亡率，是所有群体中最高的，这进一步限制了能够活到用上家庭的职业支持那天的第二代移民青年的数量。意大利人的出生率确实特别高，但俄裔犹太人的出生率也一样高。1919 年，美国移民委员会

① 对可获得数据的群体进行了排名相关性分析：1880 年的英国、德国、爱尔兰和瑞典移民，以及 1950 年的波兰、俄罗斯和意大利移民。职业分布数据取自己发表的人口普查表；居住的相异指数来自 Lieberson, *Ethnic Patterns*, p. 209。利伯森认为波士顿在这方面可能是个特例。他在 1950 年对波士顿、芝加哥、克利夫兰、费城和匹兹堡进行了一项类似的分析，发现波士顿是唯一一个移民群体的居住与职业隔离状况不成正相关的城市（p. 183）。但是，利伯森考察的是居住隔离与职业隔离（而不是职业等级）之间的关系。某个群体可能与某城市白人土著——他们更多集中于高等级职业——表现出相当不同的职业分布，同时仍被认为在职业同化上表现良好。犹太人就是这样的例子。正文中提出的问题——居住隔离与职业地位间的关系——似乎是研究种族适应美国现实的一个相关探索。
② 各群体的出生率和死亡率来自波士顿城市登记报告，见 Bushee 汇编的 "Ethnic Factors," pp. 44 – 51。

在波士顿进行了抽样调查，该市犹太人移民家庭明显大于爱尔兰移民家庭，与意大利家庭几乎一样大；各群体的单个家庭的大小为：犹太人，5.28 人；爱尔兰人，4.80 人；意大利人，5.52 人。[①] 此外，第二代爱尔兰家庭包含 4.30 人，并不比当时典型的美国佬家庭（3.49 人）多多少（没有其他第二代移民群体的数据）。犹太人的儿子比爱尔兰人多，要利用家庭资源的犹太人儿子几乎和意大利人儿子一样多。

随后的一项研究通过当地的出生记录追溯到 1930 年，追踪了 1910 年左右在波士顿结婚的约 700 对夫妇。对于用生育率差异这一假说来解释代际流动差异，该研究也只提供了有限的支持。[②] 在这些年里，天主教徒工人阶级家庭和中产阶级家庭都比相应阶层更成功的新教教徒家庭多生育子女。但意大利天主教徒家庭的平均规模要比爱尔兰天主教徒家庭大得多，然而，这两个群体在职业发展方面同样进展缓慢。此外，犹太人家庭比新教教徒家庭大且略小于爱尔兰天主教徒家庭，这又是一个与这些群体间流动率差异相左的模式。

1930 年后波士顿的相关情况并没有明确的证据，来自美国其他城市社区的信息也很粗糙，只揭示了广泛的宗教差异，而忽视了宗教团体内部的种族差异。但近几十年来，美国的普遍模式是，天主教徒的家庭往往比同等阶级地位的新教教徒家庭要大，而犹太人的家庭则

---

① U. S. Immigration Commission, *Report* Vol. 26, p. 448. 虽然这一项指的是加拿大城市而不是美国城市，而且指的是更早的时间——19 世纪中期，这一点值得注意：迈克尔・B. 卡茨和安大略教育研究所一组调查人员的研究显示，安大略汉密尔顿的爱尔兰天主教徒倾向于拥有异常小的家庭，家庭规模与社会阶级地位成正相关状态，而不是相反；Working Papers 6 – 10，12，and 20 of the Hamilton Project，上述资料可在该研究所找到。

② Marlou Belyea, "Who Has Children and Who Does Not," unpublished seminar paper, University of California, Los Angeles, 1972.

要小一些。此外，宗教差异在较低社会经济层次上相对较小，而在较高层次上相对较大。[1] 如果波士顿符合这种模式，它可能确实对该市中产阶级天主教徒年轻人的下滑综合征有一定影响。但是，由于在家庭规模差异首次出现之前，这种流动综合征就已经存在，因此后者显然不能充分解释前者。家庭大小也不可能是限制工人阶级家庭天主教徒向上代际流动的重要原因，因为在工人阶级内部，家庭规模的宗教差异似乎很小。

5. 制度的完备性

也许显得自相矛盾，但波士顿的爱尔兰人和意大利人天主教社区的实力与凝聚力可能对成长于其中的许多儿童的职业流动前景产生了负面影响。雷蒙德·布雷顿曾指出，一个族裔社区的"制度完备性"——族裔组织能够在多大程度上履行其成员所需的无论宗教、教育、政治、娱乐或经济的所有服务——与这一群体成员在更大社会里向上流动的可能性之间，可能是反比关系。[2] 如果一个群体是内向型的并达到了与"外人"断绝来往的程度，它的成员可能会发展出与更

---

[1] Samuel A. Stouffer, "Trends in the Fertility of Catholic and Non-Catholics," *American Journal of Sociology,* 41 (September 1935), 143 - 166; Frank W. Notestein, "Class Differences in Fertility", *Annals of the American Academy of Political and Social Science, I*88 (November 1936), 33; P. K. Whelpton and C. V. Kiser, "Social and Psychological Factors Affecting Fertility," *Milbank Memorial Fund* (Quarterly, 21 〔July 1943〕, 221 - 280. 一些二战后的研究没能发现新教—天主教徒在生育率上的明显区别：R. Freedman, P. K. Whelpion, and A. A. Campbell, *Family Planning, Sterility and Population Growth* (New York: McGrawHill, 1959); *Statistical Abstract of the United States*: 1958 (Washington. D. C.: Government Printing Office, 1959), Table 40. 反面观点见 Lenski, *The Religious Factor*, pp. 235 - 243。

[2] Raymond Breton, "Institutional Completeness of Ethnic Communities and the Personal Relations of Immigrants," *American Journal of Sociology,* 70(1964), 193 - 205. 相同观点见 Leo Grebler, Joan W. Moore, and Ralph Guzman. *The Mexican-American People: The Nation's Second Largest Minority* (Glencoe, III.: Free Press, 1970)中写道："与当地社会机构的互动和参与是迈向同化和文化适应的重要步骤。如果族裔社区为新成员提供的制度机构到了完备的程度，既提供保护也提供隔离，同化的重要机会就会变得相对微弱或无效了。(p. 48)"

大社会的标准相背离的价值观，或者即便他们持相同的价值观，他们可能也学不会社会公认的追求这些价值的方法。当然，一个有凝聚力、纪律严明的群体的确能够协调一致地行动，以实现某些目标；在当代关于种族危机的讨论中经常提到的一个经典例子，就是19世纪晚期爱尔兰人接管了这个大城市的政治机器。但是，经常被忽视的是，取得这样的胜利——比如说，赢得公共工程局3000份工作的控制权——可能是以牺牲其他机会为代价来抓住某个机会。爱尔兰人在政治领域的成功与个人经济上的相应增长是不相称的。

波士顿爱尔兰人的抱团与他们社区组织的完备当然是十分显著的。奥斯卡·汉德林在他的19世纪波士顿研究中指出，爱尔兰人是唯一拥有完整独立的组织生活的群体，也是唯一"觉得有义务在一个社会中再建一个社会"的群体。[①] 在更晚来到波士顿的移民当中，意大利人在这方面的排名也非常靠前。但是犹太人，或者另一个在波士顿人数不多但非常成功的群体——日裔美国人，也会如此。组织的完整性似乎可以同时与世俗的成功或缺乏世俗的成功联系在一起，这取决于所讨论的种族群体的价值观。

6. 文化价值观

我将群体价值观作为职业成就差异的一种可能解释是有些不情愿的，不情愿是因为这类解释往往是同义反复，难以独立验证。"为什么爱尔兰人职业层次的上升速度没有其他群体那么迅速呢？因为爱尔兰人不太看重世俗的成功，或者他们用不同的方式定义成功。我们怎么知道爱尔兰人的价值观确实与其他群体不同呢？因为爱尔兰人职业上升的速度不够迅速。"即使这样的解释得到了证据的支持，使得它

---

① Oscar Handlin, *Boston's Immigrants, 1790 – 1880: A Study in Acculturation* (rev, ed. , Cambridge, Mass: Harvard University Press, 1959), pp. 158 – 163.

们不再是同义反复，群体的亚文化究竟是一个真正的原因，抑或仅仅是其群体地位的结果，这始终是一个问题。然而，波士顿的爱尔兰人和意大利人的文化模式确实有一些独特之处，这些文化模式对他们子女的职业模式产生了影响，这种影响可能有别于父母的社会地位带来的一般影响。

与波士顿其他主要移民群体不同，爱尔兰人和意大利人主要是农民出身，这很可能给了他们一种独特的价值体系，并通过家庭代代相传。对教育、工作、节俭和消费模式的特殊态度在爱尔兰人家庭和意大利人家庭中被反复灌输，这些观念影响了在这些家庭中长大的孩子的职业定位。当然，这一假设不能用历史记录中的证据进行系统的检验。但有一个看似可信的例子可以证明这一点。关于爱尔兰人，奥斯卡·汉德林权威地描述了他们在 19 世纪中叶对波士顿的痛苦的适应过程，提供了大量与这一观点相符的材料。当代观察家对 19 世纪末及 20 世纪的爱尔兰社区的大量描述表明，这种基本的文化模式在很久之后仍然存在。[①]

关于波士顿的意大利人，没有同样丰富的历史描写与当代观察，

---

① 除了汉德林的 *Boston's Immigrants*，还要特别参看 Robert A. Woods, *The City Wilderness*(Boston, 1898)；Woods, *Americans in Process* (Boston: Houghton Mifflin, 1902)；Woods and A. J. Kennedy, *The Zone of Emergence* (Cambridge, Mass.：Joint Center for Urban Studies, 1962)；Frank A. Sanborn, *Meg McIntyre's Raffle and Other Stories* (Boston, 1896)；Joseph F. Dinneen, *Ward Eight* (New York: Harper, 1936)。汉德林对波士顿爱尔兰人饥饿文化的解释遭到了 Francis R. Walsh 的挑战，"The Boston Pilot and the Boston Irish, 1835 – 1865," unpublished paper for the 1969 annual meetings of the American Historical Association. Walsh 在早期的《波士顿导报》上看到了比汉德林所见更少的宿命论，更多的流动渴望；在我看来，他的论据似乎证实而不是推翻了汉德林的观点。19 世纪 70 年代晚期的《波士顿导报》饮下了阿尔杰满满的鸡汤——例如 1877 年 6 月 23 日刊、1880 年 5 月 8 日刊、1880 年 9 月 28 日版、1881 年 2 月 5 日刊、1881 年 3 月 5 日刊和 1887 年 10 月 8 日刊。不过，这可能更多的是告诉我们其时任主编 John Boyle O'Reilly 的观点，而不是爱尔兰群众的看法。

但是过去 30 年里进行的一些优秀的社会学研究已经描绘出了一种独特的意大利亚文化，这种亚文化将其成员的精力从工作世界中引开，或者至少从工作中最有价值和回报最丰的职业中引开。[①] 其中一项研究将意大利人描述为"城里的乡下人"，而且发现，即便是在第二代移民当中，"工作是生活的中心目标、人应该投入到构成其职业生涯的一系列工作当中去这种想法都几乎不存在"。[②] 诚然，这些研究聚焦于两个特定而又相当特殊的意大利人社区——波士顿北端（North End）[③] 和西端（West End）[④]。它们是波士顿意大利人最密集的地区，其中绝大多数居民都是体力劳动者。中产阶级和那些渴望成为中产阶级的意大利人在那里很难找到，有人怀疑，对居住在梅德福德（Medford）、梅尔登（Malden）或阿灵顿（Arlington）等社区的意大利人进行类似的研究，会让他们对整个群体的价值观产生不同的印象，但确定很重要的一点是，波士顿的意大利人有相当大的一部分在他们人生的某个阶段接触过北端和西端的亚文化。[⑤]

尽管一个相当数量的爱尔兰天主教徒低层中产阶级群体出现得相当早，后来也出现了相应的意大利人群体，但他们没有为下一代取得

① William F. Whyte, *Streetcorner Society*: *The Social Structure of an Italian Slum* (Chicago: University of Chicago Press, 1943); Walter Firey, *Land Use in Central Boston* (Cambridge, Mass. : Harvard University Press, 1947). chap. 5; Herbert Cans, *The Urban Villagers: Group and Class in the Life of Italian Americans* (New York: Free Press, 1962); Marc Fried, *The World of the Urban Working Class* (Cambridge, Mass. : Harvard University Press. 1973).
② Gans, *The Urban Villagers*, 124.
③ 有"小意大利"之称，是曾以较高的房屋密度和混杂的功能而"著名"的"贫民窟"，却也是波士顿最安全和最有活力的场所之一。——译者
④ 与北端同为当地历史街区，坐落在查尔斯河沿岸，在灯塔山和北端之间。19 世纪 50 年代是大范围城市翻新工程的一部分。——译者
⑤ 令人遗憾的是，Humbert S. Nelli's study, *Italians in Chicago, 1880 - 1930: A Study in Ethnic Mobility* (New York: Oxford University Press, 1970)是对一个似乎需要进行系统定量分析的问题的印象主义处理，但它确实令人信服地证明，芝加哥的意大利人非常迅速地离开了他们最初定居的地区，显然，波士顿的情况也大致如此。

更大的成就提供一个坚实的飞跃基础。也许是因为他们的成员既不渴
望进一步的发展，也不会为成为警察或水管工感到丢脸，只要那工作
安全稳定就行。我们可以推测，正是这一点解释了劳曼在对剑桥和贝
尔蒙特进行社会分层研究时的一个有趣发现。劳曼向他的调查对象提
出了一系列问题，旨在揭示他们在多大程度上对不同职业的地位水平
做出了清楚明确的区分。"个人地位高的歧视者"将职业结构视为一
架有很多横档的梯子；"个人地位低的歧视者"所做的区分较少，他
们不太倾向于认为职员的社会地位高于木匠，会计的社会地位高于巴
士司机。有趣的是，其结果表明，天主教徒在社会地位歧视指数上的
得分比新教教徒低，而爱尔兰血统的男性得分明显低于其他任何种族
背景的男性。[1]

　　美国爱尔兰人的文化和美国意大利人的文化的另一独特之处，可
能是他们对财产所有权和教育投资的态度。在早期对 19 世纪马萨诸
塞州纽伯里波特的爱尔兰劳工的研究中，我曾指出：这些人的儿子相
对缺乏向上的职业流动，部分原因在于一种文化模式，这种文化对拥
有自己的住房这一点非常看重。在这种情况下，只有让孩子在很小的
时候就开始工作，并因而剥夺他们接受教育的机会，才能实现这一目
标。[2] 然而，正如第五章所指出的，1880 年的样本中关于波士顿财产
所有权的粗略证据，并没有揭示家庭财产积累和代际职业流动之间的

----

① 然而，在 Edward R. Laumann, *Prestige and Association in an Urban Community: An Analysis of an Urban Stratification System* (Indianapolis: Bobbs-Merrill, 1966), p. 110 中，意大利人不像其他天主教徒，在社会地位歧视指数中往往排名较高，这一发现与我的观点并不相符。从 p193 注①所引用的作品中，我们得到的印象是，在这项指标上，北区和西区的意大利人得分会非常低；可能那些跑到剑桥和贝尔蒙特的意大利人极力反对那种文化模式吧。
② Stephan Thernstrom, *Poverty and Progress: Social Mobility in a Nineteenth-Century City* (Cambridge, Mass.: Harvard University Press, 1964). pp, 155 – 157.

类似反比关系。还应补充的一点是，对持有房地产这件事的族裔差异进行分析后，也没有任何迹象表明波士顿的爱尔兰人与纽伯里波特的爱尔兰人对房地产表现出同样的渴望。（1880 年的样本中没有足够的意大利人可供讨论这方面的行为。）这很可能是由于波士顿房产市场的一个独有的特点：其中能够以低廉的价格购买的独户住宅比例非常低。也有可能是这项研究未能收集到大量逃往郊区的样本中人的财产所有权方面的数据，掩盖了一种事实上存在的模式。也许从波士顿市区搬到剑桥、萨默维尔、沃特敦和其他数量众多类似地方的爱尔兰人和意大利人，更像他们的纽伯里波特兄弟，做出了和后者一样的权衡。[①] 然而，目前还不能确定波士顿爱尔兰人和意大利人独特的职业流动模式，与他们对财产所有权及子女教育的独特态度有关。

虽然目前没有证据支持这种说法，即积累财产的欲望导致爱尔兰和意大利父母对孩子的教育投资不足，但有直接证据表明，他们的孩子确实比其他群体的孩子接受的教育少，而犹太年轻人则受过非常好的教育。1950 年的美国人口普查记录了波士顿地区第一代及第二代移民教育和职业成就的一些详细数据（表 7.6）。在 25 岁至 44 岁这个年龄区间，三个以新教教徒为主的第二代群体中，有 27％至 31％的人上过一年或更长时间的大学，而同样的犹太裔第二代俄罗斯移民比例高达 44％。爱尔兰人和意大利人的数据要低得多——分别是 21％和 11％。毫无疑问，这是第二代天主教徒移民在高级白领层数量很少，而且在收入分配金字塔的前六分之一中同样代表很少——只有新教教徒的三分之二，还不及犹太人的一半——的主要原因。

[①] 一项由麻省理工学院经济系的 Matthew Edel 和布兰迪斯大学海勒学院的 Elliot D. Sclar 主持的研究可以澄清这一问题，该研究名为 "Intrametropolitan Migration, Public Finance, and Property Values: A Socioeconometric Study"。

表 7.6　1950 年[1] 第二代移民（25—44 岁）的教育、职业和收入，以其父教育及职业为对比

族裔背景及主导宗教信仰[2]	第二代移民男性百分比			家庭背景（估计）[5]	
	一年或一年以上大学	高级白领职业[3]	高收入[4]	父亲的平均学龄	父亲白领工作百分比
天主教徒					
爱尔兰人	21	19	13	8.3	18
意大利人	11	17	9	5.2	18
新教教徒					
英国人	27	29	19	10.3	52
瑞典人	28	27	23	8.7	16
德国人	31	31	23	10.3	40
犹太教徒					
俄罗斯人	44	46	27	8.1	54

[1] 由已出版的美国人口普查数据计算得出。

[2] 宗教信仰的分类当然相当不完美。实际上许多德国人是犹太教徒，而许多来自其他国家的人是天主教徒。这里有英国天主教徒，甚至还有一些爱尔兰新教教徒。可惜人口普查没有提供宗教信仰相同群体的表格，因此这是我们能做的最佳估算了。

[3] 这是"专业、技术和类似技术工作者"及"经理人、业主和官员，农民除外"两个普查分类中所用的比例。因此不能与本研究其他样本数据中的高级白领类别进行精确的比较。人口普查表中没有将小业主分离出来。如果那样做了，这里所见的一些群体差异无疑将会加大。尤其是这种分类中许多列入"高级白领职业"的意大利人其实极有可能是小水果贩、小报摊摊主之类的人。

[4] 前一年收入超过 4 000 美元者的百分比，这一标准让他们位列该市所有第二代移民收入分布的前六分之一。这些收入数据不幸混入了一部分女性的，而她们的收入往往低于男性。

[5] 由于缺少第二代移民父辈的教育及职业的直接证据，年龄在 45 岁或 45 岁以上第一代男性的数据只能作为一个粗略的基线。

　　当然，我们不能直接得出推论说，这些天主教徒移民对教育的重视程度往往低于新教教徒或犹太人，因为原因可能在于移民一代不同的社会特征。有些群体在旧世界所受的教育比其他群体要少；有些则

由于他们家庭背景及其他条件的劣势，更多地集中于职业阶梯的最低层。众所周知，受教育程度低和无技能父亲所生的孩子受到的教育，往往不及那些来自受教育程度更高更富裕家庭的孩子。一项对 1916 年到 1934 年间波士顿高中毕业生的研究揭示，其中将近三分之二的人来自小康之家，但不足三分之一的来自较低职业层级家庭的学生选择继续接受教育。[①] 因此，表 7.6 中揭示的第二代天主教徒移民的教育短板及随之而来的职业劣势，可能完全源于这一事实：他们的父亲更多是没有受过教育的工人。

人口普查并没有以一种可以直接检验这一假设的方式记录这些资料，但是，如果假设这些第二代移民父亲的教育和职业水平大致相当于 1950 年纽约市 45 岁或 45 岁以上的第一代移民的，就可以对这种说法的效力做出某种衡量。（这种对应显然是不完美的，因为一些 45 岁或 45 岁以上外国出生的男性没有儿子住在波士顿，而且截至 1950 年，许多 25 岁至 44 岁的第二代男性没有父亲住在波士顿。但是，很难看出为什么这些缺陷会明显地有损于为达到上述目的所采取的措施的有效性。）

将这种对父母成就的粗略控制应用于研究，可以发现第二代天主教徒在教育以及由此产生的职业方面的部分障碍确实源于他们父亲的缺乏教育。意大利裔父亲完成学业的中位数排名远远落后于其他所有群体的为人父者，爱尔兰人则落后于三个新教教徒群体中的另外两个。但是也有两个重要的反常现象：俄罗斯裔移民所受教育甚至少于爱尔兰人，然而他们的孩子进入大学的却比来自其他群体的孩子多出许多；瑞典裔父亲平均学龄比爱尔兰裔父亲少半年，但他们的孩子有

---

① Robert K. Merton and Bryce Ryan, "Paternal Status and the Economic Adjustment of High School Graduates," *Social Forces*, 22(1943), 302–306.

相当多受教育程度超过了高中水平。

　　同样受教育不多，犹太移民与爱尔兰移民中，前者子女上大学的可能性是后者的 2 倍多，如果将犹太父亲的职业成就考虑在内，这一点似乎就不那么令人惊讶了。他们中一半以上的人从事中产阶级工作，可从事中产阶级工作的爱尔兰裔父亲却不足五分之一。尽管没怎么受教育，犹太移民向白领职业的流动却非常迅速，尤其是做小商店和制造业的业主，而这当然让他们比起其他任何天主教徒对手而言，能处在一个更好的地位去教育自己的儿子。然而，如果不是与爱尔兰人相比，而是与一个新教教徒群体相比，那么犹太人对教育的特殊坚守就显得格外引人注目。这个新教教徒群体，就是英国人，它拥有同样庞大、受教育程度更高的第一代移民中产阶级。这两个移民群体中得到中产阶级工作者的比例几乎相同，英国人的平均上学年数比俄国人多 2 年。但有 44％的第二代俄裔犹太人进了大学，而他们的英国对手中只有 27％的人如此，与之相对应的是，前者中有更大比例的人在中产阶级的上层找到了工作，属于最高收入阶层。[①] 这似乎是一个明显的例子，说明一个群体的文化价值观可以以独特的方式塑造其子女的职业模式。

　　排名中的第二个异常现象是，瑞典血统的第二代男性受教育程度、职业和收入水平相对较高，但他们的父亲受教育程度比爱尔兰移民高不了多少——这也暗示了文化差异。在爱尔兰人与其他两个新教教徒群体——英国人和德国人——之间进行比较也许是不公平的，因为第一代英国移民与德国移民比他们的天主教徒对手有更长的学龄和

----

① 这些数据提出的形式并不允许我们得出明确结论，但在 1909 年移民委员会关于波士顿学校移民子女的报告中，有明显的迹象表明犹太人对教育的重视。*Report*, Vol. 30, pp, 175 - 292。

更好的工作。但是，来自瑞典的移民与来自爱尔兰的移民在教育水平和蓝领工作的高度集中方面都非常相似，而第二代瑞典人在所有这三个方面的成就上都超过了爱尔兰人。

因此，第二代犹太移民在教育上和职业上的成就以及天主教徒的相对缺乏成就，不能完全用父辈的教育和职业成就的大致延续下来进行解释。可以肯定的是，移民第一代的特点有很大的群体差异，这些差异在其孩子的教育和工作记录上留下了明显的印记。但是，当我们将这一点考虑进来时，仍有一些无法解释的变异残留着，这一残留表明，犹太人特别重视教育及关键所在的职业生涯，而天主教徒对他们儿子教育上和职业上的成就的投入略低于来自相同阶层和教育背景的新教教徒。

如果我们对这些群体所受教育的质量而不是数量有更多的了解，差异可能会更加明显。波士顿有大量的爱尔兰和意大利天主教徒就读于教区学校，人们不禁要问，在提供有助于职业成功的培训方面，这些机构的效率有多高。对教区教育制度的影响进行认真的历史调查是迫切需要的，但很明显，选择教区教育而不选择公立学校的一个出发点在于，教区教育制度更符合天主教移民父母的价值体系。这可能意味着，教区体系尽管提供了家庭的安全保障，却抑制而不是增强了人们的愿望，并助长了一种与更大的社会之间的疏离感。

表7.6中给出的证据属于1906年至1925年出生、1950年观察到的第二代男性，当然，自那以后情况可能发生了变化。尽管成年天主教徒在1961年的大学毕业生中所占比例仍然非常低，但更年轻的天主教徒完成大学学业的比例与新教教徒大致相同。[1] 如果波士顿样本

---

[1] Greeley, *Religion and Careers*, 29 – 30.

数据在过去 20 年的覆盖范围更广，允许我们更仔细地分析最近的趋势，类似于格里利本人以及格里利与罗西在两项全国性研究中所表明的天主教徒个人成就水平的提高，可能早就被揭示出来了。

　　然而，如果说波士顿发生了这样的变化，那确实是一种变化，与既定的历史模式截然不同。无论当今美国宗教信仰和社会流动之间的关系如何，在过去的美国城市中都存在着明显的族裔和宗教亚文化。尽管各种各样的环境影响着不同群体在日常生活中取得成功的能力，但群体文化的差异仍发挥了重要作用。这些文化最好是用宗教标签来描述，正如韦伯主张的那样，还是用基于国家出身的标签来描述，都无法通过对波士顿特定族裔和宗教相结合社区的研究来确定。但是，可以这么说，来自天主教农民社会和东欧犹太社区的移民都带来了独特的习惯与态度，这些习惯和态度是缓慢消失的，并且影响了这两个群体长期以来的职业轨迹。

第八章

黑人和白人

19世纪末和20世纪涌入波士顿的移民中，有一部分还随身带来了一种特殊的负担，那就是身为黑人生活在白人社会的负担。尽管有关黑人历史的出版物数量不断增加，但其中对于进入波士顿的黑人移民命运的系统性历史研究却很少。美国黑人历史文献一向重视政治领域、有组织的团体活动、领导阶层以及能言善辩者的看法。在其他学术领域，这种传统的侧重点正受到一些人的挑战，他们试图书写失语者的历史、"来自底层的"历史。但是，我们在历史上还没有看到多少来自美国社会最底层群体的叙述，而这些人对生活有着最长久和最深刻的了解。

一、"最后的移民"理论

我的目标不单是为19世纪末以来一个主要北方城市的黑人居民的经济地位提供一些鲜活的素材，还想用这些证据检验一种理论的有效性，这一理论常常被拿来解释黑人城市居民过去乃至今天仍然面对的经济劣势。该理论认为，黑人城市人口的核心问题在于，很大程度上是由来自落后农村地区的未受教育、无技能的移民构成的，他们很像 19 世纪末和 20 世纪早期涌入美国城市的大量欧洲农民。这两个群体对城市工业化生活准备不足，因此被迫在最卑微的体力劳动岗位工作。

不过，欧洲移民及时地在经济规模方面奋力地上升了一两档，随着他变得更加适应所生活的环境，他的孩子——第二代移民——前进得也更加迅速了。按照这种观点，黑人城市居民的主要问题是，黑人很晚才来到这个城市，从农村涌入的移民潮还没有平息。第二代和第三代城市黑人正像他们的欧洲前辈一样取得进步，但是在将这个群体作为整体来衡量的统计中看不到他们的成就，因为这一因素被新来的农村移民数量远远赶超了。

W. E. B. 杜波依斯在他的经典研究《费城黑人》（*The Philadelphia Negro*，1899）中很早就认识到了考虑农村移民对黑人城市人口影响的必要性。他在书中指出：

> 关于北方城市环境对黑人的影响，关于与现代文化长期密切接触的影响，关于这个族裔群体的社会和经济生存的普遍问题，除非我们知道这些人在特定条件下受了多长时间的影响，以及他们来之前受到的是怎样的训练，我们才能得出正确的答案。[1]

他进而指出，那个时候，费城的黑人人口中至少有一半，"在任

---

[1] W. E. B. DuBois, *The Philadelphia Negro: A Social Study* (New York. 1899; Schocken paperback edition, New York, 1967), p. 73. 对 19 世纪晚期和 20 世纪早期波士顿黑人社区的类似分析，见 John Daniel, *In Freedom's Birthplace: A Study of Boston Negroes* (Boston, 1914), esp. pp. 115 - 114, 166 - 173, 327 - 329。

何意义上都不能说是那个城市的产物，而只不过是代表着原材料，他们的转型产生了一系列紧迫的社会问题"。①

虽然杜波依斯强调了农村移民对黑人社区的负面影响，却没有进一步指出，初来乍到这座城市的黑人面临的障碍并不比来自欧洲的白人移民更大。但是，后来的许多观察者都强调了这种相似性。"今天的黑人就像昨天的移民一样"，有人如是说；黑人只是"最后的移民"，而且会以与早期移民大致相同的速度融入美国主流社会生活。② 同一种普遍观点的更为谨慎的表述承认，在过去，特定的移民群体在进入美国社会后遵循着截然不同的道路，但又强调，新到这个城市的黑人的经历与那些对美国生活准备得最不充分的欧洲移民群体，如爱尔兰人，并没有太大的不同。③

关于这一话题的文献，虽然令人振奋，却一直留给人的是大致印象。迫切需要系统地比较具有代表性的第一代和第二代欧洲移民、农村黑人移民和在城市环境中出生并长大的黑人的经历。④ 本书收集的

① DuBois, *The Philadelphia Negro*, p. 80. 考虑到杜波依斯在这一点上的强调，他没能在后续分析中系统地掌握城乡背景就令人失望了。很有可能，他在本书所依据的调查问卷中没有包括关于这个变量的问题，而是在收集数据之后才形成了这个想法。

② Irving Kristol, "The Negro Today Is Like the Immigrant of Yesterday," *New York Times Magazine*, September 11, 1966.

③ Oscar Handlin, *The Newcomers: Negroes and Puerto Ricans in a Changing Metropolis* (Cambridge, Mass. : Harvard University Press, 1959); Oscar Handlin, "The Goals of Integration," *Daedalus*, 95 (1966), 268 – 286; Philip M. Hauser, "Demographic Factors in the Integration of the Negro," *Daedalus*, 94(1965), 847 – 877; Nathan Glazer and Daniel P. Moynihan, *Beyond the Melting Pot: The Negroes, Puerto Ricans, Jews, Italians and Irish of New York City* (Cambridge, Mass. : MIT Press, 1959). 本书作者对此观点的解释需要根据本章的证据进行一些修改，见 "Up From Slavery," *Perspectives in American History*, I (1967), 434 – 440。

④ 目前仍缺少这类比较分析，部分是因为缺少已发表的相关证据。人口普查局与其他数据收集机构没有按黑人出生区域信息制作表格，因此，数据必须费力地从主要来源中收集。Cf. Karl and Alma Taeuber, "The Negro as an Immigrant Group: Recent Trends in Racial and Ethnic Segregation in Chicago," *American Journal of Sociology*, 69 (January, 1964), 374 – 382；"我们一直无法找到任何数据来比较长期居 （转下页）

证据为这样的比较提供了机会。

二、波士顿黑人人口的迁移与壮大

虽然波士顿不是像纽约、芝加哥或底特律那样对黑人人口而言是个大中心城市，但它作为考察这些问题的地点仍是令人满意的。它的小型黑人社区——1865 年人数是 2 348——对第一代北上的解放奴隶有着极高的吸引力。这座城市有一个建立已久的古老的黑人社区；那里曾是废奴运动的一大中心，是带头抨击种族隔离制度的地方。当时，有人认为，黑人在波士顿比在美国其他地方的境遇好。[①] 阿波马托克斯[②]之后开始的移民浪潮在接下来的 5 年里使黑人人口膨胀了近50%，在下一个 10 年里又增加了 68%（表 8.1）。在 1865 和 1900 年之间，该市黑人的数量增长了将近 5 倍。

表 8.1　波士顿黑人人口的增长，1865—1970[1]

年份	数量（人）	增长百分比	城市人口百分比
1865	2 348	—	1.2
1870	3 496	49[2]	1.4

（接上页）住在芝加哥或在北方出生并长大的黑人与在芝加哥居住时间较短的黑人。因此，我们甚至无法对黑人进行粗糙的代际比较，而这种比较对移民群体来说是可能的。"

[①] Oscar Handlin, *Boston's Immigrants, 1790 – 1880: A Study in Acculturation* (rev. ed., Cambridge, Mass.: Harvard University Press, 1959), p. 70. 支撑的细节见 Daniels, *In Freedom's Birthplace*, chaps. 2 and 3。

[②] 1865 年 4 月 9 日，李将军率领的南方邦联军队在阿波马托克斯向格兰特将军率领的北方联邦军队投降。美国内战由此走向结束。——译者

年份	数量（人）	增长百分比	城市人口百分比
1880	5 873	68	1.6
1890	8 125	38	1.8
1900	11 591	43	2.1
1910	13 564	17	2.0
1920	16 350	20	2.2
1930	20 574	26	2.6
1940	23 679	15	3.1
1950	40 157	70	5.0
1960	63 165	57	9.1
1970	104 596	66	16.3

[1]摘自1865年马萨诸塞州人口普查报告及1870—1970年美国人口普查报告。所有数据都适用于波士顿市。

[2]1865—1870年5年增长了49%。在1860—1870年这整个十年里，增长了53%。可见，这十年里95%的增长发生在1865年之后。

即使在1900年，黑人也只占波士顿人口的2%稍多一点，但这并不意味着波士顿在这一时期对黑人移民来说是一个不重要的目的地，而是意味着在第一次世界大战之前，黑人向几乎所有北方城市迁移的数量与后来相比是比较小的。从内战到一战的整个时间段里，波士顿黑人居民的比例与纽约、芝加哥、底特律或克利夫兰一样大，只有费城在主要的东部和中西部城市中，拥有遥遥领先的黑人居民比例（表8.2）。

表8.2　北方主要城市黑人人口比例，1870—1970[1]（百分比）

年份	波士顿	纽约	芝加哥	费城	底特律	克利夫兰
1870	1.4	1.3	1.2	3.3	2.8	1.4
1880	1.6	1.6	1.3	3.7	2.4	1.3
1890	1.8	1.6	1.3	3.8	1.7	1.2
1900	2.1	1.8	1.8	4.8	1.4	1.6
1910	2.0	1.9	2.0	5.5	1.2	1.5
1920	2.2	2.7	4.1	7.4	4.1	4.3
1930	2.6	4.7	4.1	11.3	7.7	8.0
1940	3.1	6.1	8.2	13.0	9.2	9.6
1950	5.0	9.5	13.6	18.2	16.2	15.2
1960	9.1	14.0	22.9	26.4	28.9	28.6
1970	16.3	21.2	32.7	33.5	43.7	38.3

[1] 仅限中心城区。1970年数据来自人口普查前期报告。

　　的确，在第一次世界大战及其后的大迁徙（Great Migration）期间，波士顿吸引的黑人新移民比预期的份额要少。黑人人口的绝对数量以及占总数的比例都继续缓慢上升，但速度却比战前稍微慢一些。波士顿黑人人口在1910到1930年之间只增长了一半，而底特律增长了1900%，克利夫兰增长了800%，芝加哥增长了430%，纽约是250%，费城达到了160%。

　　然而，下一波黑人移民浪潮对波士顿的影响与对其他主要城市的影响大致相同。从1940年到1960年，城市黑人居民的比例几乎增加了2倍，增幅仅次于底特律和克利夫兰，并在1960年代继续迅速增长。1970年波士顿的黑人比例高于1960年纽约的黑人比例，也高于1950年芝加哥和克利夫兰的黑人比例（当然，绝对数字要少一些）。

　　因此，从这个简单的人口统计指标来看，波士顿是一个相当有代表性的案例，可以用来考察黑人移民对城市生活的适应情况。它的一个显著特点是两次世界大战之间黑人的迁入率相对较低，如果来自农村确实是黑人经济困难的主要来源，那么在那些年，这一因素本应对该社区的黑人有利。

从表8.1的人口统计数字可以明显看出，波士顿必定吸引了大量的黑人移民，因为黑人城市居民的自然增长率不足以解释所发生的增长。事实上，直到世纪之交，波士顿黑人的生活仍然非常危险，死亡率超过了出生率，因此，净移民数量必须足够大，才能抵消自然减少的影响。黑人的死亡率几乎是白人的2倍，该市民事登记官（City Registrar）在1884年指出："如果没有新来者的不断加入，有色人种迟早会从我们的社区里消失。"上升的生育率和下降的死亡率很快抹除了这种模式，但即便在二战之后的时期，非白种人的自然增长率仍然不足以产生所观察到的显著增长。①

关于波士顿黑人的出生地点的零散资料，既清楚地表明了移民是人口增长的主要来源，又有助于了解新移民的地理来历（表8.3）。人们有时认为，波士顿黑人社区的与众不同之处在于，战前自由黑人的后裔在其中所占的比例异常地高。的确，可以确定一个古老家族的精英，他们的血统可以追溯到这么远，而且有证据表明，这些人在社区的社会生活中发挥了重要的作用。② 但一个简单的事实是，至少自1870年以来，波士顿的黑人人口主要是由出生在其他地方的移民构成的，其中大多数人来自南方。

① Daniels, *In Freedom's Birthplace*, p. 472; City Registrar's Report, *Boston City Document No. 68* (1884) (Boston, 1885), pp. 7 - 8, Elizabeth H. Pleck, "The Two-Parent Household: Black Family Structure in Late-Nineteenth Century Boston," *Journal of Social History*, 5(1972), pp. 3 - 31; 1960 and 1970 Census data.
② Adelaid Hill (Cromwell), "The Negro Upper Class in Boston: Its Development and Present Status," unpublished doctoral dissertation, Radcliffe College, 1952.

表 8.3　波士顿黑人人口出生地，1870—1970[1]

年份	出生地			
	马萨诸塞州	南方	美国其他州	外国
1870	37	38	14	11
1880	31	48	13	8
1890	28	46	11	14
1900	25	53	12	10
1910	29	n. a.	n. a.	13
1920	30	n. a.	n. a.	18
1930	38	37	9	16
1960	43	n. a.	n. a.	8
1970	49	29	16	6

[1] 人口普查局并未定期发表黑人出生地的报告；能找到的只有这份不完整的数据。1870 年、1890 年和 1900 年的数据选自 John Daniels, *In Freedom's Birthplace: A Study of Boston Negroes* (Boston, 1914), pp. 468 - 469。1880 年的数据是由布兰迪斯大学的伊丽莎白・H. 普莱克根据美国人口普查的手稿编撰而成，作为在 "1870—1900 年波士顿黑人社区" 的基础上完成的博士论文的一部分。1910 年、1920 年和 1930 年的数据可以在美国人口普查局的 *Negroes in the United States*, 1920 - 1932 (Washington, D. C.: U. S. Government Printing Office, 1935), pp. 32，74，75，216 - 218 之中找到。1960 年和 1970 年的数据来自马萨诸塞州相应年份的人口普查文件中的《人口》(*Population*) 卷。

1870 年，波士顿人口普查统计的黑人中，略多于三分之一（37%）的人出生在马萨诸塞州；来自南方的移民群体稍微大一点，主要来自弗吉尼亚州、马里兰州和北卡罗来纳州；剩下的当中四分之一是在美国其他地方或国外出生的新移民，外国移民中一半是西印度群岛人，一半是加拿大出生的逃奴后裔。即便是这些数据也低估了移民的重要性，因为马萨诸塞州出生的黑人人口中，有很大一部分是由父母是移民的儿童组成的。1870 年，在年龄大到足以进入劳动力大军的黑人中，有 54% 的人是出生在南方的新移民。一个十年后，波士顿有工作的黑人男性中至少有 61％是南方移民。①

　　1870 年至 1900 年间，这座城市的黑人人口是之前的 3 倍，在此期间，出生在马萨诸塞州的黑人居民比例从 37％降至 25％，而出生在南方的黑人比例则从 38％升至 53％。（请注意，在杜波依斯进行调查时，这几乎正好是占费城人口 54％的南方黑人的比例。）1900 年黑人劳动力的构成没有数据，但最好的估计是，大约四分之三的就业黑人是来自南方的新移民，在马萨诸塞州出生的黑人不超过十分之一。② 在马萨诸塞州工作的大量黑人样本中，近一半（47％）是在过去 10 年内移民到该州的；十分之七的人在马萨诸塞州居住的时间不到 20 年。③

　　在 1900 到 1930 年间，波士顿黑人人口的增长显著放缓。总数不像之前 30 年那样翻了 3 倍，而是只增长了 77％。到 1930 年，马萨诸塞州出生的男性比例的增长已经回到了 1870 年的水平，同样，南方移民的比例也回落至 1870 年的水平。即便如此，整个黑人人口中的 62％，还有黑人劳动力中大约 80％到 85％，都是由这个州之外的移民组成的。

　　1930 年后，特别是 1940 年后，曾经盛行于 19 世纪末的高速增

---

① 1870 年数据由 Isabella MacDougall 根据美国人口普查手稿为 "Negro Wage-Earners in Boston, 1870 - 1880，"（unpublished seminar paper, Brandeis University, 1969）所做的表格。1880 年数据由布兰迪斯大学的伊丽莎白·H. 普莱克收集，是为一篇论文所做，即 Thernstrom and Pleck, "The Last of the Immigrants? A comparative Analysis of Immigrant and Black Social Mobility in Late-Nineteenth Century Boston，" unpublished paper for the 1970 meetings of the Organization of American Historians.

② 这一估计是假定南方黑人在 1870 年时所占的劳动力总数的比例，在 1900 年时仍然保持不变。

③ Massachusetts Bureau of Statistics of Labor, *34th Annual Report*（Boston. 1904），pp. 255 - 257. 调查覆盖了住在波士顿及马萨诸塞州另外 7 个城市的黑人；波士顿黑人占 8 个城市黑人总人口的 83％，因此，把这些数字作为在波士顿工作的黑人情况的参照似乎是合理的。调查的实际日期不详，但它是在 1900 年之后不久进行的。

长率再次出现。黑人人口在 1930 到 1960 年间是之前的 3 倍多，在 60 年代又增长了三分之二。然而这一次，自然增长对总量增加的贡献比过去大，因为马萨诸塞出生的男性比例没有新的下滑，反而有小规模的增长，而外国出生的男性百分比有明显下降。1970 年，波士顿黑人中仍然有大部分（51％）出生在这个州之外并已迁入了此地，新来者（占整个黑人人口的 29％）中绝大部分来自南方。毫无疑问，南方移民在劳动大军中的比例仍然很高。在 1958 年对黑人户主的抽样调查中，超过一半（52％）的受访者是南方移民，而只有 26％ 的人出生在波士顿。[①]

这样看来，"最后的移民"理论的初始前提是正确的。波士顿黑人社区确实经历了大量新来者的持续涌入，其中大部分是来自南方农村的移民。但是，那些用杜波依斯的话说是"这个城市的产物"的黑人，境况真的要比他们来自农村的移民兄弟好很多吗？初来乍到这座城市的黑人，是否与欧洲主要移民群体的处境基本相似？黑人移民的孩子，即第二代黑人，其向上流动的速度是否与第二代白人的大致相同？还是说在黑人和白人的经历之间存在着种类上的差异？

必须在一开始就认识到，下文对这些问题所作的答复将远非定论，因为可供分析的大部分证据与我早些时候在讨论职业成就的种族差异和宗教差异时所使用的证据具有不同的性质。我在研究职业生涯和代际流动模式时所依赖的样本，没有包括足够多的黑人从而得出可靠的结果。因此，我只好主要根据不同时间点的人口普查总表所显示的模式来展开分析。这些分布证据的局限性我们已经说得很清楚。我们发现一个特定群体在两个时间点上具有基本相同的职业分布，但这

---

① Morton Rubin, "The Negro Wish to Move: The Boston Case," *Journal of Social Issues*, 15(1959), 4 - 13.

绝不能证明最初组成该群体的个体在这段时间内没有经历职业地位的变化。在这段时间内人口分布的急剧变化也不一定表明这段时间留在社区的个人受到了这种变化的影响。实情到底如何，取决于所考察时段中移民迁入与迁出的规模和特点。此外，这些证据几乎没有告诉我们代际流动是否正在大规模发生。

事实上，即使找得到黑人个体在特定社区流动性的大量历史证据，也不足以判断说这种方式——向外迁移到一个新的目的地，并伴随着"走向"白人世界和换到一个更高级别的职业——是黑人社会地位上升的关键类型。因此，这里所提供的分析比前几章所提供的分析更具试探性，存在更多的修正可能。不过，我认为，它的大轮廓是正确的，今后的工作将加强而不是推翻我所得出的结论。

三、19 世纪末黑人的经济地位

如表 8.4 所示，在 19 世纪末成功来到波士顿的南方黑人移民的确聚集于职业阶梯的最底层。在 1880 和 1900 年，有十三分之十二的人从事蓝领工作，其中绝大多数是无技能工人、看门人、家仆或搬运工。但令人惊讶的是，那些可能更"有准备"的北方出生的黑人兄弟，在职业竞争中的优势只比他们大一点点。[1]

---

[1] 可以合理地假定，大部分南方移徙者对城市生活准备相对不足，但必须指出的是，以出生地区作为指标是不完善的。这些南方人中有些并非来自农村，而是来自里士满、巴尔的摩和其他南方城市。相比之下，一些出生在北方的黑人，比如 W. E. B. 杜波依斯，可能出生在马萨诸塞州的大巴林顿这样的农村社区或者农场里，尽管这样的黑人不可能有很多。这个问题在伊莱莎白·普莱克即将发表的论文 "The Black Community of Boston, 1870-1900" 里将得到进一步阐明，该文将对那一时期在波士顿结婚的黑人进行分析。那些年的结婚记录通常会显示个人的（转下页）

表 8.4 1880 和 1900 年[1] 波士顿黑人男性的职业分布（百分比），以出生地为分类标准

年份	出生地	职业等级			数量（人）
		白领	技工	体力工人	
1880	北方	9	19	73	901
	南方	7	9	84	1 895
	国外	7	12	81	298
1900	马萨诸塞	12	14	74	530
	北方其它州	6	11	83	2 476
	南方	8	12	80	824

（接上页）出生城市和出生州，从而可以更精确地掌握城乡来源。使用出生地数据分析移民还有个更大的困难，那就是出现在波士顿数据中的南方出生的部分黑人很小的时候就来到了该市，因而是在北方都市环境中度过成长期的。我们只能寄希望于这种情况不会显著地影响分析结果。

19 世纪晚期到波士顿的南方黑人移民中有多少人曾经是奴隶，这个问题只能用粗略的概括来回答。如果我们可以假设 1880 年波士顿南方出生的黑人居民中，前奴隶与自由人的比例等于 1860 年他们出生州中奴隶与自由人之比，1880 年波士顿所有黑人中的 40％，劳动力市场上 51％的黑人以及南方出生黑人中的 84％曾是奴隶。例如，1880 年住在波士顿的黑人中有 1 753 人出生在弗吉尼亚州，因为 1860 年弗吉尼亚州黑人人口中有 89.4％是奴隶，我们假定 1880 年在波士顿的弗吉尼亚出生的黑人中有 1 567 名前奴隶和 186 名自由人。然而，这种估计忽略了一个事实：1880 年住在波士顿的一些黑人，即那些 15 岁以下者，出生于解放黑奴之后。一个更严重的瑕疵在于，这种估计假定在移民过程中没有选择性的影响，使得自由人比前奴隶更容易向北迁移，而事实很可能并非如此。事实上，黑人移民有很强的选择性，1880 年波士顿 70％的南方黑人户主受过教育；见 Pleck, "The Two-Parent Household."。当然，我们不能假设所有的奴隶都未受过教育，很可能有些奴隶在自由之后能读会写。但是 1880 年南方出生的黑人中受过教育的人占大多数，这确实表明内战前自由人的比例超过 16％。

不管怎样，无论波士顿南方移民中的前奴隶和自由人之间的平衡如何，毫无疑问，与出生在北方的黑人相比，这个群体总体上肯定对城市生活准备不足。黑人移民中的一个学生 Carter G. Woodson 否认了这种观点，坚持认为这一时期来到北方城市的南方黑人移民代表着"有才能的十分之一人口"；Woodson, *A Century of Negro Migration* (Washington, D, C. : Association for the Study of Negro Life and History, 1918), 163。然而，波士顿的数据似乎不怎么支持他的观点，Woodson 此说的基础是几个例子而不是对大量个人的研究。虽然有个别的例外，但波士顿的出生在北方和出生在南方的黑人居民在与现代文化长期密切接触的程度上，总体而言似乎存在着明显的差异。对这些问题富有深度的讨论，见 Theodore Hershberg, "Slavery and te Northern City; Antebellum Black Philadelphia: An Urban Perspective," unpublished paper delivered to the Association for the Study of Negro Life and History, October 1970。

年份	出生地	职业等级			数量（人）
		白领	技工	体力工人	
	国外	6	16	78	479

[1] 有关 1880 年的黑人的当年数据及之后的数据，由布兰迪斯大学的伊丽莎白·H. 普莱克从 1880 年美国人口普查手稿中整理得出，见 Thernstrom and Pleck, "The Last of the Immigrants? A Comparative Analysis of Immigrant and Black Social Mobility in Late-Nineteenth Century Boston"，是向 1970 年美国历史学会会议提交的论文，并未出版。1900 年的数据来自 Massachusetts Bureau of the Statistics of Labor, *34th Annual Report* (Boston, 1904)，pp. 249 - 251。该局调查中使用的职业分类不尽如人意，因此，技工及低级体力工人的数据是估计值。在仔细研究 1890 年、1900 年和 1910 年的人口普查数据基础上，我计算出调查中被划为交通业或制造业工人的黑人将近一半是技术工，其余的不是。上述估计值是根据这一假设得出的。数据的这一不寻常的特性，对于调查的准确性及出生地信息表都是问题。南方黑人的比例似乎太低（比较表 8.3），来自北方州的移民比例又太高。到底哪些州被列为"南方"，报告中并未明示，但这似乎仍不能解释这一巨大差异。然而，这些根据出生地划分的职业统计数字与 1880 年的统计数字之间的一致性，似乎表明这项调查准确地估计了南方黑人的职业分布，尽管他们并没有被划分为一个群体。

虽然 1880 年在波士顿工作的大多数北方出生的黑人可以将自己的根追溯到南北战争前的自由人社区，但他们中超过 90％ 是体力劳动者；这个群体中，中产阶级只占极小的一部分，只比南方黑人移民中的中产阶级多一点点，他们大多数人都曾是奴隶，或者来自美国以外。"与现代文化长期而亲密接触"所带来的唯一显著的职业优势是，在这些第二代北方黑人中，有十分之二的人找到了从事技术行业工作的道路，而第一代黑人新移民中只有十分之一做到了。这是件大事，但最重要的事实是，在波士顿出生和长大的黑人中，几乎有四分之三的人所从事的工作与技能、声望、责任或金钱报酬没多大关系。而在另一个重要方面——容易失业的程度上——南方黑人的确比他们的北方兄弟要好一些。就在进行人口普查的 1880 年的前一年，前者中的失业比例只有 7％，而后者的比例接近前者的 2 倍（12％）。

1900 年的情况也差不多。马萨诸塞州出生的黑人在这里可以与来自其他北方州的移民区别开来，值得注意的是，前者在打入白领世界上的表现比其他黑人要成功得多。不过，生于马萨诸塞州的中产阶级黑人仍然少得可怜；他们当中四分之三的人只是无技能或半技能体力工人。还有一点值得注意，到波士顿的南方移民并不比出生在马萨诸塞州以外的北方新移民差多少；实际上，北方移民要比南方移民更多地集中在社会底层。

因此，来自南方农村、准备不足的第一代移民源源不断地涌入这个社区，很难从根本上解释 19 世纪末波士顿黑人经济状况的惨淡。这个城市大多数黑人居民的命运就是当伐木工和抽水工，他们生在哪里又长在何处，是北方还是南方，是城市还是农村，似乎都没有什么不同。

这是反驳有关黑人贫困根源的"老定居者"理论的确凿证据。它与第六章的证据一起，揭示了这一"最后的移民"论的粗糙版本的不足。波士顿的欧洲移民的第二代通常取得了远超父辈的令人印象深刻的进步。相比之下，第二代黑人城市居民的就业状况仅略好于来自南方农村的第一代移民。

不过，如果问题不只是黑人在职业上的表现是否和总体上的欧洲移民一样好，而是黑人的经历是否符合移民职业成就的任何方面，那么还需要进一步分析。显而易见的比较点是波士顿爱尔兰人，19 世纪末来到这个城市的"老移民"群体中最不成功的一个。爱尔兰人和黑人之间确实存在一些显著的相似之处。在 1860 年，作为波士顿移民中的排头兵，爱尔兰人在该市的职业排名实际上低于黑人。[1] 爱尔

---

[1] Handlin, *Boston's Immigrants*, pp. 70 - 84.

兰天主教报纸《波士顿导报》的编辑为自己的乡亲所经历的困难深感
沮丧,他断言:"爱尔兰人刚从奴役中走出来,许多奴役的印记在他
们身上仍然清晰可见……他们还在其他不利条件——一种次等文化与
下层阶级意识下——劳作。"[1] 很久以后,这份遗产的某些印记在波
士顿爱尔兰人社区中仍然清晰可见;直到 1890 年,该市 90％的爱尔
兰移民都是体力劳动者,而当地黑人的这一比例为 92％。

　　然而,对这两个群体来说,关键的问题是,融入这个社会结构的
过程是否以大致相同的方式进行。要解决这个问题,需要的不是比较
第一代爱尔兰移民和所有黑人,而是比较爱尔兰移民和新来该市的黑
人移民,并且也在这些人的第二代之间作比较。这样的比较揭示了两
个群体在经历上的根本差异(见表 8.5)。

表 8.5　1880 年两代爱尔兰移民与黑人移民的职业分布(百分比)

种族划分	职业等级			数量(人)
	白领	技工	体力工人	
第一代[1]				
爱尔兰人	12[2]	21	67	417
黑人	7	9	84	1 895
第二代				
爱尔兰人	24	24	52	277
黑人	9	19	73	901

[1]"第一代"黑人是南方出生的;"第二代"出生于北方。
[2]表中所有差异都具有统计学意义。

[1] 转引自 Francis R. Walsh, "The Boston Pilot and the Boston Irish, 1835 - 1865,"
unpublished paper for the 1969 annual meeting of the American Historical Association.

　　1880 年在波士顿就业的第一代爱尔兰移民中，只有 12％是白领工人，来自南方的黑人中这一比例是 7％——对爱尔兰人来说并非多么明显的优势。然而，20％的爱尔兰移民在技术岗位，但黑人的比例只有 10％；84％的南方黑人是无技能或半技能体力工人，第一代爱尔兰移民的这一比例只有 67％。尽管严重集中于蓝领岗位，爱尔兰移民却明显地较少局限于最不具吸引力与回报的体力工作岗位。

　　然而，在来自这两个群体的第二代城市居民中，可以发现一个更尖锐、更重要的对比。几乎四分之一出生在美国的爱尔兰第二代年轻人找到了中产阶级的工作；第二代得到的白领岗位是他们父辈的 2倍。但是，北方黑人的第二代在这一领域几乎没有任何进步；在一代人的时间里，中产阶级只增长了 2％。

　　在某一时间点——1880 年——拍下的这张快照，也许可以为 1880年至 1890 年间这些群体成员的职业模式演变补充一些证据（表 8.6）。1880 年在波士顿工作，1890 年仍然待在那儿的第一代黑人移民，实际上没有任何职业上的进步；开始仅有 9％的人从事白领工作，一个十年后只多了 2％。无论是在这十年之初还是末尾，他们相对于第一代黑人的优势都并不算大，不足以显示出统计学上的显著优势。到 1890年，该市足足有三分之一的非爱尔兰移民找到了进入白领世界的道路，但做到了这一步的爱尔兰人只有 14％。黑人移民与总体上的欧洲移民之间的模式不存在相似性，但黑人移民与爱尔兰移民之间相当接近。

表 8.6　1880 年和 1890 年白领黑人与移民百分比，以代际划分，20—39 岁的工作男性

代际与群体	1880	1890	数量（人）
第一代			
黑人	9	11	315

代际与群体	1880	1890	数量（人）
爱尔兰人	11	14	99
其他欧洲人	27[1]	33[1]	112
第二代			
黑人	12	17[2]	141
爱尔兰人	25[1]	32[1]	72
其他欧洲人	39[1]	41[1]	41
第三代			
黑人[3]	17[2]	17[2]	87

[1] 显著不同于黑人。
[2] 显著不同于第一代黑人。
[3] 第三代黑人是父亲及本人都出生在北方的黑人。

然而，在爱尔兰和欧洲非爱尔兰移民群体内部，第二代年轻人的进步都很显著。爱尔兰人仍然落后于其他欧洲白人，他们当中有三分之一在1890年时得到了白领岗位，其他第二代移民男性的相应比例为41％。但是，职业成就上的明显差距并不存在于爱尔兰人与其他第二代群体之间，而是存在于北方出生的第二代黑人与第二代白人之间。那些一生都"与现代文化有着长期而密切的接触"（就像"最后的移民"理论所坚持的那样，某种程度上，仅仅是肉身存在于城市中就提供了很多的接触）的黑人中，有六分之五的人从事着与刚离开南方农村的那一代人同样的体力劳动。到1890年，第二代黑人所从事的白领工作只比南方黑人移民多6％，而且就进入技术行业而言，他们的优势更不起眼。17％的人达到了这一水平，而第一代移民中相应的比例是15％（表格恕不在此列出）。

通过分离出一个与北方城市生活有更长期的接触的黑人群体——他们的父亲出生在北方，因此他们深深扎根于美国南北战争前的自由黑人社区——可以得到更显著的证据，表明 19 世纪末波士顿黑人的经济困难主要不是由于准备不足的农村移民不断涌入造成的。1880 年，这些第三代北方人在黑人男性劳动力中所占的比例不到五分之一，如果熟悉现代文化确实会对人生产生很大影响，那他们本应成为经济精英。就接触城市生活的时间而言，他们绝非"一张白纸"。但实际上，他们的境况一点也不比出生在北方的第二代黑人好，也不比第一代农村移民好多少。1890 年，他们当中有 83％的人仍是体力工人，其中绝大多数都在干着黑人移民会做的典型工作——苦力、仆人、侍者、门卫或者搬运工。第二代爱尔兰移民中的中产阶级虽然少于其他欧洲移民的第二代，却差不多是第三代北方黑人移民这一比例的 2 倍。

在人口普查中，只有在自报为"穆拉托"（黑白混血儿）的第三代黑人小群体中，才有很大的职业流动性。这些人（$N = 37$）在 1880 年代上升的速度与第二代爱尔兰移民大致相同，而认为自己是黑人的第三代黑人（$N = 50$），仍然处于职业阶梯的最底层，与刚从南方农村来到美国的黑人移民的地位完全相同。考虑到"穆拉托"这个名词的含糊性，很难弄清楚上述现象意味着什么。[1] 也许这些黑白混血儿的种族特征并未不可磨灭地刻在他们脸上，因此他们受到的歧视也较少。或者，这种自我认同可能与肤色没有什么关系，而且表现了他们以白人雇主可以接受的方式行事的更大的决心。无论如何，未

---

[1] 人口普查局对"穆拉托"的定义相当清楚。1880 年的统计说明中规定："在报告穆拉托类别时要特别小心，这个词在这里指的那类人，包括四分之一、八分之一混血及所有有非洲血统的人"；Carroll D. Wright, *The History and Growth of the United States Census* (Washington, D. C. : U. S. Government Printing Office, 1900), p, 171. 然而，统计人员是如何获得这些信息的，以及这些信息的可靠性如何，都是不确定的。

被认定为黑白混血儿的第三代黑人男性没有取得显著的职业成就，这对那些将黑人问题追溯到南方农村的理论是致命的打击。

另一项具有启发性的证据表明，即使是19世纪晚期最贫穷、准备最不充分的欧洲移民群体——爱尔兰人——和黑人之间的明显相似之处也有些流于表面。1890年美国人口普查的数据允许我们把工作范围缩小到像"白领"这样非常宽泛的类别，并衡量黑人和爱尔兰移民渗透到特定职业的程度（表8.7）。黑人的数据属于所有黑人男性，而不仅仅是来自南方的移民，但爱尔兰人的数据只属于移民，不包括第二代。因此，这种比较会偏向于黑人，因为他们中有相当一部分人一生都生活在北方。

表 8.7　1890 年[1] 爱尔兰移民和黑人男性在选定职业中的相对集中指数

职业	爱尔兰人	黑人
无技能与家政服务		
苦力	329	328
仆人	114	1 128
搬运工	135	848
看门人	63	720
半技能工人		
工厂工人		
钢铁厂	125	8
烟厂	9	12
木材厂	50	20
鞋厂	117	64
交通运输		
铁路	146	56
电车	70	20
卡车	111	40
看守和警察	102	24

职业	爱尔兰人	黑人
技术工人		
理发师	84	28
铁匠	169	20
细木匠	33	12
木工	55	16
机械师	47	8
泥瓦匠	164	36
油漆工	58	20
水管工	59	4
印刷工	35	20
裁缝	92	52
低级白领		
中介	36	4
职员	24	20
旅行推销员	21	8
售货员	28	12
高级白领		
店主、商人和小贩[2]	64	40
工厂主	46	8
专业人才[3]	15	25

[1] 从 1890 年美国人口普查数据计算得出。指数值为 100，表示该群体成员在该职业中所占的比例与该市从事该职业的所有就业男性所占的比例相同。低于 100，表明该群体的代表人数不及总体男性相应比例，超过 100 即为过多。

[2] 这里的小贩和小店主无法与大商人分开，这无疑可以解释黑人与爱尔兰人相对较好的表现。

[3] 仅指工程师、律师和医生。

尽管如此，这座城市里的黑人的经济地位仍远不及爱尔兰移民。
这两个群体都包含着大量不成比例的普通无技能散工——如果不考虑
男性在整个职业结构中的分布情况的族裔特征（或者像读写能力这样
与族裔特征有关的特质），则人数几乎是预期的 3.3 倍。[①] 但是，在
该市其他任何一个卑微的无技能职业中，黑人都严重超出比例。如果
随机分配工作，黑人门卫的数量为预期的 7 倍，黑人搬运工为预期的
8 倍，黑人仆人为预期的 11 倍。相反，做仆人和搬运工的爱尔兰人
只是稍微超出预期，做门卫的还低于预期值。

即便与地位低下的爱尔兰人相比，黑人的职业结构仍然极度单一
且不平衡，关于这一点，更令人震惊的证据在于这样一个事实：在我
们分析的 31 种主要职业中，只有其中 4 种卑微的工作，黑人得到了
预期的机会。事实上，只在另外 3 种工作中——鞋厂工人、铁路工人
和裁缝——黑人得到了他们预期值的半数的工作。[②] 另一方面，在 27
种无技术性和低等服务层次之上的工作中，有 7 种里面爱尔兰人的比
例超出了预期，27 种里有 15 种他们至少达到了预期值的一半。

这两个群体都很少有专业人士，这并不奇怪，因为即使在 1890
年，这类职位也普遍有学历要求，而爱尔兰人在这一层次上的代表性

---

① 如果能得到更详细的关于这些非技术性体力工作确切性质的数据，即使是爱尔兰人
　和黑人之间的相似之处可能也没那么大了。城市或大公司经常雇用的劳动者的地位
　明显比散工优越，散工永远不知道他们会在哪里工作，如果能够找到工作的话。很可
　能，到 1890 年，爱尔兰人在城市和大公司的劳动岗位中占了最大份额。最早的证
　据是 1910 年人口普查中有关移民和黑人就业模式的资料。黑人做"普通体力工"
　的指数是 220，移民是 166；黑人做"苦力、搬运工和商场帮工"的指数是 654，移
　民是 107。在被认为更为稳定的劳动岗位上，情况发生了逆转。做"道路、街道建
　设和维修工"的黑人指数只有 29，而移民是 183；黑人做"出版服务业工人"的指
　数是 33，移民是 145；黑人做"铁路工人"的指数是 42，移民是 186。
② p157，注①提出的警示——"预期份额"不可能与"公平份额"相等——在这里同
　样适用。在解释诸如此类的指数时，必须考虑到有关群体的职业资格。正因为如
　此，爱尔兰移民被拿来与黑人作比较，因为在 19 世纪晚期的美国，爱尔兰人也背
　负着沉重的背景劣势。

甚至比黑人还要明显不足。① 不过，在少数几个需要高学识的职业之外，在为有抱负的人群提供关键影响力的广大创业与商业领域，黑人找到的机会甚至比第一代爱尔兰移民还要少。做店主、商人和小商贩的黑人，是预期值的 40%，但这些行业中的爱尔兰人是预期值的 64%（毫无疑问，两个数据都因分类中加入了底层小商贩而被夸大了）。在制造业当工人的黑人数量不到预期值的十二分之一，而在制造业当工人的爱尔兰人达到了预期值的 46%。爱尔兰人在保险和房地产经纪人、旅行推销员和售货员这类工作上也要成功得多。只有在那些能提供可观收入与前景的白领阶层的工作中——日常的文书工作——黑人的机会才几乎与爱尔兰人完全相等。

然而，波士顿黑人的经济困境最显著的特征可能在于，他们缺少获得最底层以上的蓝领工作的机会。到 1890 年，大量爱尔兰移民已经找到了进入技术行业的道路。他们在两个手工艺行业——铁匠和泥瓦工——中赢得了远超起步阶段的份额，在十个技术工种里，只有三个他们的比例不足预期值的 50%。相反，黑人占比不足预期值 50% 的工种有十分之九。黑人在技术工作中的代表性指数平均仅为 22，而爱尔兰人为 80。

同样，爱尔兰人发现工厂的大门也在向他们敞开（除了德国人主导的烟草业），他们进入了一些不太吸引人、薪酬不高但明显高于非技术性和低薪服务性工作的工作岗位。相比之下，黑人则被工业革命严重忽略了；只有当地的小鞋厂在 1890 年雇用了 23 名黑人，表现出对黑人劳动力的完全接受。其他交通运输业与公共服务业的半技术性

---

① 然而，黑人专业人士的绝对数量实在太小——全部 3 614 人中只有 16 人——一个没有多大意义的指数。

工作同样对大量的爱尔兰移民敞开，但相对来说，黑人无法接近。

因此，所有来自 19 世纪末的证据都指向同一个方向。这座城市的黑人居民并不仅仅处于移民谱系的低端，他们的处境与爱尔兰人大致相当。这两个群体的大部分人都是相对意义上的城市新移民，他们的成长期都在一个令他们意识到对现代大都市生活准备不足的环境中度过，但他们后来在城市生活中所体会到的差异，远比相似之处更为重要。

有些差异是显而易见的。两个群体的第一代移民几乎都没有机会逃离体力劳动阶层，但黑人基本上被限制在蓝领阶层最底层的 4 种卑微工作中，而爱尔兰人在工厂或运输行业的半技术性岗位上站稳了脚跟，在技术行业中也有很好的比例。此外，尽管这两个群体的白领精英人数大致相当，但爱尔兰人在创造就业机会的创业岗位上表现得更强，而中产阶级黑人大多要么是独狼式的专业人士，要么是其他人的下属员工。如果有可能在这部分分析中把出生于南方的黑人和出生于北方的黑人分开，并把爱尔兰移民和出生于南方的黑人进行比较，这些对比就会更加明显。

更大的差异出现在第二代当中。尽管美国出生的爱尔兰裔年轻人比他们的大多数第二代竞争对手进步得更慢，但他们的表现却比父辈好得多。相比之下，南方黑人移民在北方出生的儿子，最终得到一份比父辈更好的工作的机会微乎其微。事实上，他的孩子，除非是黑白混血儿，否则也不会比其祖父母更接近白领世界。

四、停滞时期：1900—1940

从 19 世纪末到第二次世界大战爆发前，波士顿黑人的职业地位几乎没有任何改善。1890 年，该市 56％的黑人男性是没有技能的散工、仆人、侍者、看门人或搬运工；30 年后这一比例为 54％，1940 年为 53％。截至 1890 年，波士顿只有 8％的黑人从事白领工作；半个世纪后，这一数字仅为 11％。

在这一时期，黑人代表人数在一些特殊职位上有了一定的增长，但在 1940 年，除了传统上被限制从事的体力劳动和服务工作外，黑人在所有主要职业中的代表人数都严重不足（见表 8.8）。本世纪初，黑人在这类工作中的代表性指数为 347；在第二次世界大战前夕，它其实也就高了一点点（365）。那时，已经有相当多的半技术性工作岗位开放了，但是黑人在这些工作中所占的份额仍然不到预期值的三分之二。在"工匠、工头及类似工人"这一分类的 9 种职业中，只有 1 种职业的黑人人数是随机分配的数值的一半。尽管自 1900 年以来，9 种职业中至少有 7 个的代表性指数有所上升。在较低级的白领阶层主要职业中，黑人在簿记员和推销员方面的比例仍然非常低，但他们找到了更为难得的机遇成为职员或代理人。（不过，后者的增长完全是由于黑人房地产经纪人的增加，他们很可能受雇于黑人公司；1940 年，纽约市 1541 名保险代理人中只有 6 名是黑人，仅为预期人数的十分之一。）到 1940 年，黑人做批发商的比例略高，但做零售商的比例较低。黑人做经理和官员的明显比以前多了，但仍然只有随机分配的四分之一。在高学识的专业领域，只发生了极微小的变化——黑人的指数从 34 上升到了 38。

表 8.8　1900 和 1940 年[1] 黑人男性在所选职业中的相对集中指数

职业	1900	1940
无技能及体力服务	347	365

职业	1900	1940
半技能操作	24	63
技工		
细木匠	0	18
木工	24	45
工头	20	17
机械师	5	24
泥瓦工	57	38
油漆工	23	72
水管工	13	24
印刷工	23	26
裁缝	26	38
低级白领		
代理人	25	53
簿记员	5	5
职员	30	47
销售	9	12
高级白领		
商人，零售	21	18
商人，批发	21	28
经理或官员	8	25
专业人才[2]	34	38

[1] 根据已出版的 1900 年及 1940 年美国人口普查数据计算得出。指数的解释见表 8.7 的注释 1。

[2] 仅指建筑师、牙医、工程师、律师和内科医生。

　　遗憾的是，这段时期的证据不允许我们对第一代黑人移民和北方长期居民之间的差异进行任何分析，但令人极为怀疑的是，与19世纪晚期相比，这些年来该市黑人缺乏经济进步是否能够更多地归因于南方新移民的涌入。如果准备不足的南方人迁入是问题的核心，那么波士顿黑人的状况在这几十年里就会有显著的改善，因为在世纪之交之后，南方人的迁移速度大大减缓了。该市南方黑人的比例从1900年的53％下降到了1930年的37％（见表8.3），考虑到黑人人口在大萧条年代非常缓慢地增长及随后出现的自然增长速度的上涨，下降很可能持续到1940年。如果农村移民占多数实际上是黑人社区经济困难的主要来源，那么南方移民所占比例的这一显著下降，将伴随着该市黑人职业分布出现明显的向上流动。但是，这样的显著上升并未发生。

　　这些年当中，黑人与欧洲移民的职业模式并未表现出任何合流的迹象（见表8.9）。如果"最后的移民"的假说是正确的，波士顿的黑人应该排在第一代移民之前、有点落在第二代移民之后，因为黑人群体中既有第一代移民，也有长期熟悉城市生活方式的男性。此外，黑人男性在这一时期本应比欧洲移民享有更大的优势，因为前一组中南方移民的比例正在大幅度下降。

表8.9　1890、1910和1930年[1]黑人与第一、第二代移民的职业分布（百分比）

年份	职业等级			
	种族划分	白领	技工	低级体力工
1890	第一代移民	18	37	45
	第二代移民	32	34	34
	黑人	8	11	81

续表

年份	职业等级			
	种族划分	白领	技工	低级体力工
1910	第一代移民	24	33	43
	第二代移民	45	21	34
	黑人	10	8	82
1930	第一代移民	24	30	46
	黑人	11	12	77

[1]根据已出版的人口普查数据计算得出；1930 年没有提供第二代移民的职业信息。

不过，实际上，黑人在 1890 年、1910 年和 1930 年甚至远远落后于城市的第一代移民（没有关于 1940 年移民职业分布的数据）。拥有中产阶级工作的黑人还不到第一代移民的一半，而无技能或半技能工人将近移民的 2 倍。第二代移民在职业竞争中更是远远领先于黑人，其中产阶级人数是黑人中产阶级人数的 4 倍。

从这些分布数据中得出的关于黑人社会流动障碍的推论，可以从 1910 年在波士顿结婚、1920 年仍在当地工作的黑人和移民的职业模式的一些零碎信息中得到进一步的证实。1910 年在职的移民中有 21%（$N = 538$）从事白领工作，但黑人的相应比例只有 12%（$N = 88$）。一个十年后，仍有三分之一的欧洲新移民（171 人）在该市从事中产阶级工作。相比之下，黑人中产阶级完全没有增长；仍然仅仅停留在整个群体的 12% 上（$N = 22$）。在这十年中，几乎有五分之一仍在该市的体力工人上升到了白领阶层；但样本中没有一个黑人体力工人实现了相应的进步。本地出生的美国人在这十年中进入白领世界的速度比移民要快——他们当中有 24% 做到了这种转变（$N = $

235）——但鲜明的对比显然不在移民与本地人之间，而在黑人和白人之间。

五、最终进步

在解放了四分之三个世纪后，波士顿的黑人仍然处于社会阶梯的底层。直到 1940 年，他们当中仍有七分之六从事体力工作；超过一半人仍然局限在传统的"黑人岗位"上，做无技能苦力、看门人、搬运工、仆人或侍者。

然而，在 1940 年和 1970 年之间，出现了一个重大突破。这些体力劳动岗位上黑人的比例从 1940 年的 53％下降到了 1960 年的 23％。1970 年的人口普查没有提供关于黑人男性职业分布的同样详细的表格，但相关数据无疑更低。表 8.10 显示，黑人从事非技术性劳动和服务性工作的总体比例在这段时期内显著下降，从 1940 年的近三分之二（65％）降至 30 年后的略高于四分之一（27％）。

表 8.10　1940—1970 年[1] 黑人男性的职业分布（百分比）

职业	1940	1950	1960	1970
专业人才	5	4	7	11
经理、业主或官员	2	3	3	5
职员	5	6	9	11
销售	2	2	2	3
工匠	9	13	15	17

职业	1940	1950	1960	1970
操作工	12	23	31	25
服务员	52	32	22	19
苦力	13	17	11	8

[1] 根据已出版的人口普查数据计算得出。1940 年的数据是波士顿城区的，后面的都是波士顿大都市圈的。

黑人在最卑贱的体力劳动岗位和服务行业就业率的急剧下降，原因之一是作为半技能操作工的工作机会增加了。在第二次世界大战前夕，只有八分之一的黑人男性从事这类工作。在 1940 年代繁荣的劳动力市场上，这一比例几乎翻了一番；而在 1950 年代进一步增长到接近三分之一，在 60 年代末小幅下降到四分之一。

然而，1940 年以后黑人劳动力向上流动的大幅净增长，大部分是由于职业水平提高、技术行业和白领阶层需求量的增加。大萧条时期，在波士顿受雇的黑人男性中只有不到十分之一是技术工人。在随后的 30 年中，这一数字稳步增长，截至 1970 年，达到六分之一。在此期间，黑人在白领阶层的就业机会以令人印象深刻的更快速度得到改善，但在这方面的进步就更不均衡。实际上，40 年代并无进步，但在 1950 年到 1970 年间，从事白领工作的黑人比例翻了一番。

这些当然都是惊人的变化，但我们有必要问一下，它们在多大程度上反映了这段时期波士顿职业结构的总体变化，并因此使得黑人和白人的相对地位没有发生改变。如果在该市工作的白人这些年里也经历了同样的净上升趋势，那么从事非技术性或服务性工作的黑人所占比例的急剧下降，以及黑人在较高职业层次上的相应成就，显然会以另一种截然不同的角度出现。

但是，实情并非如此。表 8.10 表明，在无技能工人和服务人员以上的阶层中，只有专业人员的增加是因当地职业结构整体变化而带来的收益（见表 8.11）。虽然在 1940 年到 1970 年间，黑人被雇为专业人员的比例有了剧烈的增长，从 5％上升到 11％，但在同一时期内，整个波士顿劳动力市场上专业人才的比例几乎增加了 2 倍。尽管黑人在这一领域取得了进步，但与白人相比，黑人实际上是在倒退；他们的相对职业集中指数从 68 下降到了 56。

表 8.11　1940—1970 年[1] 黑人相对职业集中指数

职业	1940	1950	1960	1970
专业人才[2]	68	38	47	56
经理、业主或官员	22	22	25	40
职员	44	67	90	107
销售	18	19	21	40
工匠	46	60	70	93
操作工	63	117	169	177
服务员	352	366	259	181
苦力	166	237	187	159

[1] 指数计算方法与表 8.7 和表 8.8 相同。1940—1960 年的数据与 Leon H. Mayhew 在 *Law and Equal Opportunity: A Study of the Massachusetts Commission Against Discrimination* (Cambridge, Mass.: Harvard University Press, 1968) 中提供的同一年份指数略有不同。因为 Mayhew 计算了每个类别中黑人和白人工人的比例，而不是黑人工人和所有工人的比例。

[2] 1940 年黑人专业人才的指数高于表 8.8 中提供的数据，因为这一指数包括了所有专业人才，而表 8.8 的数据是为传统的学术专业人员计算的，只是为了最大限度地与 1900 年的数据相比较。正如文中所提到的那样，1940 年黑人在专业领域的强势表现及其之后的明显衰落在某种程度上具有误导性，因为这在一定程度上可归因于牧师和乐师这类边缘职业的萎缩。如果把这些数字排除在指数之外，1940 年和 1960 年的数字几乎是一样的，仍是 47 和 43。

不过，这种表面上的下降多少有些误导人。在 1940 年和 1950 年，黑人专业人士中最大的两个群体是牧师和乐师，这两个职业并不一定需要大量的培训，而且工资普遍很低。1940 年和 1950 年，分别有大约 39％和 32％的黑人专业人才从事这些边缘职业。在 20 世纪 50 年代，这一比例突然下降到只有 11％，与此同时，有技能的黑人专业人士的数量急剧上升。例如，黑人工程师、设计师和绘图员的增长速度是波士顿整个劳动力市场这类工作增长率的 5 倍（273％：56％）。令人遗憾的是，1970 年的人口普查没有提供类似的详细表格，但 1960 年代黑人专业人员阶层的进一步扩大很可能导致他们在技术领域的进一步推进。如果 1970 年黑人在专业工作这一类中所占的比例比 1940 年略低，那么他们在要求最高、报酬最高的职业中所占的职位至少和 1940 年一样多，甚至可能更多。

在除了专业领域外的其他所有白领行业，黑人都在稳步前进，缩小种族间的差距。最引人注目的是职员工作上的进步。在大萧条时代的末期，黑人只得到了不及预期值一半的职员工作；到 1970 年，他们在这类职业中的比例实际上高出了 7％。在另外两个主要的白领行业——经理、业主和官员以及推销员——黑人即便在 1960 年代末期仍然严重不足，如果这类工作通过劳动力市场随机分配，他们只能得到了预期值的 40％。但如果说这两类人之间的种族差距仍然很大，那么在这段时期内，这种差距已经缩小了一半。

相对于白人，黑人在高级蓝领职业上的进步速度同样引人注目。黑人男性不再从事服务性职业，不仅仅是因为这些工作岗位在劳动力市场上的总体萎缩。这确实是第二次世界大战期间黑人在服务性行业就业率大幅下降的原因，1950 年黑人在服务工作中的比例与十年前相比甚至更高了。但在 20 世纪 50 年代和 60 年代，他们以与此极不相称的数量离开了这类工作，并将他们的相对集中度降低了近一半。
20 世纪 40 年代，他们在半技能操作工中的代表人数几乎增加了 1
倍，并在 50 年代取得了进一步的进展。最重要的是，他们稳步进入
了技术性行业，到 1970 年，几乎达到了与白人同等的水平；这些年
里，黑人在技术性行业的就业指数从 46 上升到了 93。

　　然而，尽管有这些不可否认的成就，1970 年时波士顿黑人男性
的职业分布仍然相当独特。10 名黑人中有 7 人是体力劳动者，但该
市白人男性的这一比例略低于半数。与整个波士顿劳动力市场相比，
做无技能体力工人的黑人超过 59％，做服务员的超过 81％，做半技
能操作工的超过 77％。相应地，黑人在专业人员中的赤字是 44％，
在管理人员及销售人员中的赤字为 60％。

　　更重要的是，在 1940 年至 1970 年之间，各职业阶层的种族差距
明显缩小，但似乎并没有导致种族间收入差距的类似缩小。找不到
1940 年黑人和白人收入的明细表，但在 1950 年，黑人男性雇员收入
的中位数只有白人中位数的 0.719。尽管黑人在随后的十年里挤进了
更高的职业等级，他们相对于白人的收入中位数实际上却显著下降
了，只有 0.662。的确，这种令人不安的职业上进步而收入上下降的
职业发展模式，并没有延续到 20 世纪 60 年代——与白人相比，黑人
的职业分布和收入中位数在 1960 至 1970 年间都有所改善——但后来
取得的收入增长仅够弥补 50 年代的损失。1970 年和 1950 年一样，
波士顿黑人男性的收入不到白人男性的四分之三。[①]

　　对于这一表面上似是而非的现象——黑人的职业突然升级，但相

---

① 由于 1960 年的数据适用于非白人而不单适用于黑人，因此人口普查收入中位数的
　数据并不具有精确的可比性。1950 年，黑人收入是该市中位数的 0.722，1970 年
　为 0.720；1960 年，非白人的收入为城市中位数的 0.650。

对的收入地位几乎没有变化——我们的解释是，黑人在这些年里的向上流动恰好是进入了那些收入差距最大的职业类别。1970年，黑人无技能工人的收入中位数是从事这类工作的所有人收入中位数的95％，但随着职业阶梯每一级的上升，黑人的相对收入就越来越少。黑人操作工的收入只有全市这类工人收入中位数的85％，技术技工则是75％，专业人员和经理仅为66％。[1] 黑人与白人在较高职业等级上的相对收入差距如此之大，以至于在众多职业类别中实现分配上的完全的种族平等而不缩小每一类别中收入上的种族差距，对于缩小种族间整体的收入差距的作用微乎其微。一项假设了1970年主要职业阶层收入差别和黑人与白人在整个职业结构中平等分布的计算表明：在这些假设条件下，黑人男性的收入中位数将是整个波士顿劳动力中位数的0.770，与1970年实际的0.720相比，显然没有多大改善。[2]

当然，这并不是说黑人在1940年到1970年间大规模的向上流动就不代表重大的进步。毕竟，1970年时，黑人专业人才、经理和业主比无技能的黑人劳力多挣了将近三分之二（63％），黑人工匠平均多挣了三分之一（34％），黑人工人多挣了27％。职业阶梯上的每一

---

[1] 但是，收入差距不能简单视为衡量歧视程度的方法；可能是由于职业技能不同，导致黑人在这些广泛的类别中主要从事收入最低的工作。例如，1970年黑人专业人士的平均就学年限远远低于白人专业人士的平均水平，由于这个原因，他们更可能是医疗技术人员而不是外科医生，更可能是社会工作者而不是律师。关于歧视和其他影响黑人经济地位因素的相对重要性的评估，见下文。

[2] 人口普查只提供了少数几个职业群体的数据。目前还没有关于文员、销售人员或服务人员收入中位数的种族差异的资料，我不得不做出一些假设。假设黑人服务员收入是该市这一行收入中位数的90％是合理的，因为在职业分类中服务业紧邻的上层和下层——操作工和无技能体力工——收入分别是85％和95％。在计算中，我假设黑人职员和推销员的收入是城市中位数的80％，考虑到专业人士、企业主、经理人和官员中普遍存在的66％这一数字，我的估计是相当慷慨的。如果对这一层次上的黑人收入中位数进行更为慷慨的假设，只会使总体黑人收入中位数的估值从0.770升至0.806。

步上升都意味着收入、工作保障和工作条件等方面的切实提高。但值得注意的是，在这30年中，黑人相对于白人取得了引人注目的职业提升，显然主要是通过进入高收入阶层中收入最低的工作岗位来实现的。无论相关的个人获得了什么样的收益，与白人相比，这些变化都并没有明显改变波士顿黑人的总体收入状况。[①] 因此，要在收入分配方面实现更大的种族平等，就不能简单地延续最近几十年里一直在发挥作用的黑人职业流动模式。

六、不平等的根源

从19世纪晚期到大萧条时期，黑人男性绝大多数集中在最卑微、报酬最低的职业中，即使在1940年至1970年取得重大进步之后，种族间仍然存在着巨大的经济不平等，这是什么原因呢？手头的证据虽然远不足以得出明确的答案，但确实可以对一些可能给出的主要解释进行评估。

1. 农村背景的劣势

认为黑人经济困境的根本原因是大量准备不足的南方农村黑人不断涌入城市的说法，在这里几乎没有得到支持。的确，在过去一个世纪里，大多来自农村的南方移民占了波士顿人口的很大一部分，而且不可否认的是，这些新来者中有许多人没有技能，没有接受过大多数

---

① 然而，正如 Daniel P. Moynihan 和 Andrew Brimmer 及其他人以全国性数据为基础的研究所示，这些年来，黑人和白人之间收入差距的相对稳定掩盖了黑人社区中两个非常显著的变化——夫妻双全的黑人家庭相对收入状况有了显著的改善，而生活在破碎家庭中的黑人相对收入却出现了显著的下降。不幸的是，已发表的波士顿人口普查数据不允许我们验证这一假说。不过，下文对黑人家庭模式作为经济不平等之来源的假定做了一些分析。

技术或白领职位所需的培训。

但上述分析提供了两个依据，使得我们坚持认为这绝不是波士顿黑人经济状况低迷的充分解释。依据之一是，对黑人和各种欧洲移民群体（主要来自农村）进行的一系列比较，揭示了双方在职业地位上的鲜明对比，黑人远远落后于所有移民群体。甚至移民群体中最不成功者，比如爱尔兰人，都进入了远比黑人更广阔的职业领域。

假设这么多出身农村的黑人构成了这个群体职业进步的首要障碍，而检验这个假设的第二种方法就是比较波士顿的北方出生黑人与南方出生黑人的情况。必不可少的数据中，只有 1880 年和 1900 年的在手，但至少在那个时期，结果是很明确的。那些一辈子生活在北方、大概经历了"与现代文化长期而密切的接触"的黑人的经济状况几乎与来自南方的最质朴的黑人移民完全相同。

由于这些原因，这种解释似乎可以断然排除。当然，它并非令人难以置信，不过经验数据根本不支持这一观点。

2. 教育

另一种可能的解释瞄准的是城市黑人的教育缺陷。这一点有时是作为农村背景假说的一部分被提起的，因为在农村长大的儿童比城市长大的儿童获得教育的机会少。但一个相关且互补的论点是，城市黑人辍学比白人早，因此进入劳动力市场时资质不如后者。然而，有证据表明，虽然波士顿黑人相对较低的教育水平阻碍了他们的职业发展，但黑人与该市其他群体之间的教育差距还不够大，不足以完全解释黑人在经济竞争中的无力。

相关数据见表 8.12。表格的第一部分显示了 1900 年在波士顿上学的 10—14 岁和 15—20 岁移民、第二代美国人、老牌美国人和黑人的比例。在世纪之交，黑人在 14 岁以后继续接受教育的可能性只有北方白人的一半，人们很容易认为这是这些年轻黑人职业生涯中机会极其有限的主要原因。然而，有关该市第一代和第二代移民的可比证据，为评估其中涉及真正因果关系的假设提供了两个对照组。这一假设似乎令人怀疑。1900 年波士顿黑人接受的教育要比欧洲移民多得多，而他们在后来职业竞争中的表现要差得多。例如，1910 年，从事白领工作的移民是黑人的 2.5 倍（24％∶10％），从事技术工作的移民是黑人的 4 倍（33％∶8％）。在后面的两个十年里，这种差异仍然几乎同样尖锐（见表 8.9）。黑人与第二代移民的比较进一步表明，用教育来解释黑人的经济状况是站不住脚的。1900 年，波士顿黑人的入学率与移民家庭在美国本土生下的孩子大致相同，但第二代移民中有整整三分之二的人后来能够进入技术或白领岗位，而黑人中只有不到五分之一（见表 8.9）。

表 8.12　1900—1970 年[1] 黑人与其他群体受教育程度

I. 入学百分比，1900				
年龄	移民	第二代移民	老牌美国人	黑人
10—14	80	92	94	89
15—20	7	23	39	20
II. 完成学年数（百分比），1940				
学年数	移民		本地白人	黑人
6 年以下	41		6	26
7—8 年	36		31	39
9—11 年	9		21	15
12 年以上	13		42	20
中位数	7.5		10.8	8.5

III. 就学年数与职业水平（百分比），1950				
	爱尔兰人	意大利人	加拿大法语区人	黑人
中位数	8.4	6.1	8.5	9.5
职业水平				
白领	19	19	20	15
技工	21	25	39	13
低级体力工	60	56	41	72
IV. 黑人在校人数中位数与总人口的对比，1940—1970				
年份	总人口	黑人	黑人中位数占城市中位数的百分比	
1940	8.9	8.3	93	
1950	11.8	9.5	81	
1960	12.1	10.5	87	
1970	12.4	11.6	94	

[1]1900 年的数据来自人口普查，由马萨诸塞州劳动力统计署提供，见 *34th Annual Report*，p. 273。其他所有数据来自每年的人口普查数据。

1900 年的证据在一个方面受到了严重的限制。它只关乎移民在波士顿所受的教育，并没有揭示出移民在来到这座城市之前可能接受过的任何教育。可以想象（尽管可能性不大），典型的欧洲移民在这方面比典型的黑人农村移民更有优势，这也是他们在职业上更加成功的原因。很幸运，1940 年的同类数据没有这种局限性。这些数据表明了不同群体完成学业年限存在的差异，无论是在波士顿、密西西比、爱尔兰，还是其中的某些组合。（当然，表 8.12 所列的完成学年数和其他数字可能掩盖了所受教育在质量上的重大差异。波士顿八年制的学校教育可能和密西西比八年制的学校教育有很大的不同。在解释黑人和本土白人的教育数据时，必须牢记这一警示，但它可能不会对黑人和移民之间的比较产生实质性影响，因为爱尔兰或意大利的学校很可能也并不等同于波士顿的学校。）

1940 年波士顿黑人受教育程度的差异再次表明，促使波士顿大多数黑人从事无技能或服务性工作的原因不仅仅是他们缺乏教育。当时，该市黑人受教育的平均年限比当地白人少 2.3 年，从表面上看，这似乎是两个群体之间职业差异的一个重要源由。但是，黑人和移民之间的比较再一次对教育这个解释的说服力提出了质疑。尽管平均起来，黑人比在国外出生的白人整整多受了一年的教育，但他们在职业结构的底层更为集中。①

1950 年的数据不是黑人和总体上的移民之间的比较，而是黑人和波士顿第一代移民中排名最靠后的三个群体——爱尔兰人、意大利人和加拿大法语区人——之间的比较。黑人的受教育程度明显高于这三个群体，比爱尔兰人和加拿大法语区人多 1 年，比意大利人至少多 2.4 年。但这个优势并未给黑人带来职业上的相对优势。相反，黑人的职业地位比其中任何一个群体都低。黑人中产阶级也比这些上学年限更少的移民群体的中产阶级少一些。更重要的是，黑人中技工的比例仅为加拿大法语区人的三分之一、意大利人的一半、爱尔兰人的 60%。

在反对缺乏教育是黑人经济不平等主要原因这一假设的指向上，我们提供的最后一项证据，是比较 1940 年至 1970 年期间黑人与波士

---

① 没有 1940 年移民和黑人职业相对地位的数据，但是十年后，外国出生的男性有 30% 从事白领职业，黑人则有 15%；移民中有 28% 是技术工人，黑人则有 13%（见表 6.3 和表 8.10）。

顿总人口的教育水平中位数得出的一组数据。大萧条时期结束时，黑人在传统的"黑人岗位"上比后来更加密集，他们的受教育程度几乎与城市居民的平均水平相当。黑人完成学业的中位数为8.3，约为总人口中位数的93%。然而，除了无技能体力活和服务性工作外，黑人在所有职业层次上的比例都严重偏低。上升机会开始在20世纪40年代大量出现，特别是在牧师、技术人员和操作工方面，但这并不是由于教育的提升而出现的。在这十年中，波士顿人口受教育的中位数整体增长了近2年，而黑人受教育的中位数只增长了1.2年，这使得黑人受教育的中位数从全市中位数的93%下降到了81%。

的确，波士顿黑人自1950年以来取得的引人注目的职业进步与种族间教育差距的缩小是同步的，而且很可能有一部分就源自这些教育进步。黑人受教育水平的提高无疑是那些年取得一些成就的必要条件，如果受过大学教育的黑人数量没有急剧增加，黑人专业人士阶层的增长几乎是不可能实现的。在1950年至1970年间，黑人专业人士阶层的人数增长了近3倍；如果没有黑人高中毕业率的实质性增长，黑人文书工作人员比例的急剧上升可能也不会发生。

然而，如果说教育进步算是近年来黑人取得职业突破的一个必要原因，那么它还远不能成为充分原因，因为种族间的教育差距在整个1940—1970年期间并没有缩小。1970年，黑人完成的学年中位数与城市的中位数之比几乎与30年前持平——1940年为93%，1970年是94%——但黑人在整个职业结构中的分布却变得有利多了。

否认黑人职业的进一步发展需要在教育方面取得更多的成就是愚蠢的。尽管黑人在1970年完成的学年中位数仅略低于全市的中位数，但这些中位数掩盖了高等教育水平非常严重的不平等。25岁以上的黑人男性中只有17%接受过大学教育，但总人口中这一比例几乎是它的 2 倍（31％）；波士顿 20％的居民是大学毕业生，但黑人大学毕业生只有这个数字的三分之一（7％）。这显然是一个重要的障碍，限制黑人进入专业岗位以及公私营经济部门的官僚阶层的许多职位。

尽管如此，历史记录所表明的主要观点是，"教育"这个美国人珍视的、解决诸多社会问题的灵丹妙药，对于有抱负的黑人来说，作用显然有限。从 19 世纪晚期到 1940 年，波士顿黑人的经济地位实在太低，无法用他们缺乏教育来解释；从那往后的 30 年当中，黑人所取得的进步也并不是教育进步的结果。

3. 聚居区的存在

可以认为，黑人聚居在城市的某些地区，并被排斥在其他地区之外，这严重限制了经济机会向他们敞开。有人认为，居住隔离也促成了职业隔离。[①]

由第七章可见，这个假设对于解释波士顿移民在过去一个世纪中所取得的不同职业成就没有多大用处。像爱尔兰人、意大利人、英国人和犹太人这样的群体，居住隔离程度与职业地位之间几乎没有任何关系。

在这方面将黑人与移民进行比较只会加固这一结论。的确，1950年，黑人比波士顿的其他族裔群体更集中在贫民区，而且也更聚集于职业阶梯的底部（见表 8.13）。但是，这两个事实之间几乎不可能有因果关系，因为人口中被隔离程度第二高的是主要出生在俄罗斯的犹太移民群体，他们在白领阶层中所占的比例，实际上竟比老牌美国人还要高（见表 6.5 和表 6.14）。相比之下，爱尔兰人的职业排名仅略高于黑人，却是所有居住群体中隔离程度最低的群体之一。还应该指

---

① Stanley Lieberson, *Ethnic Patterns in American Cities* (Glencoe, Ill. : Free Press, 1963), p. 6.

出的是，1880 年的俄裔犹太人和 1880 年及 1910 年的意大利人在城市社区的分布比黑人要少，但经济状况明显好得多。这一证据对聚居区假说提出的另一个挑战是，在这一时期，波士顿的黑人居民的被隔离程度大幅上升——隔离指数从 1880 年的 51 上升到 1960 年的 84——在职业地位上却并未产生任何相应的下降。此外，1940 年代和 1950 年代黑人在职业领域所取得的重大进展并没有伴随着种族隔离而减少；1940 年该指数为 86，1960 年仅降低了微不足道的 2 个点。

表 8.13　1880—1960 年[1] 黑人与第一代移民群体的居住隔离指数

群体	1880	1910	1930	1940	1950	1960
黑人	51	64	19	86	80	84
英国人	13	11	23	n. a.	19	n. a.
爱尔兰人	15	19	26	n. a.	24	n. a.
瑞典人	27	23	32	n. a.	31	n. a.
德国人	31	31	35	n. a.	31	n. a.
俄国人	55	48	65	n. a.	65	n. a.
意大利人	74	66	54	n. a.	48	n. a.

[1]1880、1910、1930 和 1950 年的数据由斯坦利·利伯森计算，见他的著作 *Ethnic Patterns in American Cities*（Glencoe，Ill.：Free Press，1963），p. 206。1940 年和 1960 年的黑人指数来自 Karl and Alma Taeuber，*Negroes in Cities*（Chicago，Aldine，1965），p. 39。这些指数表明，这一群体中必须有多大比例的人口迁移到城市的另一个地区，才能与本地出生的白人分布比例相同。1880 年和 1910 年的数据以选区为基础通过电脑计算得出，1930 年和 1950 年以人口普查区为单位，1940 年和 1960 年的以街区为单位。一般来说，在这种分析中使用的单位越精细，发现的隔离程度就越大。因此，我们无法从这些指数中推断长期趋势。但它们的确精准地计算出了每个时间点上不同群体的相对隔离程度。

无需多言，上述一切都不是为了尽量淡化在过去一个世纪里把那么多波士顿黑人限制在贫民区的恶劣环境。某些欧洲移民群体在过去不同时期也曾被高度隔离，但这并不一定意味着同样的因果机制在起作用。目前还不清楚导致许多移民聚集在种族隔离社区的影响，但很明显，这不仅因为外部世界的敌意，还与内部因素——喜欢和同类人生活在一起，链式迁移模式的流行等——有关。就黑人而言，外部敌意似乎发挥了更为重要的作用，正如众所周知的"肤色税"（color tax）现象所表明的那样，黑人为同等质量的住房支付的租金远远高于白人。[①] 移民们似乎加入的是其他白人所在的那个住房市场，而大多数黑人不得不在一个相当独立的市场上选择住房。在居住和就业机会方面，"最后的移民"理论似乎有缺陷。不过，这里争论的焦点只是黑人的种族隔离是不是造成他们经济上弱势的一个重要原因，而问题的答案似乎是否定的。

4. 家庭模式

黑人可能受到了典型黑人家庭规模过大以及为儿童提供教育和资金支持能力的限制，而在经济上受害，对于这一假设，我们能说的很少。相关证据极为稀少，但波士顿黑人家庭相对于其他群体来说，异常庞大的可能性极小。黑人那高得要命的死亡率，特别是一直持续到20世纪初的黑人婴儿高死亡率，对家庭规模产生了巨大的制约作用。直到1900年，仍有接近三分之一（32%）出生在该市的黑人儿童在

---

① 因此，在 1960 年，居住在波士顿次等公寓的黑人每月支付的租金中位数为 65 美元，而白人家庭每月支付的租金为 59 美元，尽管黑人住房的状况比白人的要差得多；Leon Mayhew, *Law and Equal Opportunity: A Study of the Massachusetts Commission Against Discrimination* (Cambridge, Mass.: Harvard University Press, 1968), pp. 52‑53。据我所知，没有任何证据表明，欧洲白人移民群体曾被迫为住房支付类似的溢价。

1 岁前死去，但白人婴儿的这一比例只有 19％。[1] 后来，这项考查变得不那么重要了，因为婴儿的总体死亡率和死亡率的种族差异都有所下降，但出生率的种族差异还不足以使波士顿典型的黑人家庭比白人家庭大得过多。到了 1960 年代，35—44 岁的黑人妇女所生的孩子只有 2.35 个，比该市所有这个年龄段妇女的生育数（2.58 个）要低。到 1970 年，黑人妇女的生育数略高于城市妇女的平均水平，达 3.41，而总人口的生育数只有 3.16 个，但这一差距太小，无法解释经济地位上的巨大种族差距。[2]

但也有可能，从南方农村移民到波士顿的黑人通常来自大家庭，这是他们在城市中遇到困难的主要原因。目前我们还没有与这个问题相关的直接证据，但有三个理由可以有效地解释对这种可能性的质疑。第一，北方出生的、家庭规模比该市标准大不了多少的黑人，在经济上的遭遇似乎比南方出生的移民好不了多少。第二，尽管缺乏准确数据，但要说典型的欧洲移民家庭比黑人农村家庭小得多仍是不可能的，然而黑人和移民在职业成就上的对比却很明显。最后，人们认为，阻碍那些在大家庭中长大的人取得经济成功的主要方式之一是教育机会受限制。但数据已经表明，黑人就学时间远比移民要多，而后者的职业地位却更高。

近来，关于黑人家庭独特性的一种截然不同的观点，即黑人家庭是"混乱无序的"，引起了人们的注意。有人指出，只出现一位家长的黑人家庭，特别是以妇女为户主的黑人家庭的盛行，对黑人儿童的发展产生了消极影响，并削弱了他们在今后生活中取得成功

---

[1] Pleck, "The Two-Parent Household."
[2] 来自美国人口普查每年出版的《人口》。

的能力。①

乍一看，1970 年的人口普查提供的证据似乎是支持这一观点的。波士顿差不多一半（50.3%）的 18 岁以下黑人儿童与双亲生活在一起，而与双亲一起生活的白人儿童足有八分之七（87.9%），的确对比强烈。因为人们公认"生活在破碎的家庭……会对受教育程度产生一些负面影响"，而这种"教育上的劣势反过来又会转化为比平均职业成就更差的表现"，黑人家庭的混乱无序似乎确实是过去一个世纪中波士顿黑人经济不平等的关键源头。②

但是，这样下结论就太草率了。关键在于，不仅要证明一般黑人家庭比一般白人家庭更容易破裂，还要证明黑人家庭远不如具有同等经济地位的白人家庭稳定。目前，还没有利用 1970 年的数据分析掌握收入或职业家庭模式的种族差异，但 1960 年的证据显示，破碎的家庭在穷人中普遍存在，而白人家庭表面上更高的稳定性，在很大程度上是由于其优越的经济地位；同等收入水平的白人和黑人之间的种族差异可以忽略不计。③ 因为有"生活在破碎的家庭"背景的白人与来自同等经济地位的家庭的黑人差不多，但他们通常在随后的职业生涯中更为成功，所以黑人家庭的混乱无序不可能具有人们所认为的深刻的因果意义。

---

① 当然，这种观点与众所周知的 Moynihan Report 有关：Office of Policy Planning and Research, U. S. Department of Labor, *The Negro Family: The Case for National Action* (Washington. D. C. ; U. S, Government Printing Office. 1965)。在我看来，该报告试图表明，黑人家庭的混乱并不是造成黑人经济地位低下的原因，反之亦然。但在某些关键问题上，它是模棱两可的，许多读者已经理解为因果关系在另一个方向上运作。无论如何，我在这里评估的假设是后者。

② Peter M. Blau and Otis Dudley Duncan, *The American Occupational Structure* (New York: Wiley, 1967), p. 336.

③ Andrew M. Billingsley, *Black Families in White America* (Englewood Cliffs. N. J. , Prentice-Hall. 1968), pp. 14 – 15.

这是最近才出现的证据，不应做过多的解释。可以说，即便经济水平而非种族才是二战后美国家庭稳定的主要决定因素，在 19 世纪末和 20 世纪初，仍然可能存在着一种与经济地位无关的真正的种族差异。长期以来，人们一直认为，在 1865 年以前，是奴隶制阻碍了大多数黑人建立稳定的家庭，还有人认为，在 1865 年以后，城市黑人贫民窟中令人震惊的生活条件对家庭也产生了类似的破坏性影响。①

令人惊讶的是，最近的历史调查显示，这种观点是相当错误的。赫伯特·G. 古特曼（Herbert G. Gutman）开创性的研究揭示出，即使在奴隶制下，黑人的家庭生活仍具有非凡的力量和活力，而且在对北方和南方城市的广泛抽样调查中，从战后重建到本世纪初，黑人家庭都表现出令人印象深刻的稳定性。② 一些与波士顿有关的证据也指向了同样的方向。伊丽莎白·普莱克已经发现，1880 年，波士顿大约 82% 的黑人家庭是夫妻同在，只有 16% 的家庭是女性户主。③ 这一发现可能与塔玛拉·哈文（Tamara Hareven）在同一时间对波士顿家庭模式进行的更广泛调查的结果相反。④ 1880 年，南波士顿约 18% 的家庭、后湾区 22% 的家庭以及多切斯特 19% 的家庭是女性户主。在波士顿南端（South End）的爱尔兰家庭中，这一数字甚至高达 27%。尽管以任何经济地位标准来衡量，黑人的排名都低于城市

---

① E. Franklin Frazier, *The Negro Family in the United States* (Chicago: University of Chicago Press, 1939.)

② Herbert G. Gutman, *The Invisible Fact: The Black Family in American History, 1850 - 1930* (New York: Pantheon, forthcoming, 1974).

③ Pleck, "The Two-Parent Household."一些被抛弃的妻子可能不愿意对普查员承认这一事实，这些数据将家庭稳定性放大了。但是，很难看出为何黑人妻子就比其他群体的女性更有可能误报这方面的信息。因此，这里做的比较应该是准确的。

④ 哈文在研究美国家庭的进展中未发表的表格。

中的其他群体，但与其他群体相比，他们的家庭非常稳定。因此，黑人儿童长大后进入劳动力市场时发现经济机会高度受限，不可能是黑人社区中缺乏稳定的双亲家庭的结果。

当然，这些粗略的统计指标并不一定能证明黑人家庭在同一阶级中**发挥的作用**与白人家庭一样有效。未来一些有独创性的研究者可能会想出某种方法来探索这个问题。目前，能够用经验检验的是这样一个简单的观点：过去一个世纪里，黑人所特有的在阶级阶梯最底层的集中，是黑人家庭特有的不稳定以及与之相关的"病态混乱"无法避免的结果。而这种假设似乎是错误的。

5. 种族歧视与黑人文化的性质

对于所观察到的事实，我们似乎还远未做出充分的解释，只想到了另外两种可能性。那就是：波士顿的黑人一定是受到了自身文化的某种限制或者受到了他人的歧视，才限制了他们在市场上参与竞争的欲望或能力。

我在前一章中提到，波士顿的不同种族与宗教群体在经济上各自取得不同的成功，至少部分原因确实在于群体文化的差异。尽管这一因素难以捉摸，但其他可能应对这些模式负责的变量显然不足以解释它们。似乎有必要将群体文化作为一种残余因子（residual factor）来解释其他方式无法解释的差异。

对黑人经济问题的研究常常会采用一种完全不同的残差参数。在诸如教育、城乡背景等可变因素得到控制之后，族裔之间仍然存在的差异并不是由于黑人人口的文化特征，而是由于他们可能受到的歧视待遇。[①] 这并

[①] 尽管布劳和邓肯在 *The American Occupational Structure*, chap. 6 中继续对这一问题保持谨慎。一个不那么谨慎的例子是 Paul Siegel, "On the Cost of Being a Negro," *Sociological Inquiry, 35*(1965), 41 - 57。

不是一个可以作为不言自明的真理提出的假设。波士顿黑人工人被限制在较低的职业阶梯上，完全是因为**波士顿**对他们的偏见吗？难道是美国黑人漫长而凄凉的历史遭遇，一种比爱尔兰农民更残酷的从属关系经历，导致了一种持久的黑人下层社会文化，这种文化客观上使得普通黑人比普通白人更不适合从事经济活动？如果承认爱尔兰文化和犹太文化的本质与这两个群体不同的职业轨迹有关的话，我们怎么能不考虑将黑人文化和白人文化之间的差异作为族裔间经济差异的解释呢？当然，可以这样说，这种黑人文化——如果确实存在的话——根本上是白人种族主义的产物，是对数百年压迫的必然适应。但这里至少还有一个问题，那就是白人种族主义是如何以及在哪里产生影响的。难道问题的核心仅仅是一个本应开明的北方城市里歧视行为还持续存在吗？还是因为文化遗产限制了黑人抓住机会的能力，因而造成了他们发展的可能性与实际表现之间有一个滞后？

我掌握的证据不允许我对这些替代性解释的有效性进行彻底和冷静的评估。我无法承担调查这些记录的艰巨任务，这些记录可能包含着有关过去的歧视程度和黑人文化本质的线索。但在我看来，直到二战时，无论是主动性歧视还是结构性歧视，都远比黑人文化的任何显著特征影响更为重要。甚至在那之后，一些重要的经济部门相对来说仍然对合格的黑人紧闭大门。如果美国一代又一代黑人的痛苦经历留下了文化记忆，在最初产生这种记忆的压迫条件消失之后，这种失败主义情结还能继续存在，一点不叫人惊讶。但直到最近，黑人就业环境仍然非常不利，以至于我们不需要靠假定黑人中存在一种失败主义情结来解释他们的经济失败。即使它曾经存在过，在当时的情况下也不会有太大的影响。

也许对于经济领域歧视黑人的最明确的表达是，直到 1940 年前后，他们仍被排除在制造业和运输业的大部分半技能工作之外。这些职业的要求并不比黑人成功保住的"黑人工作"更高，尽管报酬明显要高得多。很难相信，阻止黑人大量进入这些职业的原因，不是他们的种族身份。第二次世界大战期间，劳动力市场的紧张和社会上普遍存在的历史偏见的逐渐消失几乎同时开始，给这个阶层带来了巨大的变化，因此，到了 1950 年，在操作工岗位上的黑人比例超出了随机值 17%。战前普遍存在的极端排斥和战后迅速发生的变化都表明，歧视是其中的关键因素。1940 年以前，城市黑人的文化不可能如此极端地离经叛道，以致很少有黑人能够胜任操作工的工作，如果我们认定情况确实如此，将很难解释这么一种异常的文化怎么会在短短 10 年内如此突然地发生改变。

直到这之后，技工行业仍然对黑人相对而言紧闭大门；甚至在 1970 年，黑人在这个层次也还是未能得到平等待遇。对此，雇主和工会对黑人工匠的直接歧视无疑要负部分责任。将黑人限制在社会网络之外的结构性歧视控制着学徒计划、工会成员资格和工作机会，这当然也很重要。此外，黑人文化中工匠传统的缺失可能也让年轻的黑人对这种工作的可能性一无所知。内战前的黑人奴隶和自由人中都曾有过繁荣的工匠传统，但战后不久，黑人就被故意并且系统地排除在技工行业之外。[1] 不过，对黑人进入工匠行业的障碍的预期在 19 世纪末是相当现实的，这种预期可能会传给后来的几代黑人年轻人，让他们看不到实际上已经开放的工作机会。在这个例子中，文化论的解释也许有效。但是很难相信，它可以为盛行如此之久的排斥模式提供

---

[1] Gutman, *The Invisible Fact*.

充分的解释。

白领世界也同样对黑人存在严重歧视。最显眼的表现是在销售岗位上，即使在 1970 年，黑人在该领域也只得到了 40％的工作岗位。与之相反的是职员工作，到 1970 年，黑人在该领域的比例实际上超出了预期。这个对比很能说明问题。既然这两个领域需要的教育程度和技能十分相似，既然无法合理地论证黑人文化在培养令人满意的职员方面比培养合格的销售人员更成功，那么原因肯定在于雇主们厌恶让黑人从事与公众有广泛接触的工作。不管这种厌恶是来自雇主心中令人讨厌的种族成见，还是来自他们对公众偏见的准确认识，结果都是一样的。

只有在 1950 年代和 1960 年代，才有大量黑人得到了职员工作。这一戏剧性变化的根源似乎不是黑人文化本质的巨大转变提高了黑人求职者的个人素质，而是雇主们对允许黑人坐上这种职位是否合适的态度发生了转变。

相比之下，在专业人士职位上，歧视似乎并不是起作用的关键因素。尽管在专业领域中黑人的比例严重不足，但考虑到他们的教育程度，黑人的表现其实和预期的一样，也和——比方说——受过高等教育者比例一样很小的欧洲移民群体表现一样。1970 年，黑人实际上拥有的专业人士职位比他们的教育程度看着应得的要多。他们在专业领域的代表指数是 56，而另一个表明有多少黑人完成了至少四年大学学业的类似指数，只有 36，这一事实无疑有助于解释黑人在收入最低的专业岗位上的集中以及由此造成的黑白专业人士之间的收入差距。黑人之中大学毕业生寥寥，我不认为是黑人文化固有的原因，而是认为黑人中贫困的发生率更高，以及美国社会安排中的各种其他不平等现象。但是，如果歧视是限制黑人进入专业领域的最终原因，那么它不是直接作用于劳动力市场，而是通过抑制黑人的受教育水平间接起了作用。

在另外一个白领大类——"经理、业主或官员"——之中，黑人的缺席程度与销售工作中的同样显著。迟至 1960 年代，他们身在这类岗位的比例还不到预期值的四分之一，甚至在 1970 年代，这一指数也只有 40。在这一类别中最大的子群体——领薪水的经理和官员中，黑人所占比例更低。1950 年和 1960 年，也就是最近几年中仅有的有详细表格的年份，这类工作的黑人指数只有 15。考虑到官僚体制中管理者职位对教育程度的要求，人们几乎不能指望黑人在这个层次实现平等，但是人们肯定很难相信，一种假定为异常的黑人文化的独特性会如此之大，以至于能够解释如此惊人的巨大差异。更有可能性的解释由波士顿一位细心的种族关系观察家于 1968 年提出，它认为黑人"仍然面临着相当大的歧视"，尤其是在竞争那些赋予他们凌驾于白人雇员之上的权威的职位时。[1]

然而，要理解黑人个体商人的稀缺，可能需要一个更复杂的解释。当然，很难解释不同的欧洲移民群体——比如犹太人和爱尔兰人——之间在这方面的巨大差异，除非用不同群体对于创业活动不同的文化倾向来解释。令人吃惊的是，黑人甚至比移民中最缺乏创业精神的人更不愿意自己创业。很明显，黑人受到的歧视比欧洲新移民更多，但文化模式——强调消费而非储蓄，同时厌恶冒险投资——在这件事上是否也有份呢？

我怀疑是有的。从布克·T. 华盛顿和 W. E. B. 杜波依斯，到马

---

[1] Mayhew, *Law and Equal Opportunity,* 47.

尔科姆·X①和"黑人穆斯林"②，许多持不同意识形态立场的观察人士都照这种方式描述了美国黑人文化，而其他的解释对于黑人在商业上的劣势，似乎不够充分。简单地说一句黑人"缺乏资本"来开办企业，并不能使我们看到更深层的东西，因为在19世纪末和20世纪初来到波士顿的移民中，很少有人带来了大量的资本。关键在于他们中的许多人积累了资本，成了商人，而黑人却没有。关于商业信贷发放中可能存在歧视的详细研究尚未进行，但我很怀疑这是否重要；爱尔兰杂货商从高门银行家那里得到的帮助，可能并不比黑人杂货商多。

然而，对黑人创业者开放的市场很可能受到偏见的严重限制。很可能，白人消费者会光顾爱尔兰人、意大利人或犹太人的企业，而毫不犹豫地拒绝与黑人商人打交道。如果黑人企业依赖黑人主顾的程度高于爱尔兰人企业依赖爱尔兰人主顾的程度，那么该市黑人更为贫穷的状况就会严重限制黑人企业的发展。但目前还没有证据表明情况确实如此，而在此之前，文化论似乎会有一定的影响力。

无论如何，在几乎所有其他经济领域，阻挠黑人取得成就的主要障碍似乎都不是来自内部的，而是来自外部的，这不是源于黑人文化的独特性，而是源于白人文化的独特性。在解放黑奴后的四分之三个世纪里，人们普遍认为黑人低人一等，这在许多行业里助长了种族歧视，使大多数黑人别无选择，只能接受传统的"黑人工作"。在过去

① 美国北方黑人领袖。早年曾是个不学无术的街头混混，贩毒、吸毒、滥交、抢劫等几乎无恶不作。后来在监狱中自学并加入黑人穆斯林组织，1952年出狱后，积极参加传教活动，号召美国黑人信奉伊斯兰教，遵照先知的圣训求得解放；为争取黑人的民主权利而斗争，与南部的马丁·路德·金并称为20世纪中期美国历史上最著名的两位黑人领导人。与金的非暴力斗争策略形成鲜明的对照，马尔科姆·X主张以暴力革命的方式获取黑人的权利。——译者
② Black Muslims，20世纪30年代在美国黑人中兴起的一种以伊斯兰教为旗帜，反对种族歧视和压迫的社会运动。——译者

的一代人中，这些历史性的偏见得到了明显的缓和，使得黑人获得了前所未有的经济收益。一些地区仍然存在着主动的歧视，而且有令人担忧的迹象表明，一些地区白人的种族抵触情绪正在加剧。但是，未来会阻碍黑人经济进步的主要因素很可能是被称为被动歧视或结构性歧视的惯性力量，而且无论黑人文化的独特性是什么，都将发挥一定的作用。到目前为止，美国黑人可能面临的机遇和限制，与19世纪末和20世纪初在美国城市挣扎求生的数百万欧洲移民所面临的机遇及限制相当类似。但直到最近，这一点似乎都很清楚：白人社会中黑人的问题在性质上与早期移民有所不同。我们只能希望，过去的残酷经历不会给未来留下可见的伤痕。

第九章

波士顿个案与美国模式

这本书论述的是一个特定的城市，但它试图揭示的不仅是这个城市的一些事情，还有它所归属的那个更大的世界的社会秩序。诚然，每个城市都自有独特之处——一种完全属于自己的形态、纹理结构与传统。我近来在美国最古老的城市之一——波士顿——和美国最年轻、活跃的城市之一——洛杉矶——都居住过，因而强烈地意识到了这一点。这些差异引起了许多学者的全心关注，他们相信"无论一位历史学家谈论多少常见的城市问题，他都会发现他最有趣的任务是展示城市在哪些方面彼此不同"。[①]

然而，我却发现自己最感兴趣的任务恰恰相反——我要表明存在于波士顿的流动模式并非该市独有，而是 19 世纪和 20 世纪整个美国社会中以相同方式运作的多股力量的结果。波士顿的确有许多特殊的属性，但在这项研究中所考察的社会生活特征方面，这座城市"只是文明世界的一部分"，就像它的港口是"海洋的一部分"一样。正如奥利弗·文德尔·霍尔姆斯所见，在这两种情况下，"一般规律和现象或多或少地受到当地的影响而发生改变"。[②]通过比较本研究的主要发现与其他美国城市类似的调查结果，可以看出这些"一般规律"或社会模式。

一、模式的持久性

19 世纪末和 20 世纪初，波士顿的人口流动非常频繁。虽然计算净移徙的传统方法得出的结果表明，该市的人口变化非常缓慢，但估算流入和流出该市总流量的新方法表明，情况恰恰相反。因此在 19 世纪 80 年代，进入波士顿的实际人数大约是估计的净内迁移民人数的 12 倍，这是因为在大批人离开这座城市的同时，也有大批人进入这座城市。另一项采用类似方法的调查显示，对内战前波士顿的人口也可以做出大致相同的概括。在 19 世纪 40 年代，流入城市的实际内迁移民是净内迁移民的 6 倍，在 19 世纪 50 年代，则是 11 倍。[3]

历史学家还没有机会对美国其他城市的人口统计进行类似的仔细研究，但有明显迹象表明，波士顿并不是一个异常的案例。虽然还没有对每年的迁入和迁出人口进行详细的研究，但从 1800 年到现在的不同时期，大约有 12 个美国城市人口流动率的粗略指标——成年男性的十年期稳定率——是可以得到的（见表 9.1）。

---

① Asa Briggs, *Victorian Cities*(London: Odhams, 1963), p. 32.

② Justin Winsor, ed., *Memorial History of Boston, Including Suffolk County, Massachusetts, 1630 – 1880*, 4 vols, (Boston, 1880 – 81), IV, 549.

③ Peter R. Knights, "Population Turnover, Persistence, and Residential Mobility in Boston, 1830 – 60" in Stephan Thernstrom and Richard Sennett, eds., *Nineteenth-Century Cities: Essays in the New Urban History* (New Haven, Conn.: Yale University Press, 1969), 262.

表 9.1　1800—1968 年所选城市稳定率（一个十年期结束时仍在该市的居民百分比）[1]

年份	城市	百分比
1800—1810	塞勒姆，马萨诸塞	52
1830—1840	波士顿	44
	费城	30
	沃尔瑟姆，马萨诸塞	54
1840—1850	波士顿	39
	费城	38
	沃尔瑟姆	56
1850—1860	波士顿	39
	费城	32
	沃尔瑟姆	44
	北安普敦，马萨诸塞	53
1860—1870	沃尔瑟姆	45
	波基普西	49
1870—1880	沃尔瑟姆	50
	波基普西	50
	亚特兰大	44
	圣安东尼奥，得克萨斯	32
	圣弗朗西斯科	48
1880—1890	波士顿	64
	沃尔瑟姆	58
	奥马哈	44
	洛杉矶	54
	圣弗朗西斯科	50
1900—1910	奥马哈	44
1910—1920	波士顿	41

续表

年份	城市	百分比
	洛杉矶	49
	诺里斯敦，宾夕法尼亚	59
1930—1940	波士顿	59
	诺里斯敦	50
1940—1950	诺里斯敦	53
1958—1968	波士顿	46

[1] 塞勒姆和北安普敦的数据，皆来自 Robert Doherty, "Industrialization and Social Change: A Comparative Study of Five Massachusetts Communities"，是其正在进行的研究未发表的手稿；沃尔瑟姆的数据，来自 Howard Gitleman, "Men in Motion: Mobility in the Urban and Industrial Development of Waltham. Massachusetts"，是其正在进行的研究未发表的手稿；波士顿 1830—1860 年的数据，来自 Peter R. Knights, "Population Turnover, Persistence and Residential Mobility in Boston, 1830 - 1860." 参见 Stephan Thernstrom and Richard Sennett. eds., *Nineteenth-Century Cities: Essays in the New Urban History* (New Haven, Conn.: Yale University Press, 1969), pp. 257 - 274；费城的数据，来自 Stuart M. Blumin, "Mobility in a Nineteenth-Century American City: Philadelphia, 1820 - 1860,"是未发表的论文，宾夕法尼亚大学，1968 年；波基普西的数据，来自克莱德·格里芬提供的"波基普西流动性研究"的表格；亚特兰大的数据，根据 Richard Hopkins, "Occupational and Geographic Mobility in Atlanta, 1879 - 90," *Journal of Southern History*, 34 (1968), 200 - 213，通过电脑计算得出；圣安东尼奥的数据，根据 Alwyn Barr, "Occupational and Geographic Mobility in San Antonio, 1870 - 1900," *Social science Quarterly*, 51 (1970), 396 - 403，通过电脑计算得出；圣弗朗西斯科的数据，来自艾伦·埃姆里奇正在进行中的未公开的研究；奥马哈（1880—1891 年和 1900—1911 年），来自 Howard Chudacoff, *Mobile Americans: Residential and Social Mobility in Omaha, 1880 - 1920* (New York: Oxford University Press, 1972)；洛杉矶 1880—1890 年的数据，来自 Charles Slosser, "Mobility in Late-Nineteenth Century Los Angeles,"未发表的会议论文，加州大学洛杉矶分校，1970 年；洛杉矶 1910—1920 年的数据，来自 Michael Hanson, "Occupational Mobility and Persistence in Los Angeles, 1910 - 1930,"是未发表的会议论文，加州大学洛杉矶分校，1970 年；诺里斯敦的数据，来自 Sidney Goldstein, *Patterns of Mobility, 1910 - 1950: The Norristown Study* (Philadelphia: University of Pennsylvania Press, 1958)。波士顿 1830—1860 年、1910—1920 年和 1930—1940 年的数据，以及塞勒姆、沃尔瑟姆、北安普敦和奥马哈 1900—1910 年的数据，都是针对一家之主；其他所有数据都是针对成年男性。大多数这些研究都没有试图纠正相关时间间隔内发生的死亡对稳定率的影响。将十年期间城市里死亡的男性从基本人口中剔除，会产生略高的稳定率，但不会高到可怕的程度。在诺里斯敦，原始的稳定率数据和校正后的数据都可以找到；后者在 1910—1920 年上涨 7%，在 1930 年至 1940 年上涨 8%，在 1940 年至 1950 年上涨 4%。

波士顿人口在 1880—1890 年——人口流动令人头晕目眩的一个十年——的稳定率，是 64％。1880 年居住在那里的男性大约有三分之一不到十年就消失了；因此，这十年中迁入移民的数量必须超过那个巨大的迁出量，才能有净流入。如果 64％这个稳定率非常低，那么波士顿的研究结果就不能推广到其他社区。

但实际上，波士顿在 1880—1890 年的稳定率并不是非常低，在表 9.1 列出的 31 个城市中它其实是最高的。1880 年代，另外 30 个城市的人口流动性显然比波士顿大得多。

尽管在这些不同的研究中所采用的抽样技术和追踪方法有所不同，可能会使研究结果产生似是而非的变化，其模式却有着惊人的一致性。在所有案例中，有超过四分之三（31 个案例中有 24 个）的城市的 10 年稳定率在 40％到 60％之间。令人惊讶的是，在不同时间段或社区类型之间似乎没有任何系统性的变化。

在过去的一又三分之二世纪里，美国没有出现人口流动增加或减少的明显的长期趋势。马萨诸塞州塞勒姆在 19 世纪头十年的数据，与宾夕法尼亚州诺里斯敦在 20 世纪第四个十年的数据仅相差 1 个百分点。[①] 波士顿在 1830—1840 年的稳定率只比 1958—1968 年的低 2 个点。美国人口的高流动率并不是汽车时代的产物，甚至不是工业时

---

① 关于 1800 年以前美国社会人口稳定的证据要粗略得多，不过美国历史上早期似乎没有那么变化无常。马萨诸塞州安多弗的第一代移民（1640 年代已成年的男性）几乎全部终老于当地；第二代移民有 78％死在当地；第三代是 61％；第四代是 44％（1750 年代和 1760 年代成年的男性）；Philip J. Greven, *Four Generations: Population, Land and Family in Colonia/Andover Massachusetts* (Ithaca, N. Y.: Cornell University Press, 1970), p.212。根据弗吉尼亚州卢嫩堡镇 1764 年的税表，约有 80％人 18 年后还在那里；1769 费城 70％的工匠和 77％的非工匠，到 1782 年时仍居留在当地；Jackson Turner Main, *The Social Structure of Revolutionary America* (Princeton, N. J.: Princeton University Press, 1965), pp. 169 - 170, 195。Main 指出（p.193），在殖民晚期的美国，平均有大约 85％的农村人口至少在当地持续待了 10 年。

代的产物。而相反的假设——与动荡混乱的 19 世纪相比，20 世纪更有秩序、更安定——在这里也找不到任何支持。在过去近 170 年的时间里，迁徙的冲动似乎出奇地强烈和一致。

在人口稳定与城市规模或人口增长率之间，也不存在任何的一致关系。我曾经基于不太完整的证据提出，在一个非常大的城市中，稳定率往往更高，因为个人或许能够进一步移动（既指身体上的，也指社会上的），并仍然存在于这个城市范围内。[①] 但是，当表 9.1 中的城市按照规模大小排列时，却很难看到这种一致的模式。19 世纪 80 年代调查的最大城市——波士顿（36.3 万人）——的稳定率高于奥马哈（3 万人）和洛杉矶（1.1 万人），但 1830 年至 1860 年间，波士顿和费城的稳定率却低于规模小得多的沃尔瑟姆和北安普敦。一战的十年中，波士顿人口流动性比诺里斯敦高，在大萧条期间却比它低一些。

此外，我们似乎也有理由假设，与那些增长缓慢或根本没有增长的城市相比，那些增长非常迅速、吸引了大量新来者的城市更有可能维持住现有人口，但事实似乎并非如此。19 世纪 80 年代，波士顿人口的低增长率（24%）与高稳定率共存；而这十年里，洛杉矶（351%）和奥马哈（233%）异常高的人口增长率伴随着低了许多的稳定率。佐治亚州亚特兰大的人口在 19 世纪 70 年代正常合理地增长了 71%，圣弗朗西斯科增长了可观的 57%，沃尔瑟姆 29% 的增长不多不少，波基普西根本没有增长，但这 4 个城市的稳定率几乎相同。城市之间和城市内部随着时间推移存在一些差异，但在增长率方面没

[①] Stephan Thernstrom and Peter R. Knights, "Men in Motion: Some Data and Speculations on Urban Population Mobility in Nineteenth-Century America," *Journal of Interdisciplinary History,* 1(1970), 12.

有一致的模式。

当然，不同社区之间的迁入率以及由此产生的净迁入率差别很大。鉴于自然增长率可能波动的范围有限，它们**必定**会造成现有总体人口增长率的巨大差异。例如，在1910年前后洛杉矶肯定吸引了比波士顿更大的迁入移民潮；在1870年代，亚特兰大一定吸引了比波基普西更多的新来者。[①] 从这个意义上来说，洛杉矶和亚特兰大的人口要比波士顿和波基普西人口流动更频繁。然而，有趣而又令人惊讶的是，这4个城市的人口外流速度相互之间是如此接近。从这个方面来说，所有这4个城市的人口——还有尚未研究的其他城市的人口——又是同样的流动不居。在吸引外来人口进入社区方面，社区之间存在着巨大的差异；而他们维持现有人口的能力几乎并无多少不同。[②]

在某个时间点上，一个美国社区中只有40%到60%的成年男性1年后仍有可能在当地找到，不仅整个19世纪和20世纪的大多数城市是如此，没有城市化的农业社区也是这样。19世纪头十年的威尔（Ware）、北安普敦和马萨诸塞州佩勒姆（Pelham）等农业城镇，以

---

① 缺少关于迁入这两个城市的移民数量的准确数据，但从出生状况的数据可以很清楚地看出来。1910年，52%的波士顿人口出生在马萨诸塞州，只有20%的洛杉矶人口出生于加州。

② 关于社区一级移徙模式与当地经济增长率之间关系的当代研究也得出了类似的结论。迁入移民率表现出对当地经济状况——经济繁荣城市比经济低迷城市吸引了更多的外来者——的高度敏感，但迁出率不是这样。"与直觉相反，人们离开繁荣地区与离开低迷地区同样干脆……繁荣地区通过吸引更多来自外地的移民成功地抵消了同时出现的人口流出，但低迷地区往往无法抵消其人口流失。其'拉'而非'推'的力量要为总体净移民的流失负责"；Peter A. Morrison, "Urban Growth, New Cities, and The Population Problem", *Rand Corporation Paper* No. P‑4515‑1 (1970), p. 15；Ira S. Lowry, *Migration and Metropolitan Growth: Two Analytical Models* (San Francisco: Chandler, 1966)。虽然我没有直接的证据证明之前对持久性进行过研究的社区中经济增长率如何，但人口增长率可能是一个很好的代表。如果是这样，那么这里的证据表明，莫里森（Morrison）的概括不仅适用于现在，而且适用于过去两个世纪里的美国。

及 20 世纪初堪萨斯的几十个城镇中，都发现了 40％—60％ 的稳定率
（见表 9.2）。

表 9.2 1800—1935 年所选农业城镇的稳定率（十年末仍在当地的居民百分比）[1]

年份	城镇	百分比
1800—1810	威尔，马萨诸塞	56
	北安普敦，马萨诸塞	52
	佩勒姆，马萨诸塞	43
1850—1860	瓦佩洛县，艾奥瓦州	30
1860—1870	图珀洛县，威斯康星	25
	堪萨斯东部	26
	堪萨斯东中部	31
	堪萨斯中部	42
1870—1880	图珀洛县	29
	罗斯伯格，俄勒冈	34
	堪萨斯东部	44
	堪萨斯东中部	59
1885—1895	格兰特县，威斯康星	21
	堪萨斯东部	51
	堪萨斯东中部	51
	堪萨斯中部	46
1895—1905	堪萨斯东部	48
	堪萨斯东中部	51
	堪萨斯中部	40
	堪萨斯中西部	47
	堪萨斯西部	33

续表

年份	城镇	百分比
1925—1935	堪萨斯东部	55
	堪萨斯东中部	56
	堪萨斯中部	58
	堪萨斯中西部	58
	堪萨斯西部	51

[1] 1800—1810 年的数据指的是男性户主，来自 Robert Doherty，"Industrialization and Social Change"；艾奥瓦的数据指的是就业的男性，来自 Mildred Throne，"A Population Study of an Iowa County in 1850," *Iowa Journal of History*，57（1959），305‑330；图珀洛县的数据指的是就业的男性，来自 Merle Curti, *The Making of an American Community*（Stanford, California：Stanford University Press，1959）；格兰特县的数据指的是户主，来自 Peter J. Coleman，"Restless Grant County：Americans on the Move," *Wisconsin Magazine of History*，66（1962 年秋），16‑20。堪萨斯的数据指的是从该州不同地区抽取的城镇样本里的农场主；James C. Malin，"The Turnover of Farm Population in Kansas," *Kansas Historical Quarterly*，4（1935），339‑372。没能在城里的职业中包括农场工人，也许可以解释堪萨斯最早的数据比艾奥瓦、威斯康星、俄勒冈最早的数据高，但渐渐走向接近的趋势。不过，这无法解释随着边疆环境成为过去，各州稳定率走向增长的明确趋势。俄勒冈罗斯伯格的数据指的是成年人，来自 William G. Robbins，"Opportunity and Persistence in the Pacific Northwest：A Quantitative Study of Early Roseburg, Oregon," *Pacific Historical Review*，39（1970），279‑296。

唯一明显背离这一模式的情况出现在最初定居于边疆地区的那几年，当时的人口流动异常迅速。在新开辟的农业区，成年男性居民中最多不超过三分之一的人在那里居住了长达十年之久——无论是 1850 年的艾奥瓦州瓦佩洛县、1860 年的威斯康星州图珀洛县以及堪萨斯州东部和中部的许多城镇，还是 1870 年的俄勒冈州罗斯伯格、1885 年至 1895 年的威斯康星州格兰特县或者 1895 年至 1905 年的堪萨斯州西部，都是如此。然而，在人口极其迅速地重新调整的最初阶段过后，出现了一种明显的定居现象，农村的稳定率往往上升到了城市的总体水平。

无论小型农业社区、小型工业城市和主要大都市圈在其他方面有多么明显的不同，它们都有一个关键的人口特征，即人口正以惊人一致的速度离开它们前往其他目的地。任何时候都有大约一半的居民注定会在十年结束之前消失，取而代之的是十年前在其他地方居住过的不肯安顿下来的新来者。这不是边疆特有的现象，也不是大城市的现象，而是一个全国性的现象。

在如此漫长的时间跨度内，类型完全不同的群落之间的相似性是如此令人惊讶，以至于有人怀疑，这会不会某种程度上是一个因测量方法导致的人为现象。当仪器在多种不同情况下都记录了相同的结果时，就会有人产生怀疑，认为仪器出了问题，每次都错误地在仪表上显示出相同的读数。对此，我只能说，我对得出这一结论的所有单项研究的方法论都进行了仔细检查，我无法理解为什么会出现这种情况。我相信，自 19 世纪初以来，确实有种相当稳定的移民因素在整个美国社会中发挥作用。

这其中的一个含义是，这个社会的全国一体化似乎比人们通常认为的更早，至少从简单的人口统计学意义上讲，短暂性是美国人生活方式的一部分——在一个社区中生活中一辈子是极其罕见的。一项居于前导的历史研究认为，直到 19 世纪 70 年代，美国还是一个"由松散联系的小岛组成的国家"，是一个由紧密联系的小型本地社区组成的社会，在这些社区中，面对面的关系占主导地位，直到后来，这种地方忠诚意识才逐渐减弱。① 这也许是对历史学家通过报纸和类似的资料所看到的关于"某个社区"部分成员的方位变化的准确观察，但

---

① B. Robert Wiebe, *The Search for Order, 1877 - 1920* (New York: Hill and Wang, 1967).

一项研究表明，这个群体只占实际人口的5％多一点。① 在过去两个世纪的美国历史中，绝大多数时候大量"隐形人"的存在不是由报纸记录的，而是由人口普查员、城市名录兜售者或税务员记录的。如果他们所居住的社区在某种程度上直到19世纪末还是"小岛"，那么他们在一个至关重要的方面，很久以前就已经是大陆主体的一部分了：这些社区的居民以惊人的频率在不同社区之间来回移动。

　　这将有助于解释为何美国经济会在过去一个半世纪里迅速发展。人口迁移是劳动力重新分配的主要机制，是对技术革新、新资源发现及其他情况带来的产业区位转移的反应。扎根于一地、不愿移徙、不愿放过新的就业机会的劳动力会大大阻碍生产力的增长。似乎早在19世纪初，美国社会就为工业化和城市化的大转型做好了准备。这个国家有大量不安分的、自由自在的人，只要有机会召唤，他们就会被吸引到新地方去。

　　在将近两个世纪的时间里，美国人的不安分基本保持不变。不过，最漂泊无定的男性在类型上发生了重大变化。在19世纪和20世纪早期的美国，处于社会阶梯较低层的人比那些较高等级的人流动更多（见表9.3）。在截至1920年的有关城市居民职业差异持续率的10份表格中，稳定待在白领阶层高层的男性都比白领阶层低层男性的人数要多，只有一个例外，那就是1850—1860年的波士顿，这十年里中产阶级男性似乎一直在离开该市，也许是因为爱尔兰大饥荒难民大量涌入。1920年之前的10个案例中，只有2个案例里留在该市从事低级白领工作的人多过技术工人。在所有案例中，只有

---

① Michael B. Katz, "The People of a Canadian City: 1851 – 5," *Canadian Historical Review*, 53(1972), pp. 402 – 426.

1个案例里低技能的体力工人的稳定性不及熟练的工匠。10年后，处于职业结构顶端的男性中，平均有近三分之二的人还在，但处于底部的男性中，只有四成的人还在。当按照房产而非职业给个人划分等级时，相同的模式仍然存在；无论是在城市还是农村，拥有房产者的稳定性都比无产者高，而且那些拥有大量资产的人往往比资产量小的人更加安定。①

表9.3　1830—1968年所选城市在稳定率上的职业差异（时间段末尾仍留在该地的职业群体百分比）[1]

年份	城市	职业层次			
		高级白领	低级白领	技工	体力工人
1830—1840	波士顿	66	60	37	39
1840—1850	波士顿	69	40	44	36
1850—1860	波士顿	38	40	50	32
1870—1880	亚特兰大	58	51	42	40
1880—1890	波士顿	80	71	63	56
	奥马哈	59	48	39	34
1910—1920	波士顿	58	50	36	35
	洛杉矶	72	58	45	29
	诺里斯敦	70	62	59	58
1930—1940	波士顿	56	68	66	51
	诺里斯敦	50	54	59	50

---

① 稳定性和财产所有权之间的强正相关关系出现在本研究未发表的表格中，也出现在北安普敦、波基普西、战前的波士顿、图珀洛县、瓦佩洛县、罗斯伯格在表9.1和表9.2中引用作为注释。

年份	城市	职业层次			
		高级白领	低级白领	技工	体力工人
1935—1940	美国	75	85	87	86
1940—1950	诺里斯敦	54	54	60	55
1940—1947	美国	68	79	81	80
1958—1968	波士顿	40	39	59	51

[1] 由于缺乏足够详细的职业数据，很难将一些材料重新归入本研究中使用的职业类别里，但这些都是相当准确的近似值。数据来源如所引的表 9.1 注释——除了 1830—1860 年波士顿的数据——来自 Peter R. Knights, *The Plain People of Boston*, *1830 - 1860: A Study in City Growth* (New York: Oxford University Press, 1971), pp. 98 - 99, 还有 1935—1940 年及 1940—1947 年的美国的数据。后者由更详细的人口普查数据估算得来，如 Donald J. Bogue, *The Population of the United States* (Glencoe, Ⅲ.: Free Press, 1950) 中所示。它们指的是在临终时仍然居住在同一县的人的比例；需注意，这些例子的时间间隔只有 5 年和 7 年，因此所有的比率都高于其他研究以十年为期得出的数字。

　　然而，一战后不久，这一历史模式发生了根本性的变化，尽管缺乏确定这一变化时间的必要证据。至少，到 1930 年代，在波士顿和诺里斯敦这两个城市，高级白领岗位的男性不再比低技能工人更稳定了，而技术工人是所有职业群体中最稳定的。1935 年到 1940 年间，在全国范围内，与其他所有职业阶层的成员相比，专业人士和技术工人仍居住在同一个县的情况要少得很。大致相同的模式也出现在了 1940 年至 1947 年整个美国的数据、1940 年至 1950 年诺里斯敦的数据以及 1958 年至 1968 年波士顿的数据中。在诺里斯敦和波士顿，高级白领层和低级白领层的稳定率有更大的相似之处，还有一个更明显的趋势是技术工人更稳定，这可以反映出波士顿和诺里斯敦的某些特殊性，但是所有证据都表明，那种长期以来形成的模式发生了逆转，在那种模式中，男性扎根于社区的倾向与社会经济地位成正比而不是反比。

　　这种转变到底意味着什么尚不完全清楚。这可能表明，在早期，不同社区间经济机会的差异在蓝领世界是最大的，那些拥有最少资源和技能之人的流动动机是最强烈的。（职业流动率在社区间没有明显的差异，这将在下文中予以说明，但这并不一定对这一解释构成挑战；这可能意味着有足够的这种类型的迁移来抵消在没有大量迁移的情况下可能存在的差异。）因此，工人们离开社区的行为本是改善他们处境的经济上的合理努力。

　　然而，这只是个假设，也许还是个过于自满的假设。低技能移民离开19世纪和20世纪早期的美国城市，是否确实成功地改善了他们的命运，目前还不得而知；这个问题迫切需要进一步的研究。经济史学家已经表明，劳动力的净流动是朝向经济机会更大的区域的，衡量这种经济机会的标准包括工资水平、失业率等。[1] 但是，基于这些净移徙分析得出的关于个人经历的推论是有问题的，因为流入和流出的总移徙量大大超过了净移徙量。净移民人数与经济活动水平之间的正相关关系，可能掩盖了在这段时间内四处流动的许多人甚至是大多数人的遭遇。由于这些正相关关系，某些工人阶级移民一定曾从流动中获益，但是仍然会有大量的美国人终其一生无助地从这里漂到那里，形成了一个绵延不绝却看不见的流动无产阶级。在第一次世界大战和大萧条之间的一段时间里，这部分人口的相对规模肯定已经缩小了，但在这两个时期，人口规模到底有多大，若没有进一步研究就无法确定。

　　无论成功的蓝领移民和失败的蓝领移民在整个国家占多大比例，

---

[1] Harvey S. Perloff et al., *Regions, Resources and Economic Growth* (Baltimore: Johns Hopkins University Press, 1960).

有一点无疑是很重要的：在20世纪30年代以前的地方一级，留下来的是成功者，而消失的是失败者。总的来说，那些足够稳定的人组成了可见的社区，而那些没有在当地建立社区的人待的时间不够长，无法让人感觉到他们的存在。城市居民的极度变化不定，必然严重限制了在政治上和社会上动员他们的可能性，并且促进了人口中较稳定和较富裕者的控制权。① 有效的组织需要成员的稳定性，而这一点在19世纪和20世纪早期美国最贫穷的城市居民中是明显缺乏的。当然，有很多复杂的原因导致了一代又一代敬业的劳工组织者直到20世纪30年代都无法在美国主要工业领域的半技能工人中建立强大的工会，而处于类似经济发展阶段的欧洲国家的同行早就这样做了，但是，成功最终到来的时候，正是低技能劳动者不再是人口中最不稳定的因素，反倒是最稳定因素之一的时候，这也许并非巧合。

在19世纪和20世纪初，一般穷人的真实情况同样适用于贫穷的移民及其子女。详细列出波士顿和其他城市在稳定性上的族裔差异将使本文负担过重，而我们研究的各城市中主要的外国出生群体和第二代群体，与社会经济地位相当的美国佬一样，都是变动无常的。因此，移民经验中人们熟悉的居住隔离模式具有严重的误导性。外国出生的新来者挤在自己同胞为主的社区里的程度常常被夸大，即使是在种族隔离程度很高的社区，随着时间的推移，组成这些社区的个体也很少有连续性。正如在当地报纸上永远都会见到的社区的可见部分与普通市民群众之间存在着根本的区别一样，在族裔的次级社区（subcommunity）——杂货店、餐馆、酒吧、教堂、大会堂及其他地

---

① 欲进一步了解，参见拙文，"Working Class Social Mobility in Industrial America," in Melvin Richter, ed., *Essays in Theory and History: An Approach to the Social Sciences* (Cambridge. Mass.: Harvard University Press, 1970)。

方——和以更全面的人口统计学意义定义的族裔社区的性质之间也存在着区别。爱尔兰人、意大利人、犹太人和其他少数族裔社区确实很容易分辨，但一遇到人口普查，居住在这些社区的绝大多数无名氏移民注定会在十年结束前从这些社区消失。的确存在着某种结构上的连续性，但个体的连续性微乎其微。

二、职业流动的水平

1880 年至 1968 年间，波士顿居民职业模式的一致性令人印象深刻。一开始是作为体力工人进入劳动力市场的所有男性中，大约四分之一在中产阶级岗位上结束了自己的职业生涯；起初做白领工作的人，有六分之一后来下滑到了蓝领岗位。在某些特定的十年里，情况不如其他十年好——例如 1880 年代的向上流动率异常低迷——但只有一个例子表明，这种短期波动对终生职业模式有持久的影响。1930 年代的大萧条对某序列中的一部分——出生在本世纪头十年到 1930 年从事无技能或半技能工作的人——有巨大且持久的影响。这些人再也没有从大萧条中恢复过来，终其一生都远不如普通的波士顿工人成功。除了这个例外，工作机会的结构一直非常稳定。

几乎没有人对其他城市的居民从第一份工作到最后一份工作的职业生涯流动性做过类似的研究，但至少可以大胆地对波士顿在这方面的典型程度做出部分的回答。在最近的一些历史调查中，我们计算出了两个粗略的流动性指标：在一个十年时间内，蓝领工人爬上白领职位的比例，以及白领工人滑进蓝领职位的比例。有一项研究针对的是南北战争前的波士顿，从而为研究波士顿从 1830 年到 1968 年的职业流动趋势提供了基础。另一项研究分析了波基普西1850年至1880年间的人口流动模式，而1870年代和1880年代的亚特兰大、1800年至1890年及1900年至1910年的奥马哈、1910年至1920年的洛杉矶、1910年至1950年的诺里斯敦也有类似的数据（见表9.4）。①

表9.4　1830—1968年所选城市的职业流动性（上升或下降百分比）[1]

年份	城市	蓝领上升者		白领下滑者	
		百分比	数量	百分比	数量
1830—1840	波士顿	9	58	3	80
1840—1850	波士顿	10	60	0	96
1850—1860	波士顿	18	83	7	42
	波基普西	17	758	7	410
1860—1870	波基普西	18	1 172	8	601
1870—1880	波基普西	13	1 661	9	866

---

① 当然，这份证据并不具有精确的可比性。我知道安吉拉·莱恩的抨击很有分量，她说这是将"研究设计、样本组成、地点、日期等方面不可比较的研究"成果拼凑在一起完成的，为的是形成对于整个社会的一个"整体性画面"。Lane, "Occupational Mobility in Six Cities," *American Sociological Review*, 33(1968), 740–749。但是数据的可比性不完美对我来说胜过完全没有数据，而且我相信，数据表面上的不统一正强烈表明了一种统一的模式。

莱恩的论文严谨地分析了1951年开展的"六个城市劳动力流动调查"（Six City Survey of Labor Mobility）中具有可比性的流动数据，并强调这6个城市的模式有多么不同，这与本文论点的重点背道而驰。我承认她的数据揭示了一些差异，但关键问题在于差异有多大才会造成不同。从我的角度来看，这6个城市之间的差异相当小，但我仍然对它们表现出的一致性印象深刻。还应指出的是，莱恩的数据不足以确定这些不同城市职业结构的差异，因为抽样中人与那个城市的唯一一联系是他们1951年时住在那里。然而，他们的流动性是通过比较1950年他们的职业地位和他们父亲最长时间从事的工作所属的层次来衡量的。其中许多人，也许是大多数人，1951年都不住在儿子们所居住的城市，甚至连儿子们住了多久都不清楚。因此，该数据揭示的任何城市差异仅仅反映的是移民到不同城市的人的差异，而非每个城市内部真正的职业或等级差异。其他特定城市的代际流动研究也表现出相同的问题，例如表9.7注释中引用的印第安纳波利斯、圣琼斯和诺里斯敦的研究；下文注释有进一步讨论。上述研究没有一个在城市内部真正地考量代际流动。

续表

年份	城市	蓝领上升者		白领下滑者	
		百分比	数量	百分比	数量
	亚特兰大	19	188	12	250
1880—1890	波士顿	12	334	12	209
	奥马哈	21	n. a.	2	n. a.
	亚特兰大	22	299	7	435
1900—1910	奥马哈	23	n. a.	6	n. a.
1910—1920	波士顿	22	248	10	165
	洛杉矶	16	95	13	154
	诺里斯敦	8	549	4	232
1920—1930	诺里斯敦	9	543	8	217
1930—1940	波士顿	11	301	16	166
	诺里斯敦	10	629	19	278
1940—1950	诺里斯敦	10	671	15	301
1958—1968	波士顿	17	206	9	193

[1] 波基普西、奥马哈、洛杉矶和诺里斯敦的数据来源见表 9.1 注释。波士顿 1830—1860 年的数据，是根据下文计算得出，即 Knights, *The Plain People of Boston*, pp. 98 - 99。亚特兰大的数据并非来自表 9.1 注释中所说的霍普金斯的文章，而是来自由霍普金斯从 1870 年和 1880 年的人口普查手稿中收集到的两个更大样本的前附表。这些数据只涉及白人，因为没有一个来自其他城市的样本中包含很大比例的黑人，而且黑人的经历和其他群体的经历又是如此不同。在亚特兰大，黑人从蓝领升到白领的比例只有白人在 1870—1880 年上升率的四分之一、1880—1890 年上升率的三分之一。对黑人流动的进一步讨论，见该手稿中的第 254—256 页。奥马哈的两个样本的数量不得而知，但 1880 年的所有样本包括 696 名体力劳动者和 278 名非体力劳动者，1900 年的相应数量是 449 名和 288 名。按照研究中给出的 10 年稳定率计算，1880—1890 年这一群体中大约有 255 名蓝领和 140 名白领，1900—1910 年这一群体中大约有 180 名体力劳动者和 130 名非体力劳动者。在对奥马哈的研究中采用了 11 年而非 10 年的追踪时间段，导致数据略向上偏移。

　　在 19 世纪中期之前，波士顿很少有职业流动。19 世纪三四十年代，只有十分之一的城市体力劳动者进入中产阶级；被竞争对手取代的白领几乎一个也没有。1830 年，波士顿是一个相当大的城市，大约有 6.1 万居民，1830 年代增长了 38％，1840 年增长了 63％，但其职业结构相当稳固。然而，1850 年代出现了明显的松动，职业阶梯上男性的上下流动急剧增加；上升率和下降率都是 1830 年代的 2 倍。

在没有其他可比研究的情况下，1850 年以前的波士顿受限的职业流动模式到底是不是那个时代美国社会的典型，尚不能确定。但非常清楚且极其惊人的是，1850 年以后的波士顿模式在其他很多城市都有所体现。例如波基普西，1850 年时大小不及波士顿的十分之一，但两地在 1850—1860 年的职业上升率和下降率方面几乎相同。在 1850 年到一战爆发这段时间内从 6 个不同城市选出的 12 个样本中，只有 2 个样本的上升率与 1850 年波士顿的上升率差距超过了 5％，只有 1 个样本的下降率是如此。

城市的大小似乎根本无关紧要。1910 年的波士顿是 1850 年波基普西的 60 倍，但它们的流动模式之间并无实质性差别。城市人口增长率也不重要。在一战的那几年里，波士顿人口只增长了 12％，而洛杉矶人口增长了 3 倍多，而事实上，欣欣向荣的洛杉矶与相对停滞的波士顿相比，向上流动性还要小一些。

自 1850 年以来，并没有明显的迹象表明流动性会出现上升或下降的长期趋势。在米勒德·菲尔莫尔任总统期间的波基普西，塔夫脱政府时期的洛杉矶，以及艾森豪威尔时代的波士顿，劳动者换上白领工作的前景几乎完全相同（一个十年期内分别为 17％、16％ 和 17％）。在这三个时期，白领工人被取代并被迫进入体力劳动岗位的可能性差别不大。

1850 年以后这种惊人一致的模式只有极少数例外，像是 1870 年代的波基普西、1880 年代和 1930 年代的波士顿，以及 1910 年至

1950 年的 40 年里每一时段的诺里斯敦。我们还不清楚如何解释 1870
年代的波基普西和 1880 年代的波士顿职业流动的相对受限，但有一
点很重要，至少在波士顿，这种限制只是暂时的。1880 年前后进入
劳动力市场的波士顿男性，到了职业生涯尾声时，他们的前进步伐
与其他时代别无二致（见表 4.7）。还无法确定波基普西的情况是否
也如此。在 20 世纪 30 年代的波士顿和诺里斯敦发现的低上升率和
高下降率并不令人惊讶，大萧条对这两个城市都产生了毁灭性的
影响。

　　然而，诺里斯敦的职业结构似乎从头到尾都是相对封闭的。不仅
在大萧条的十年，而且包括之前的两个十年和之后的一个十年，诺里
斯敦的体力劳动者的上升率都低于全国正常水平，更确切地说，处于
1850 年以前波士顿的低水平。由于诺里斯敦是分析 20 世纪美国城市
职业流动模式的一个非常全面的富有价值的场所，因此有必要指出，
它似乎与总体而言的美国模式有相当大的偏离。尽管诺里斯敦至少有
可能在城市规模上（1920 年为 2.8 万人，1950 年为 3.8 万人）是其
他与之相当的 20 世纪城市的代表，但这一点值得怀疑，因为在表
9.4 中的其他所有例子中，人口流动率并没有与城市规模的变化保持
一致。诺里斯敦的模式可能在其他许多美国城市也有体现，但波士顿
似乎更有代表性。

　　上述对于流动性的比较当然是粗糙的。我们无法对这些城市进行
更精确的比较，因为一些研究未能充分详细地给出数据，而另一些研
究采用的详细职业分类存在着显著的差异。不过，我们可以在这里进
行两个进一步的比较，每个比较都包括一个与波士顿的类型截然不同
的城市。

　　首先，对于生活在 19 世纪中叶前后的波基普西和此后不久的波

士顿的男性而言，可以比较他们这一生从第一份工作到最后一份工作的职业模式，而不仅仅是一个十年内的（见表9.5）。这一比较有力地支持了早些时候基于更粗糙的证据得出的结论，即在当时全国第四大城市和一个只有2万居民的城市，就业机会的结构非常相似。

表9.5 从第一份工作到最后一份工作：19世纪两个城市的职业流动性（百分比）[1]

最初职业层次及城市	最后职业的层次				数量（人）
	高级白领	低级白领	技工	低级体力工	
高级白领					
波士顿	92	8	0	0	26
波基普西	93	5	1	1	96
低级白领					
波士顿	25	61	9	6	109
波基普西	25	61	6	8	389
技工					
波士顿	4	22	60	15	82
波基普西	8	23	60	10	830
低级体力工					
波士顿	4	24	13	59	93
波基普西	2	13	17	68	685

[1] 波基普西的数据，来自克莱德·格里芬提供的表格。两项研究都追踪了30岁前男性的第一份工作到30岁后的最后一份工作。波基普西的样本中人生于1820和1850年之间，波士顿的样本中人生于1850—1859年之间，因此，时间段只是粗略地划分，相对来说并不精确。

波士顿和波基普西的专业人士及大商人所占比例的差异不超过

1 个百分点，他们在整个职业生涯中都保住了最初的高级白领地位；上升到上层中产阶级或者下滑到蓝领岗位的职员、销售及小商人占比稳定；保持稳定或进入低级白领职位的技术工人占比的差别也不大。两个城市的机会结构只有两个微小的差别，而且它们指向相反的方向。在波基普西，起初在技术行业工作的男性晋升到高级白领职位的概率略高，而从事体力劳动的概率则略低于波士顿的男性。另一方面，波士顿的无技能或半技能劳动者有更多的机会找到低级白领的工作。两者的差别都不大。引人注目的是，在两个截然不同的城市里，男性在职业生涯中不同阶层之间的流动几乎以完全相同的方式发生。

　　对 1910 年至 1920 年间波士顿和洛杉矶的职业流动性进行的类似比较，揭示了一些相似之处，虽然没有那么接近，却更加引人注目（见表 9.6）。在这个例子当中，我们对流动性的观察时段非常短，而由商业周期或其他原因引起的短期波动更有可能扭曲研究结果。此外，这两个样本的年龄分布也存在差异，使得比较起来不那么精确。即使波士顿和洛杉矶的机会结构相同，上述问题可能也会让结果之间产生一些差异。

表 9.6　1910—1920 年两个城市的职业流动模式（百分比）[1]

1910 年职业层次及城市	1920 年的职业层次				数量（人）
	高级白领	低级白领	技工	低级体力工	
高级白领					
波士顿	90	7	0	3	31
洛杉矶	88	8	4	0	25

1910 年职业层次及城市	1920 年的职业层次				数量（人）
	高级白领	低级白领	技工	低级体力工	
低级白领					
波士顿	10	79	2	10	134
洛杉矶	7	78	11	4	129
技工					
波士顿	2	21	66	11	103
洛杉矶	0	13	79	9	61
低级体力工					
波士顿	2	19	6	73	145
洛杉矶	0	21	12	67	34

[1] 洛杉矶的数据来自 Hanson, "Occupational Mobility and Persistence in Los Angeles."该样本选自 1910 年的洛杉矶城市名录，因此年龄范围很广，而波士顿的样本选自结婚登记册，其中大多为 20 岁和 30 岁男性。由于流动率会随着年龄增长而下降，两个样本在年龄分布上的差异可以解释波士顿出现的更高的流动率。

然而，很少有观察家会预期在这两个城市之间找出许多相似之处。波士顿似乎是东部大都市的典型，历史悠久，发展缓慢且保守。相比之下，洛杉矶似乎是一个动态、开放、活力四射的典型西部城市，是年轻人追逐名利的理想之地。

手头的证据根本不支持这种预期。在相隔 3 000 英里的两座城市中，一个人在某一时刻所从事的工作对他十年后从事另一种工作的可能性分别产生了几乎完全相同的影响。1910 年，波士顿 90％的专业人士和大商人在十年后仍然在高级白领阶层工作，洛杉矶的这一比例是 88％。在波士顿，这一阶层只有 3％的人会下滑到体力工作岗位，洛杉矶则有 4％。在波士顿，79％的职员、推销员和小业主十年后仍在同一层次，洛杉矶则有 78%。洛杉矶的下滑的百分比稍高于波士顿，相应地，这个东部城市里上升到高级白领阶层的人的比例也稍高一些，但差异微不足道。

然而，有人可能会说，像洛杉矶这样一个充满活力、蓬勃发展的地方和波士顿这样一个更为稳定、增长缓慢的地方之间的真正区别，在职业结构的上层是看不出来的。也许并不奇怪，这两个地方的中上层阶级男性在保住自己地位上的表现同样成功，而中下层阶级的男性也有着非常相似的前景。更合理的预期是，在蓬勃发展的洛杉矶，处于较低职业层次的男性会比东部的男性获得更多的优势，他们会找到更多的机会进入商界。不过，事实上，两个城市中有同样比例的无技能工人和半技能工人（21%）在十年间进入了白领阶层，而在技术工人中，波士顿的向上流动率明显高于洛杉矶。很难说波士顿的职业结构是否真的比洛杉矶更开放——如表 9.6 的注释所示，各样本的年龄分布有差异，这也许能解释波士顿的样本出现更高的流动率——但有一点很清楚，逆命题也不成立。

波士顿与洛杉矶当然在许多重要方面都有差异。但生活方式、居住模式、种族构成、城市规模、增长时段、增长率这类差异，显然对当地的职业流动进程影响甚微。像大萧条这样的毁灭性历史事件，可以暂时扰乱正常的进程（并对一些个人造成永久性的影响），而且显然，还有一些像诺里斯敦这样居于主流之外的城市。但这一进程本身似乎是全国性的，一个多世纪以来一直在许多不同的城市以非常相似的方式进行着。

部分原因在于，不同规模和类型的美国城市的职业结构差异比人们通常认为的要小得多。与小城市相比，大都市圈的专业人员和管理人员所占的比例确实更高，蓝领工人也更少，但这种差异通常太过微小，对流动机会的影响往往微乎其微。1950 年，人口超过 300 万的美国城市中，11.0％的劳动力是专业人士，11.1％的是经理、业主和官员；在小城市（1 万—2.5 万人）中，9.6％的是专业人士，10.2％的是经理、业主或官员。[①] 小城市的蓝领工人构成了劳动力的57.1％，在中心大城市是 53.2％。可以肯定的是，特定规模的城市之间存在着差异，而且在 19 世纪和 20 世纪初，这种差异可能比今天更大。[②] 例如，1880 年，马萨诸塞州洛厄尔的规模与奥马哈和亚特兰大差不多，但由于半熟练纺织工人的大量集中造就了它截然不同的职业结构，在这三个城市存在相似的职业流动机会就极不可能了。对这类地方差异及其后果进行进一步的研究自然十分有必要。而且还必须认识到，这里所揭示的相当广泛的职业层次之间流动率的相似性，可能掩盖了城市之间在层次构成和向居民开放特定流动渠道方面的重要差异。对这个问题进行更细致的研究可能非常有价值。但首先要概括的一点是，美国各城市职业结构偏离全国标准的程度，比此前人们怀疑的要小。

另一个肯定有助于将各地职业流动模式的差异降至最低的因素是，至少自 1800 年以来，人口的迅速流动已遍及整个美国社会。美国人民惊人的流动性，一定起到了一种平衡机制的作用，有助于消除各地的机会结构之间的差异。例如，如果在波士顿向上流动的机会远低于在纽约的，这就应该会促使移民从前者向后者转移，直至达到提

[①] O. D. Duncan and A. J, Reiss, Jr., *Social Characteristics of Urban and Rural Communities* (New York: Wiley, 1956), p. 96.
[②] 1940 年人口普查数据中职业结构的地方差异分析，参见 Paul B. Gillen. *The Distribution of Occupations as a City Yardstick* (New York: Kings Crown Press, Columbia University, 1951)。该研究表明，在大城市中，与常模的偏差往往是最低的，而在那些人口少于 2.5 万人的城市中，偏差最大。

高纽约对稀缺岗位的竞争而减轻波士顿的竞争的那个节点。[①] 当然，经济学家关于劳动力完全流动的假设并不完全适用于现实世界——流动遇到了各种障碍，这些障碍导致了停滞不前，并在工资水平等问题上造成了各地区和各社区之间的差异——但是，现有的关于19、20世纪美国人的稳定性和流动性模式的证据表明，当时存在着数量极大的以这种方式流动的散工。这些移民是否会因迁徙而改变自己的命运，目前还说不清——这是美国历史上未曾被探索过的大话题之一——但很有可能，正是劳动力供应的流动性，有助于我们解释不同城市职业流动率之间惊人的相似性。

三、代际流动性

出生在波士顿工人阶级家庭的年轻人，在他们自己的职业生涯中向上流动从事中产阶级工作的前景相当好。只有十分之一的人成功地跻身专业人士或大商人之列——与来自中上层阶级家庭的儿子相比，他们一路爬到职业阶梯顶端的可能性要小得多——但他们当中约有三分之一最后成了职员、推销员或者小业主。向下流动在中产阶级年轻人中比较不常见。波士顿的5个样本中，除了1个由于其中成员仍在职业生涯早期而可能产生误导之外，其余4个样本的白领下滑率都只有蓝领上升率的一半到三分之一。这里存在着一个连续不断的移徙和社会流动的循环，在此循环中，社会阶梯的底层被不断涌入城市的相

[①] 上文 p259，注②所援引的当代研究表明，对当地经济机会的变化很敏感的是流入的移民而不是流出的移民。Perloff 对 1870 年以来美国代际移民的分析也表明了这一点，参见 Perloff, *Regions, Resources and Economic Growth*, pp. 590 – 592。

对来说未受过教育和无技能的新来者所占据。

在过去一个世纪左右的时间里，评估这些发现在多大程度上可以推广到整个美国社会是一项复杂的方法论难题。可用于比较分析的大部分研究并没有对特定的年龄组进行考查，也没有衡量个人职业生涯接近尾声时达到的代际流动性；大多数调查选择了年龄在 21 岁至 65 岁之间的男性作为样本，并对调查时受访者的职业成就进行了划分，明确他们到底是处于职业生涯的早期、中期还是末期。相比之下，头 3 个波士顿的样本是某个特定年龄段的个体，对他们的职业生涯一直追踪到退休或离开这座城市；代际流动率是在一个人的职业生涯结束时或尽可能接近结束时测量到的。（在后来波士顿的样本中不能遵循这一程序，其中一项是为另一项研究而收集的，年龄范围很广，另一个样本是由最后得到信息时只有 33 岁的男性组成的。）在我看来，这似乎是衡量家庭出身对职业模式影响的最具启发性的方法，但与其他衡量个人职业生涯中某个不确定时刻的流动性的研究相比，必须考虑到这种方法上的差异。由于职业生涯中的向上流动在美国社会比向下流动更为普遍，因此，包括大量相对年轻的男性在内的调查低估了典型的美国人一生中所发生的向上代际流动的程度。①

---

① 至于不同研究之间另一个主要的方法差异是如何限制它们的可比性的（如果有的话）则更难判断。波士顿的 4 个样本（只有劳曼 1962 年的样本除外）和波基普西的研究只测量了父亲也住在同一社区的男性的代际职业变化；历史资料并未提供住在别处或已故去的父亲的职业信息。后续的研究是基于对健在者的问卷调查，这可以确定被调查者父亲的职业，即使他当时不是和儿子住在同一个城市。如果像利普塞特和本迪克斯在 *Social Mobility in Industrial Society*（Berkeley: University of California Press, 1960），pp. 219 – 225 所说的那样，在大城市长大有职业上的优势，这些可能有助于解释波士顿相对较高的向上流动性。然而，布劳和邓肯最近提出的大量证据表明，不仅成长于大城市能提升职业成就，就像利普塞特和本迪克斯主张的那样，移民也与成功有着强大而确定的联系；参见 *The American Occupational Structure*（New York: Wiley, 1967），chap. 7。从原先的居住地搬到另一个社区的男人往往比那些留下来的人过得更好。因此，只研究那些与父辈生活在同一城市的男性的代际流动性，可能低估了总体的流动性。然而，这种模式在过去是（转下页）

　　这至少部分解释了为什么波士顿工薪阶层的儿子享有更多的向上流动的机会（见表9.7）。在波士顿早期的3个样本中，有41％到43％的男性取得了这一进步，这一比例高于1949年奥克兰调查的结果（该调查基于一个有偏差的样本，见表9.7注释）。然而，在他们第一次进入劳动力市场的时候，他们并没有那么成功，其中只有22％、38％和33％的人从事白领工作。这项指标表明，其他研究在多大程度上低估了处于职业生涯早期阶段的男性一生当中实际发生的代际流动率。进一步的证据可以从波士顿后来的2个样本的记录中看到，其中不可避免地包括了职业生涯还远未结束的男性。在这些样本中，工薪阶层的儿子向上流动的比例要低几个百分点，分别为36％和34％。这些人在退休时的实际流动率很可能已经接近前三次调查中观察到的40％。

表9.7　所选城市的代际职业流动：蓝领儿子得到白领身份[1]

城市	年份	百分比	数量（人）
波基普西	1880	26	223
波士顿	1890	41	111
波士顿	1910	41	535
印第安纳波利斯	1910	22	940
波士顿	1920	43	128
圣何塞	1933	32	606

（接上页）否也适用，1920年搬到芝加哥的波士顿木匠的儿子或者搬到波士顿的芝加哥木匠的儿子（两者都不会被包括进波士顿的代际流动率计算当中），是否比待在老家更成功，则不得而知。有趣的是，布劳和邓肯在他们的数据中发现了一些线索，即"近几十年来，移徙对极具潜力的成功者的选择性越来越强"这一命题需要进一步的历史调查。

续表

城市	年份	百分比	数量（人）
印第安纳波利斯	1940	31	1 026
美国	1945	29	323
奥克兰	1949	47	252
诺里斯敦	1952	29	383
美国	1956	31	291
美国	1962	38	n. a.
波士顿	1962	36	244
波士顿	1963	34	126

[1] 精确对比这些研究的发现是不可能的。有些差异源于样本的瑕疵：有些源于所研究人口的差异（成年人，成年白人，在某个特定年份结婚的男性，户主）；有些源于职业分类的差异；有些源于收集数据时劳动力市场的环境。大部分研究都无法将小业主从大业主中区分出来，因此流动到高级还是低级白领岗位无法单独分析。然而，最重要的变化同个人职业生涯中与其父亲地位相比较的时刻有关。波士顿的头3个样本中的代际流动性是在职业生涯晚期测量的，但剩下的那些样本没有继续这一程序，样本中人的年龄和职业阶段都很广泛。波基普西的数据针对的是30—40岁的男性；印第安纳波利斯的两个样本都是指30岁以上男性，但是这个年龄组中可能有一个特殊的部分（即在相对较高的年龄结婚的男人）；圣何塞，针对30或30岁以上男性；美国，针对1945年的成年白人；奥克兰，针对户主；诺里斯敦，针对25或25岁以上白人；美国，针对1956年的成年人；美国，针对1962年的25—64岁男性；波士顿，针对1962年的成年白人；波士顿，针对1963年的33岁男性。没能计算出代际流动性的研究，可能是低估了向上流动率，原因正文中已经提到。

使用奥克兰的结果时必须格外小心，因为它们基于一个排除了17个人口普查区域的样本，这些区域的特点是极端富有或贫困。被排除的大部分区域都在贫困类别里，因此样本中无技能劳动者的比例严重不足，这无疑放大了工人阶级之子的向上流动率。

波基普西的数据来自波基普西的流动性研究的前附表；印第安纳波利斯的数据，来自 Natalie S. Rogoff, *Recent Trends in Occupational Mobility* (Glencoe. Ill.: Free Press, 1953), pp. 122, 125；加州圣何塞的数据，来自 Percy E. Davidson and H. Dewey Anderson, *Occupational Mobility in an American Community* (Stanford, California: Stanford University Press, 1937), p. 29；美国 1945 年的数据，来自 Richard Centers, "Occupational Mobility of Urban Occupational Strata," *American Sociological Review*, 13 (1948), 197-203；奥克兰的数据，来自 S. M. Lipset and Rein hard Bendix, *Social Mobility in Industrial Society* (Berkeley: University of California Press, 1959)；诺里斯敦的数据，来自 Sidney Goldstein, ed., *The Norristown Study; An Experiment in Interdisciplinary Research Training* (Philadelphia: University of Pennsylvania Press, 1961), p. 109；美国 1956 年的数据，来自密歇根大学调查研究中心收集的大选前的全

如果有人牢记这一点，即在包括了处于职业生涯早期的男性在内的样本中发现的流动率将比在职业生涯末期的真实流动率低几个百分点，那么波士顿的模式就与1933年在加州圣何塞、1940年在印第安纳波利斯、1952年在诺里斯敦以及1945年、1956年、1962年在全美范围内观察到的模式并没有太大不同。在所有这些案例中，出生在蓝领家庭的男性有30%或更多自己获得了中产阶级工作，如果有可能一直追溯到他们职业生涯的尽头，这个比例可能还会更高。

然而，我们并不能确定这是否可以充分解释波士顿和这些城市之间的适度对比，而且有些对比非常悬殊，上述情况不可能是原因所在。波基普西的研究用同样的方法测量了两代人之间的流动性，在那里，工人阶级的儿子进入白领岗位的概率明显更小。第一次世界大战前夕，印第安纳波利斯的向上流动率也非常低，大约只有波士顿的一半。由于缺乏精确对比的数据，使我们不可能得出任何确切的结论，但有一种说法认为，代际流动的机会结构在不同城市之间的差异可能比职业流动的机会结构更大。在对湾区的研究中发现的高向上流动率——47%——可以说明这一点。将贫困地区排除在样本之外，使这一估计值产生了向上的偏差，但未能将样本中人追踪到职业生涯的晚期，可能抵消了这种偏差。波士顿和奥克兰是研究对象中最大的中心城市，为工薪阶层的孩子提供了最大的教育机会，也许这一点很重

（接上页）国样本，见 S. M. Miller, "Comparative Social Mobility: A Trend Report and Bibliography." *Current Sociology*, 9（1960），78；美国1962年的数据，来自美国人口普查局，"Lifetime Occupational Mobility of Adult Males. March 1962," *Current Population Reports: Technical Studies*, Series P. 23, No. 11。这些案例的数量没有给出，但整个样本大约涉及20 700位男性。

要，但这需要更多的证据，目前根本无法确定。①

关于波士顿的代际流动模式，最惊人的发现也许与工人阶级的特定阶层有关，大量无技能和半技能劳动者从事的工作在培训、教育或资本方面的要求最低，提供的收入、安全或声望也是最低。对这些低级体力劳动者之子的职业模式进行的分析表明，这些家庭中的大多数并没有永远陷入一种"贫困文化"（culture of poverty）之中。贫困人口很多，但低级体力劳动者身份的代际传承并不如向上流动那么普遍。在波士顿的5个样本中，平均每10个来自职业阶梯最底层家庭的年轻人中，就有4个找到了进入中产阶级行列的工作，其余的人中，大约六分之一进入了技术行业。这5个样本里的每一个都有一半的年轻人在职业竞争中表现得比他们的父辈好。

这种从低体力劳动阶层跨代晋升的普遍模式根本不是波士顿所特有的。在过去一个世纪中，它已在许多美国社区中表现了出来（见表9.8）。对于19世纪40年代出生在波基普西的年轻人来说，无技能或半技能劳工家庭的儿子成为低级体力劳动者的比例为43%，而在1910年于印第安纳波利斯申领结婚证的男性中有49%，在1952年居于诺里斯敦的成年男性中有46%，在1962年全美非农业人口中有45%。在14个样本中，只有1个样本里有60%的无技能工人或半技能工人的儿子仍然属于低级体力劳动阶层；14个样本中，只有3个样本里的这一数据高达50%。如果有其他研究可供比较，绘制出职业生涯结束时的流动性曲线，那么波士顿的研究结果的普遍性可能会更加惊人。

---

① Lipset and Bendix, *Social Mobility*, pp. 219 – 225, 及 Blau and Duncan, *American Occupational Structure*, pp. 262 – 265, 都提出了有关在大城市成长的职业优势的证据。布劳和邓肯只是通过补充说，那些继续生活在他们长大的那个大城市的男性（也就是说非移民）并不如那些移民到另一个城市的同等出身的男性更成功来证明这一点。

表 9.8 所选城市的代际职业流动（无技能或半技能劳动者之子上升或不动的百分比）[1]

城市	年份	儿子的职业层次			数量（人）
		白领	技工	低级劳工	
纽伯里波特	1880	10	19	71	245
波基普西	1880	22	35	43	121
波士顿	1890	43	14	43	63
波士顿	1910	39	20	40	261
印第安纳波利斯	1910	22	29	49	278
波士顿	1920	46	16	37	73
圣何塞	1933	29	16	55	311
印第安纳波利斯	1940	28	25	47	440
美国（非农业）	1946	24	22	57	160
诺里斯敦	1952	27	27	46	223
美国（非农业）	1956	27	25	48	147
美国（非农业）	1962	29	25	45	n. a.
波士顿	1962	35	17	48	155
波士顿	1963	38	18	44	78

[1] 当然，表 9.7 的注释和 p279，注①中所述的精确比较遇到的障碍同样适用于此处。引自 Stephan Thernstrom, *Poverty and Progress*: *Social Mobility in a Nineteenth-Century City* (Cambridge, Mass.: Harvard University Press, 1964), p. 218。纽伯里波特的数据只适用于无技能工人的儿子，但这并不能解释所观察到的低流动率。波基普西和波士顿的无技能工人之子的可比数据如下：

城市	年份	白领	技工	低级劳工	数量（人）
波基普西	1880	20	32	48	76
波士顿	1880	39	14	48	44
波士顿	1910	35	23	41	137

在波基普西，进入白领阶层的可能性是在纽伯里波特的 2 倍，是在波士顿的 3.5 倍。

　　一个明显的例外是马萨诸塞州的纽伯里波特，在 19 世纪晚期，那里足有十分之七的低级体力工人的儿子自己也没能越出低级体力阶层，只有十分之一得到了白领身份。在早些时候对纽伯里波特与 20 世纪各城市人口流动率进行比较的尝试中，我显然犯了一个错误，把纽伯里波特的发现当作了衡量 19 世纪美国人口流动水平的基准。[①] 纽伯里波特在这段时期的经济相对停滞到底到了什么程度，以及样本中的第二代爱尔兰人的优势在多大程度上导致了那里的向上流动率明显低于其他社区，目前尚不清楚，但纽伯里波特的异常特征相当明显。

　　尽管无技能或半技能劳动者的后代逃离低级体力劳动世界的机会在各地差别不大——纽伯里波特是例外——他们在阶梯上能爬多高，容易受到较大波动的影响。这里的问题还是不同研究之间方法的差异限制了比较的可能性，但对于一个低级劳工的儿子来说，19 世纪的波基普西和一战前的印第安纳波利斯的白领世界显然很少给他机会，在波士顿和其他城市之间，向上流动至白领岗位的比例存在着可观的差距。

　　也就是说，低级劳工之子在波士顿的相对处境异乎寻常地好。在那里，无技能或半技能劳动者的孩子进入非体力工作岗位的机会与技术工人的孩子一样多；实际上，5 个样本中有 3 个反映出他们在这方面比技工之子还要略具优势。然而，在可以进行类似比较的其他城市中，8 个例子中有 7 个表明，技工之子晋升到白领职位的频率高于那

[①] Thernstrom, *Poverty and Progress: Social Mobility in a Nineteenth-Century City* (Cambridge, Mass. : Harvard University Press, 1964), chap. 8. 此书第 218 页的表 16 所列的比较数据也有些误导人，因为两个最接近纽伯里波特的流动率估计数——1900 年的圣何塞、1931 年的纽黑文——我的结论是，其可靠性令人怀疑，应该不予理会。圣何塞的数据仰赖受访者对其父亲和祖父职业的回忆；后者很可能是有缺陷的。纽黑文的估计值针对的是只有 16 岁且住在家里的年轻人，因此必定严重向下偏离。

些来自低级劳工家庭的竞争对手（表格未在此处列出）。因此，在美国其他城市，存在着类似于"劳工贵族"（labor aristocracy）的人，至少在这个词的温和含义是这样。这种现象在波士顿的消失以及来自最底层家庭的男性更容易获得中产阶级的工作，究竟是波士顿独有的，还是更为普遍的大城市现象，由于没有其他大城市的可比数据（湾区的调查结果没有提供技能水平的细分），目前还不清楚。但是，大都市中心为那些出生在社会阶梯最底层的有志男性提供了最有利的栖身之所，这种可能性耐人寻味。

在这里，我们只能试着对过去美国不同城市的中产阶级之子的成就做一个简短而粗略的比较分析。除了已经讨论过的方法上的问题之外，还有一个更大的困难，即以前所作的研究几乎没有一项对大商人和小商人之间的关键区别进行了区分，而是把他们笼统地归为"经理、业主和官员"，这样就不可能把数据重新编入高级白领阶层和低级白领阶层，我们已经看到，生在波士顿的这两个阶层的人的职业模式差异是多么巨大。因此，只能做最粗略的对比——所研究城市中的白领之子下滑为蓝领的比例（见表 9.9）。

表 9.9　所选城市的代际职业流动（未动或下滑的白领之子百分比）[1]

儿子的职业层次				
城市	时间	白领	蓝领	数量
波基普西	1880	70	30	149
波士顿	1890	80	20	97
波士顿	1910	83	17	249
印第安纳波利斯	1910	65	35	577

儿子的职业层次				
城市	时间	白领	蓝领	数量
波士顿	1920	76	24	65
圣何塞	1933	61	39	941
印第安纳波利斯	1940	70	30	903
美国	1945	81	19	267
奥克兰	1949	68	32	225
诺里斯敦	1952	64	36	161
美国	1956	74	26	154
美国	1962	72	28	n. a
波士顿	1962	88	12	161
波士顿	1963	71	29	76

[1]数据来源见表9.7的注释。这里出现的最高的下滑率——圣何塞——很可能被放大了，因为该研究是在大萧条时期进行的，还因为做农民的父辈被划到了小业主一类当中，被认为是白领工人。许多后续研究都指出，农民之子的职业境遇不及城市白领工人之子。

绝大多数来自中产阶级家庭的美国年轻人保住了他们继承下来的白领身份。在波士顿，这个比例在74%到83%之间。（1930年出生、被追踪至1963年的年轻人样本中71%这一较低的比例，以及1962年剑桥和贝尔蒙特样本中较高的比例可能都打了折扣，前者是因为这些人还处于职业生涯早期，后者是因为样本中专业人士和大商人之子的比例异常地高，歪曲了作为整体的白领群体的平均水平。）波士顿在1945年、1956年和1962年中产阶级身份的保留率略高于全美，代际下滑率低于全国，但这一微小差异可能源于这些研究没能一直追

踪到个体职业生涯的末期。下滑率在 19 世纪的波基普西、1940 年的
印第安纳波利斯，还有奥克兰，仅略高一些，同样没有太大的差别。
1910 年的印第安纳波利斯、大萧条时期的圣何塞和 1952 年的诺里斯
敦的情况有很大的不同（尽管圣何塞的情况也有些特殊，原因见表
9.9），但即使在这些情况下，仍有超过六成的中产阶级之子自己获得
了白领工作，这比城市里那些从事非体力劳动的工人阶级之子的比例
高出 2 到 3 倍。有证据显示，至少在过去一个世纪里，美国上下两代
人之间向上流动的比例相当高，而且相对稳定。不少工人阶级之子至
少进入了白领阶层的底层，而大多数出生在有时被认为是"贫困文
化"环境中的年轻人，要么找到了一份技术行业的工作，要么找到了
一份白领工作。没有多少来自劳动者家庭的男性成功地获得了能够提
供最大自主权、凌驾于他人之上的权力和经济回报的工作，从少数几
项研究中可以看出，这使我们有可能将白领阶层的流动区分为泾渭分
明的高与低。在这方面，美国社会制度存在着高度的不平等。但是，
短距离地上升到技术岗位和次要白领职位的数量却是巨大的，很可能
足以支撑这个国家的信念，相信出人头地的机会仍然广泛存在。

　　与此同时，中产阶级之子的向下流动要少得多。总的来说，美国
社会——与波士顿的情况如出一辙——把从蓝领起步者送上白领岗位
的电梯所运送的乘客，远远超过从中产阶级之子落入工人阶级岗位的
乘客。

<h2 style="text-align:center">四、职业成就的族裔差异</h2>

　　在波士顿，经济机会存在着鲜明的种族差异。19 世纪末及 20 世

纪早期，移民在职业竞争中的境况远不如本地人。从欧洲初来乍到的人在美国生下的孩子往往比他们的父辈成功，但还是明显不及本地人的孩子。城里的美国佬，好像是站在第二代人的肩上，而第二代人又站在第一代人的肩上。20世纪20年代对大规模移民的限制终于开始让这些差异变得模糊，但半个世纪后，它们在一定程度上仍然可见。

第二个有关波士顿经济生活中种族因素的主要发现是，在特定族裔群体之间存在着重要差异，这种差异就像移民、第二代男性和美国佬之间的总体差异一样引人注目。在波士顿的主要族裔群体当中，爱尔兰人和意大利人的经济进步只能说是缓慢而不规律的；另一方面英国人和犹太人进入更高职业层次的速度却出人意料。我们还无法对这些差异提供充分的解释，但是，我们有理由相信，这其中牵涉到某种比旧世界的背景——不识字、不会说英语、移民时一贫如洗等——更容易衡量的东西，移民所带来的某些文化特征也有一定的影响。

另一个主要发现是，波士顿黑人的处境与其他新来者极为不同。这个城市里的黑人糟糕的经济处境并不是源于准备不足的农村移民的持续涌入；即便是第二代和第三代黑人城市居民，得到一份安全、高薪、体面的工作的机会也是绝无仅有的。在这方面，黑人不是"最后的移民"，而是完全处于另一个频道。只有在1940年后，白人的态度和行为表现出明显改变以来，黑人才开始像早年的欧洲移民那样进步起来。

对其他城市的族裔流动模式进行彻底的比较分析，以揭示美国社会是否普遍存在同样的情况，在这里是无法尝试的，因为可用的数据非常有限。量化研究很罕见，区分第二代移民并提供特定族裔群体细节的研究则少之又少。因此，我在这里能够提供的，更多是对这种比较分析所涉及的困难所做的批判性评论，以及应该进行研究的建议，而不是对美国社会中的族裔流动模式进行实质性的讨论。

很显然，在过去的所有美国城市中，欧洲移民经济上的劣势并不相同。1880年代的奥马哈，外国出生者集中于职业阶梯较低层的程度的确与波士顿相同，而且与波士顿一样，那十年中他们也经历了比本地人更低的向上流动性和更高的向下流动性。在印第安纳的南本德，移民在1850—1880年这个时期也是个无产阶级非常集中的群体，但是在最初的低起点之后，他们成功的向上流动引人注目。[1] 在19世纪晚期佐治亚州的亚特兰大和得克萨斯州的圣安东尼奥，生于外国的男性相当平均地遍布于整个职业结构中，他们的职业流动率和本地人也大致相同。[2] 在20世纪头十年的奥马哈，与早期模式相反，移民在职业阶梯上攀升的速度比本地人更快，尽管他们下滑得也更频繁。在1910年前后的印第安纳波利斯，拥有国外出生的父母的男性表现出了与老牌美国人之子相同的上下代际流动模式；30年后，印第安纳波利斯的移民和他们的孩子明显比当地土著更加成功。[3]

然而，如何解释这些不同的模式却很难确定。一种可能性是，移民和本地人之间的巨大差异最有可能出现在移民人口众多的城市；有

[1] Howard Chudacoff, *Mobile Americans: Residential and Social Mobility in Omaha, 1880-1920* (New York: Oxford University Press, 1972); Dean R. Esslinger, "The Urbanization of South Bend's Immigrants, 1950-1880," unpublished doctoral dissertation, University of Notre Dame, 1972.

[2] Richard Hopkins, "Occupational and Geographic Mobility in Atlanta, 1870-1890," *Journal of Southern History*, 34(1968), 200-213; Alwyn Barr, "Occupational and Geographic Mobility in San Antonio, 1870-1900," *Social Science Quarterly*, 51 (1970),396-403. 霍普金斯收集了大量的样本，得出的表格巩固了原来的发现。

[3] Natalie S. Rogoff, *Recent Trends in Occupational Mobility* (Glencoe. III.: Free Press, 1953), chap. 6.

人认为，在外国出生者只占少数或适度比例的地方，移民不那么显眼，也不那么容易成为当地大多数人讨厌的对象。可供比较的案例数量太少，无法得出确切的结论，但我对这一假设表示怀疑。这无法解释 19 世纪 80 年代至 1900—1910 年间奥马哈移民格局的转变，因为在这段时间里，奥马哈的移民比例相对较低，而且保持不变。圣安东尼奥的案例也与这一解释不一致，因为 1870 年，欧洲移民在当地劳动力中所占的比例达到了惊人的 38％，与波士顿的数据非常接近，但他们在职业上与本地土著一样成功。

有人提出了一个相关的概念来解释出生在圣安东尼奥和亚特兰大的外国移民的有利地位，即南方城市的大量黑人劳工充当了"替代移民"（surrogate immigrants）的角色，他们的出现转移了当地人对真正海外移民的敌意。这也许有些道理，但在世纪之交的奥马哈以及 1910 年和 1940 年的印第安纳波利斯，黑人"替代移民"的数量很少，而欧洲移民的境况却很好。

另一种解释是，将新来者带到不同城市的移民流可能在选择性上有所不同。从他们最初进入的港口城市远道而来的移民，可能比那些留在纽约和费城等地的移民更有野心及冒险精神。这个假设当然值得系统地研究，但现在可以得到数据的少数几个案例并不十分符合这种模式。

我怀疑，这些城市的土著和移民在相对经济地位上的差异，其主要根源与外国出生人口的规模、黑人无产阶级的存在与否或不同的移民选择性无关，而是与移民人口确切的国籍以及与他们竞争的每个本土群体的特征相关。

正如我所强调的，波士顿"第一代移民"的平均地位指数是一个综合数据，模糊了特定群体之间的重要区别。因此，波士顿某个族群一代人与另一个族群一代人的平均水平的偏离，可能并不表明两种机会结构存在真正的差异，而只是构成这一代人的族群混合结构存在差异。第一代移民处于异常有利的经济地位的城市，可能仅仅是因为移民人口中有相当大的比例来自那些职业竞争通常很发达的国家。例如在亚特兰大，在国外出生的成功人士中，爱尔兰人相对较少——亚特兰大移民中爱尔兰人的比例不到波士顿的一半——而德国人的比例（其中许多可能是犹太人）是波士顿的 5 倍，这无疑与城市之间的差异有很大关系。

不幸的是，这些研究大多没有提供足够详细的证据以便我们判断爱尔兰人、英国人、意大利人或犹太移民在这些城市的经济前景是否与波士顿不同。不过，对南本德的调查允许我们在特定族裔群体之间进行一些比较。比较分析揭示出，南本德的移民境况总体好于波士顿的移民，主要是因为南本德的移民中更多人来自德国和英格兰，而较少来自爱尔兰。当比较两个城市的每个群体的职业分布时，并未出现多大不同。[1] 此外，还有其他一些调查显示，波士顿主要移民群体之一——爱尔兰人——在 19 世纪后半叶的全美其他城市中的经济状况大体相同。波士顿和南本德总体上最具优势，纽伯里波特的优势最小，但在这三个城市以及马萨诸塞州的伍斯特、普罗维登斯、罗得岛和纽约州的波基普西，爱尔兰移民大多从事低技能的体力劳动，而且随着时间的推移，他们摆脱这些工作的速度异常缓慢。[2]

我们需要更多地了解美国其他城市的其他移民群体的经济调整情

---

[1] Esslinger, "Urbanization of South Bend's Immigrants."

[2] Thernstrom, *Poverty and Progress*; Charles Buell, dissertation in progress on the workers of Worcester, New York University; Robert Wheeler, "The Fifth-Ward Irish: Mobility at Mid-Century," unpublished seminar paper, Brown University, 1967;详细表格来自波基普西的流动性研究。

况。但目前手头上的文献并未表明波士顿是个特例。① 当然，如果未来的调查更多地关注于默默无闻的移民，而不是那些引人注目者，可能会揭示出这些差异。考察一下东北部以外的城市似乎尤为重要，到目前为止，这些城市吸引了过于不成比例的关注。然而就目前而言，我们有理由怀疑，在这方面，就像在其他许多方面一样，波士顿的研究结果指向了更广泛的社会模式。

还必须指出的是，移民和当地人在一个城市中的相对地位不仅取决于移民是谁——爱尔兰人或德国人、意大利人或犹太人——还取决于当地人是谁。在亚特兰大和圣安东尼奥，移民与当地人在相对平等的条件下竞争，在波士顿却并非如此，或许是因为在这些南方城市里，大多数当地人是来自南方偏远地区的受教育程度不高的贫穷白人，竞争力也没有波士顿本地佬那么强大？在亚特兰大和圣安东尼奥，来自农村地区的本地移民比例无疑高于波士顿，而且这些城市的农村移民类型也有所不同。来自新英格兰农场的年轻人在 19 世纪晚期的波士顿境况似乎相当好（见表 3.2）；对 20 世纪南方城市的南方农村移民的社会学研究表明，他们的情况不是这样。② 这可能反映了两个地区农村社会结构的差异。印第安纳波利斯大量南方农村移民的存在，同样有助于解释那里欧洲移民相对有利的处境。在这一点上还没有什么明确的说法，但需要更加精确校准的比较分析肯定是明确的。

我们缺乏对过去美国城市黑人的充分研究，这一点特别明显。黑

---

① Niles Carpenter, *Immigrant and Their Children*, 1920（Washington, D. C.：U. S. Government Printing Office, 1927）；E. P. Hutchinson, *Immigrants and Their Children, 1850 - 1950*（New York；Wiley, 1956）；Nathan Glazer and Daniel P. Moynihan, *Beyond the Melting Pot：The Negroes, Puerto Ricans, Jews, Italians and Irish of New York City*（Cambridge, Mass.：MIT Press, 1963）.

② 参见 the papers by Beers and Heflin and by Leybourne cited in 本书第三章, p35, 注①。

人长期处于阶级阶梯的低端，任何人对此都不觉得惊讶，却很少有历史分析指明城市黑人贫穷的根源。最近两项对亚特兰大和圣安东尼奥的研究挑战了"最后的移民"理论，并且通过展示黑人和欧洲移民的流动模式在一段时间内的鲜明对比，质疑了农村背景对黑人移民的阻碍作用。外国出生的男性在这两个南方城市取得了迅速的经济进步；黑人却几乎毫无进展。[1]

波士顿的证据加强并且显著扩展了这条论证线，表明这种情况绝非南方所独有。从 1880 年（起码）到 1940 年，黑人在一个"自由"的北方大都市获得职业成就所遇到的障碍，与在南方重建失败后黑人不那么被善意对待的一段时期里他们在两个小得多的、守旧而反动的城市遇到的障碍几乎相同。北方城市的确在许多其他方面更吸引黑人，但是，除非波士顿由于某种原因与北方不同，否则在这一基本方面，美国社会是相当统一的。一个城市是在南北分界线（Mason-Dixon line）[2] 的南边还是北边，是包含大量黑人人口和少量移民还是相反，都没有多大区别。

北方很像南方，在北方城市，生于城市的黑人与来自南方农村、准备不足的黑人移民命运相似。只有 1880—1900 年期间而且仅限于波士顿，才有直接的证据来挑战那种假设，即城市黑人的农村出身是造成其经济困境的原因。但直到最近，我才强烈地怀疑这恐怕是一种全国性的模式。美国城市的欧洲移民——即使是那些农民出身的比如爱尔兰人和意大利人——一代又一代都实现了相当稳定的经济进步。一般说来，外国出生移民的孩子们都上升到了比他们父辈更高的职业

[1] Hopkins, "Occupational Mobility in Atlanta"; Barr, "Occupational Mobility in San Antonio."
[2] 美国宾夕法尼亚州和马里兰州之间的分界线，传统上认为它不仅把美国北方各州与南方各州分开，也是美国历史上文化和经济的分界线。——译者

岗位；而这些人的孩子也取得了更多的进步。至少在第二次世界大战之前，黑人根本没有经历过同样的融入城市生活的过程，也没有经历过随之而来的流动性。在现有的总数据中，有一些令人鼓舞的迹象表明情况可能已经不再是这样了，近几十年来，黑人开始沿着职业阶梯步步高升，就像早期来自欧洲的白人新移民那样。但是，也有负面的证据——例如，1970 年的种族收入差距和 20 年前一样大——需要进行更广泛和更细致的调查，以衡量最近事态发展的全面影响。无论我们对最近的进步速度有怎么的判断，从历史记录中可以清楚地看出，对于前几代黑人城市居民来说，美国生活的美好承诺并没有实现。

五、美国流动模式的重要性

尽可能精确地描述 19 世纪和 20 世纪美国职业流动的运行过程，这是一项长期且颇具技术性的尝试。在本书的最后几页中，没有必要重申我已经做出的主要结论。不过，对这些发现的更广泛意义补充一些评论或许是有用的。

对流动性的承诺一直是美国生活的关键性主题，因为它在平等与不平等这两个相互冲突的价值观之间进行调和。美国人长期以来一直致力于实现平等，但他们建立了一种社会秩序，其特点就是资源分配方面的严重不平等。对这一似是而非的矛盾现象的解释，即为什么所谓平等主义社会中实际上存在着严重的经济和社会不平等，可以在流动性的意识形态中找到。美国人赞美的并不是条件的平等，而是机会的平等。如果职业能够真正地对人才敞开，如果所有人都有平等的机会竞争财富、权力与威望，那么无论结果多么不平等，都会被认为是公平的。这究竟是对过去一个世纪美国社会个人进步可能性的准确评估，还是纯粹的幻想呢？手头的资料有助于我们衡量一下平等机会的理想实际上在多大程度上得到了实现。

目前，只能得出一个有限的且暂时的结论。这里分析的数据主要涉及广泛的职业阶层之间的流动自由。除了一些关于19世纪晚期波士顿房地产所有权的零星证据外，我并没有关于获得财富或权力的机会有多大的直接信息；这项研究只涉及它们与职业水平相关的程度。迫切需要对社会分层的这些方面进行历史研究，它们很可能让我们对美国社会体系的流动性产生截然不同的印象。

然而，有一点似乎很清楚。职业结构中存在着明显的僵化，一系列的障碍阻碍了流动，并使不平等现象长期存在。一个年轻人初入劳动力市场时所进到的层次，严重影响着他后来的职业生涯。他加入职业竞争的起点，又与他所成长的家庭的社会阶层地位显著相关。因此，专业人士与大商人之子自己取得高级白领地位的比例，是来自低级白领家庭之子的4倍，技工之子的6.5倍，是无技能或半技能家庭年轻人的12倍。族裔地位方面也有明显的劣势。作为外国出生者，甚至移民父母在本地生育的子女，都是严重的劣势，身为爱尔兰人或意大利人，就是更大的劣势。机会平等的理想最刺眼的矛盾就是黑人的例子，他们至少直到二战前还面临着几乎无法逾越的进步障碍。

然而，不应过高地估计区分社会阶层的那些障碍的高度和不可动摇性。无论在1880年到1970年之间哪个时间点上看美国社会体系的横截面，都会产生一个印象：阶级和种族界线上是严格分层的。但是随着时间的推移，对具有代表性的个体的经验进行仔细的观察，从动态而非静态的角度来看，会发现那种刚性的印象在一定程度上是一种视觉错觉。社会体系要比任何时候能看到的都更具流动性。中产阶级尤其是它的高级白领阶层，在父子地位承袭上相对更加成功，但是，从蓝领到白领、从低级体力工作到高级体力工作的向上流动是相当普遍的。如果霍雷肖·阿尔杰写小说不是想描绘乞丐变富翁的可能性，而是要说明乞丐变成体面人的可能性，就像我一直认为的那样，那它们就没有对美国人面对的流动性前景做出严重误导的估计。在现实生活中，载有富商的无助女儿的失控马车几乎不可能像阿尔杰的小说世界中那样常见，但是像衣衫褴褛的迪克和卖火柴的马克这样的社会类型，却并不是他凭空想象出来的。

确实，攀登社会阶梯对外国人来说比美国佬更困难，对某些移民群体来说比其他群体更困难。但至少部分原因不是简单的偏见，甚至不是被动的结构性歧视，而是承担高要求的职业任务的资格存在着客观的差异。在所有主要移民群体中，无论他们最初到达时处境多么悲惨，都在随后的年月里经历了可观的向上流动。唯一能够被认为是真正永久无产者的，是黑人，而即使是他们，近几十年也找到了新的进步机会。

简言之，美国的阶级体系允许特权阶层享有实质性的特权，同时也让贫困者有广泛的机会与之共存。人们很容易认为，这一直是美国社会的一个关键特征，而且它能解释我们国家生活中其他一些鲜明的特点——例如，主导我们民族精神的个人主义以及政治史上尖锐的阶级冲突的相对缺乏。因此，有人提出，美国社会体系的流动性消除了阶级仇恨，并且产生了一种共识政治。这种观点认为，因为统治他们生活的阶级结构更具渗透性，美国工人没有像19世纪末和20世纪的欧洲工人那样大量地加入工会和社会主义政党。他们中有许多人能够在现有秩序下改善他们作为个人的命运，因此没有强烈的动机发起集体抗议，反对现行的奖励分配制度。而那些没有取得个人成功的人则目睹了同龄人的流动性，他们认为自己的失败是个人能力不足的结果，而非不公平的社会安排。因此，政治上爆炸性的愤怒便转化为自嘲式的内疚。①

　　这个假设很诱人，但目前还没有足够的证据来验证它。我想我已经证明了美国工人确实享有相当可观的自我提升机会，但一个观点已呼之欲出，即他们的机会明显大于德国、法国和英国等国的工人。这是一个历史比较分析的课题，迄今为止，关于过去欧洲的流动性还没有足够的定量研究供我们进行系统的比较。②

　　不过，先对这种比较分析将揭示什么进行一些推测性评论，也许是恰当的。首先，经常在新世界"开放"的社会制度和旧世界"封闭"的制度之间出现的尖锐对立，很可能将难以为继。很可能美国的流动性并不像这个简单的对比所显示的那么大，而欧洲的流动性也没有那么小。其次，流动性将被证明并非唯一重要的变量。很显然，美国生活的其他显著特点——仅举两例：经济增长带来的独特的实际高工资水平和没有封建制度存在——形塑了我们的政治制度并促进了工人阶级在两党制下的融合。事实会证明，对流动性的主观文化预期与客观比例及模式同等重要。流动性的内涵——不管某个特定的层次被认为是高还是低，不管它是满足了得到它的人，还是仅仅激发了更大的欲望——是受社会价值观影响的。即使40%的美国工人阶级孩子

① 今天波士顿工人这种反应的例子，参见 Richard Sennett and Jonathan Cobb, *The Hidden Injuries of Class*, (New York: Knopf, 1972), 该著作基于对150个普通家庭的深度访谈。
② 主要基于二战以来收集的调查数据表明，所有工业社会中的社会流动率基本相同，这一刺激性观点见 Lipset and Bendix, *Social Mobility in Industrial Society*; S. M. Miller's "Comparative Social Mobility: A Trend Report and Bibliography," *Current Sociology*, 9(1960), 1-89, 它采用相同类型的证据，但未从根本上反驳利普塞特和本迪克斯的观点。这些发现是否正确，是否能推回到过去，相关讨论见我的论文，"Working Class Social Mobility in Industrial America," Seymour Martin Lipset 的重要论文和我的简要反驳也在其中，见 John H. M. Laslett and S. M. Lipset, ed., *Failure of a Dream? Essays on the History of American Socialism* (New York: Doubleday and Anchor 1973)。

找到了进入中产阶级世界的途径，而法国工人阶级青年只有 10％ 进入了中产阶级世界，也就是说，美国人的流动性也许预期将达到 4 倍；而事实上，他们期望的可能仍然是 100％ 的向上流动性，因而与客观上流动性较差的法国人相比，他们反而更沮丧、更痛苦。这个极端的例子也许令人难以置信，但主观的感知和期望与客观的度量一样需要考察，这一点必须牢记心中。

尽管有这些需要注意的地方，但我的直觉是，未来的研究将从整体上支持这样的论点，即美国的社会秩序明显比大多数欧洲国家的社会秩序更具流动性，在美国，个人的自我提升、出人头地的机会的存在，确实极大地阻碍了以阶级为基础的抗议运动的形成，这些抗议运动寻求的是从根本上改变经济体系。将本章早前回顾的美国证据与 19 世纪中叶马赛人口流动的详细研究进行比较，揭示出了这里假设的那种明显对比，还有一项正在进行中的有关 19 世纪末法兰克福、鹿特丹和旧金山的研究，也指向了同样的方向。① 这些调查所揭示的民族差异显然不能充分解释这些国家不同的政治历史。但是，也很难相信它们与这种解释完全无关。

美国社会体系这种蓬勃向上的特性会持续多久，我们并不能确

---

① William H, Sewell, Jr., "Social Mobility in a Nineteenth Century European City: Some Findings and Implications." 为 1972 年 6 月的 Mathematical Social Science Board Conference on International Comparisons of Social Mobility in Past Societies 所作的论文，未发表；以及 "The Structure of the Working Class of Marseille in the Middle of the Nineteenth Century", 1971 年加州大学伯克利分校，未发表的博士论文；表格来自小艾伦·埃姆里奇正在进行中的法兰克福、鹿特丹和旧金山研究，利普塞特在他的评论 *Failure of a Dream?* 中严重依赖一个指向相反方向的证据，证据来自 Tom Rishoj, "Metropolitan Social Mobility, 1850 – 1950: The Case of Copenhagen", *Quality and Quantity*, 5(June 1971), 131 – 140。但是，我试图通过重新计算表 1 - 4 中给出的原始数据来验证这篇论文的主要结论，却揭示了一种不同于作者发现的模式。在对美国和欧洲的历史比较分析中，对这一研究给予足够的重视之前还需要一份更详细的报告。

定。流动过程的动态特性源于某种历史影响——最引人注目的是迁徙的循环，从大洋彼岸或美国农场吸引新移民进入城市，填补对教育和技能要求最低的蓝领工作岗位的空缺；职业结构的长期变化为一代又一代人开放顶层新空间；以及社会地位较高的男性无法生出足够的儿子来填补退休后的空位所造成的人口真空。当美国在不太遥远的将来成为一个完全城市化的国家，从而耗尽低技能农村移民劳动力时，从社会阶梯较低的梯级上逃脱只有以下三条路：（1）职业结构的进一步变化为高层创造更多的空间；（2）生育能力的阶级差异，导致高层群体的儿子数量不足；（3）从高级职位到低级职位的向下流动。很明显，第一个目标的实现是有限度的，而自二战以来，社会阶层在生育能力上的差异已经缩小，几乎消除了人口结构上的真空。因此，在美国盛行一个多世纪的人口流动模式是否会延续到不确定的未来，似乎是个问题。流动过程很可能会变得更像是一场零和游戏，上升者和下滑者的数量将不得不保持近似平衡，这将导致向上流动的比例下降，或向下流动的数量急剧增加。

如此背离美国历史上已有的流动模式，无疑会激怒大批民众，加剧社会冲突。但是，它可以促进对机会伦理本身的重新审查，质疑只要是"公平""公开"的竞争，资源占有的极端差异便是合理的这一基本原则。在这个质疑的过程中，可能会产生一个更丰富、更人道的公正社会的概念。①

---

① 关于加强对资源的均等化的最近一篇杰出的哲学论述，见 John Rawls, *A Theory of Justice* (Cambridge, Mass.: Harvard University Press, 1971)。我和罗尔斯理论的主要冲突在于，我不确定他的差异原则如何能得到实证应用；显然，他的意图是将其作为一种平衡手段，但在某些关于技能和奖励分配的假设下，它可以被用来证明严重的经济不平等是合理的。罗尔斯的论证是在高度抽象的层次上进行的，而忽略了解释和应用等问题。

从特定人群中选出几百或几千个人，没有什么比这更容易的
了……他们的背景若恰当地以算术术语表示，将制造出一幅彻底误
导、充满偏差的经济生活图景……因此，抽样调查而不是将所有人口
包含在内就很有必要，而且坦白说要以所选单位为基础，必须通过严
格客观的检验来进行选择，必须将检验的性质明确告知所有知道并大
胆使用这些检验结果的人。

——F. H. Giddings[1]

---

[1] 引自 *Report of the Massachusetts State Commission on the Cost of Living* (Boston: Commonwealth of Massachusetts, 1910), pp. 572 - 573。

附录 A

资料来源与样本

　　这本书足够真实，目前情况下尤其如此。它在对几千人进行实际研究的基础上，对过去90年里的某个时间点上影响了波士顿市数百万个体的生活的基本社会过程和模式做出了断言。在任何使用样本并将其推广到大范围人群的调查中，如何选择要细究的"单位"这一问题都很重要。在这里，它加倍重要，因为历史学家还没有为本研究中使用的抽样记录制订出任何普遍接受的准则，因此我遇到了大量文献中未曾讨论和解决的问题。

一、来源与追踪上的难题

　　本书的框架是由涉及波士顿男性人口5个样本的原材料搭建而成。

　　第一个样本是1880年的，它来自美国研究人员所能获得的最丰富的历史人口数据来源——美国人口普查手稿明细表。遗憾的是，后来的人口普查手稿明细表尚未向学者开放，因此无法加以利用。[1] 它们的缺位让系统地研究美国近年来社会历史变得困难了许多。可用于这类研究的其他替代资料既不全面，也不详细。然而，尽管有这些限制，还是可以从其他的地方记录中收集到足够的证据，使这项调查成为可能。

第二个样本，旨在描述 20 世纪早期波士顿的流动模式，来自 1910 年的城市婚姻登记记录。结婚证申请表上注明了新郎的年龄、职业、出生地、宗教信仰以及他父亲的名字。通过搜索城市名录，至少可以发现那些当时住在波士顿的新郎父亲的职业，这使得分析代际模式和职业流动性成为可能。当然，结婚男性的样本不能代表全体成年男性人口；首先，其年龄分布偏向年轻人，而且不包括从未结过婚的男性（他们的职业模式可能与已婚男性不同）。[2] 但这些似乎并不是致命的缺陷；事实上，样本中人的相对年轻是一种优势，因为它保证了人们能获得这些人职业生涯早期和中期的大量关键信息。只要与其他样本进行比较时采用适当的年龄控制，就像本书所做的这样，样本的年龄分布不平衡就不会造成太大的问题。

对 1910 年的样本进行初步分析后发现，主要的困难在于，实际上，样本中并不是很多新郎的父亲都住在波士顿，因此能够衡量代际流动性的案例少得令人失望。这让我放弃了最初的计划，即抽取一个与此类似的 20 年后住在波士顿的已婚男性样本，转而从一个提供了有关父亲职业明确信息的来源——1930 年的当地出生记录——中挑

---

[1] 1890 年人口普查的大部分手稿都毁于华盛顿的一场大火。之后的所有人口普查明细表目前都是保密的，不向调查人员公开。不过，1900 年的手稿很快有望公开。

[2] 有关当今美国职业流动性的领先研究，见 Peter M. Blau and Otis D. Duncan, *The American Occupational Structure* (New York: Wiley, 1967), pp. 337–340, 从中可见，已婚男性的职业成就要比单身汉高一些，但差别很小。因此，1910 年和 1930 年的样本仅限于已婚男性，可能会造成结果有轻微的向上偏差。

选了第三个样本。为了获得出生记录中所载的父亲社会地位的证据，失去对另一组婚姻记录抽样所能得到的精确可比性似乎是值得的。然而，我本希望从出生记录中积累更完整的代际流动数据，现在落空了。样本中的所有父亲都可以根据出生证上的信息进行职业排名，但他们儿子的代际流动性显然无法估计，除非这些婴儿在波士顿成年并进入劳动市场。令人遗憾的是，在此之前，这些年轻人很多都从波士顿消失了。不过，这个 1930 年的样本确实为包括父亲一代在内的职业模式提供了广泛的证据，而且至少为两代人之间的流动性提供了一些有启发性的线索。

我最初认为，对 1930 年样本中儿子们的经历进行分析，将为概括 50 年代和 60 年代波士顿的社会流动过程提供充分的基础，但是，这些男性中有如此多的人离开这座城市使我确信需要补充资料，进而发现了两个相关的资料来源。

其中一个是从 1958 年的城市名录中抽取的第四个波士顿人口样本。该名录里不包括年龄、父亲职业或种族背景的信息，这极大限制了对这个样本进行分析的可能性，但它确实为讨论最近一段时期的职业稳定性和流动性模式提供了更坚实的基础。

从 1958 年的城市名录抽取的这个样本中的主要空白——没有任何关于代际流动的证据——被第五个样本所填补，后者是另一名调查者为其他目的而收集的，即爱德华·劳曼 1963 年对马萨诸塞州剑桥市和贝尔蒙特市的居民进行的地区分层概率的访谈调查。当然，这两个郊区城市并不能完全代表波士顿城区的真实情况，但若谨慎使用该样本得出的代际职业流动数据，是可以揭示这一点的。[①]

---

① 没有试图追踪劳曼样本中的人的稳定率和职业模式。该调查包括了受访者及其父亲的职业信息，被用于分析代际流动性。

这些样本的来源中提供的信息有一个关键方面存在不足。它揭示的是个人在某一时刻的情况，仿佛一个抓拍。但是，关于过去城市社会生活的一些未经探索的关键问题在性质上却是动态的。比如，我们希望了解 14 岁从挖沟开始职业生涯的年轻人是否注定一辈子都是无技能劳动者，或者是否有社会晋升的渠道向他们敞开。我们想知道，与无产阶级出身的年轻人相比，出生在上层中产阶级家庭的男性是否更有可能获得高薪、体面的白领工作。我们想知道，过去的职业流动是如何与其他形式的社会流动联系起来的——例如财产的获得——以及不同国家、信仰和种族背景的人是否有相同的进步机会。遗憾的是，取样的来源本身并没有提供足够的证据让我们处理这些问题。它们提供了样本中人在某一时刻的社会等级信息，但后续再无任何相关信息。

适合研究移民动态和社会分层的理想国家应该是这样的：其历史记录为每个居民提供了自己与父亲的完整职业履历，一份他生前生活过的所有社区的名录，一份显示他在职业生涯的不同阶段积累了多少财产以及其他社会特征的信息，例如他的宗教信仰、种族背景、所受教育程度和类型。荷兰和斯堪的纳维亚国家的人口登记尽管并未达到这一理想水平，但也最接近这些要求。无论如何，类似水平在美国都远未达到，有许多记录提供了相关社会数据的片段，但总是缺少时间维度。因此，如果不通过一系列分散的记录在一段时间内追踪具有代表性的个人，就无法获得对于美国阶级结构过程的感受和动态的看法。

完成这项任务最令人满意的方法，就是通过计算机来控制一个联动系统。来自两套或多套记录的信息可以用可机读的形式存储在计算机的内存里。给定一套规则，这套规则规定了确定一套记录是否属于同一个体的标准，计算机可以很容易地执行联结。[1] 然而，在目前的研究中不可能使用这种技术，因为它将涉及大量的人力和费用。例如，要以这种方式追踪 1880 年的样本成员，就需要对波士顿 1890年、1900 年、1910 年、1920 年和 1930 年的全部男性人口数据进行编码，并转成卡片或磁带。如果要用机器来执行这次调查中所建立的所有联系，就需要处理 200 多万个案例。我手头有限的资源使我无法做到这一点。

幸运的是，我们有个更简单更经济的替代方案。有一些历史资料——当地的城市名录和城市税务记录——可以用来追踪一段时间内按字母顺序排列的人。这样一来，直接手动联结各种单独的记录就变成了可能，有关 1880 年样本中某人 1890 年的职业、居住地和财富的信息，可查阅 1890 年的城市名录和税收记录的相应页面。

二、抽样程序

然而，追踪过程中还有个严重困难影响着我的抽样过程，即城市名录和税收记录提供的信息非常稀少——只有名和姓，有时候有中间名缩写、职业、住址和房产。在 1880 年的人口普查记录中，约翰·墨菲被定为居住在波士顿东部的普通工人，而根据 1890 年的波士顿城市名录，约翰·墨菲是住在波士顿东部的木匠，怎么会这样呢？碰

---

[1] 对这种方法有价值的看法，参见 Ian Winchester, "The Linkage of Historical Records by Man and Computer," *Journal of Interdisciplinary History*, 1(Autumn 1970), 107 - 124. 对各种困难的进一步讨论，可在为数学社会科学理事会关于名义记录联结的会议准备的多篇未发表论文中看到。该会议于 1971 年 5 月 24 日至 27 日在普林斯顿高等研究所举行。

巧，在 1890 年的当地名录中，叫约翰·墨菲的人不少于 235 个，其中 120 个甚至没有中间名的首字母来帮助识别！此外，还有 122 个约翰·史密斯、88 个帕特里克·沙利文和 90 个迈克尔·墨菲。如果追踪来源可以提供更充分的资料——年龄、妻子和孩子的姓名、出生地点等——许多存疑的身份都能得到澄清，但是城市名录和税务记录，仅有的适合按字母顺序编排的追踪来源，并未提供这些。解决这一困难的某些武断的规则可能已经制订出来了。[1] 例如，人们可能会假设男性更有可能继续从事同一份工作，而不是继续住在同一个社区，并且认为职业相似性比邻里相似性更能体现身份。但在我看来，这似乎是对本研究试图探索的问题的假设答案，而且可能会以严重且未知的方式令研究结果产生偏差。

因此，我对这个问题采取了一种不同的、非正统的、但并非完全没有先例的解决办法。我决定从这些来源中抽取一个随机样本——取名为第 X 个样本——但将这个过程中选出的同名个体剔除，用列表中的下一个名字来代替。[2] 我的研究助理在波士顿城市目录中查找了整整一年，才找到那个足够独特、可以在下一个数据收集阶段进行跟踪的名字，一个让我接受的随机选择的名字。如果里面记录着两个或两个以上姓名相同的人，则这个人将被略过，而代之以资料来源中的下一个姓名。因此，约翰·墨菲之类的问题被完全排除在了研究之外，就此得以解决。所以，这里使用的样本不是真正的随机样本，而

---

[1] 例如，Sidney Goldstein, *Patterns of Mobility, 1910 – 1950 : The Norristown Study* (Philadelphia: University of Pennsylvania Press, 1958), pp. 76 – 78。

[2] E. R. Mowrer, "Family Disorganization and Mobility", *American Sociological Review,* 23(1929), 134 – 145 中沿用了相同的方法。作者从芝加哥电话黄页中选择了 1 000 个人名的样本，剔除了那些不够鲜明无法追踪的，用后面的名字代替。

是名字相对不常见的波士顿人的随机样本。[①]

　　我现在认为，这并非可采取的最明智的策略，今后遇到类似问题的调查者最好采用不同的手段。当涉及的名字可能无法追踪时，与其拒绝随机选择的样本，还不如接纳它。为了避免导致可追踪案例的样本过小，应迅速进行初步研究，以揭示问题的严重程度，然后可据此调整样本的大小。

　　重要的是要认识到，如果采用这种策略，将不会产生可追踪者与本研究中个体的特征显著不同的样本。拥有普通名字的人在接下来的流动性分析中仍将被忽略。但原始样本至少是真正随机选择的，而且后来还可能精确地表明该样本中可追踪者与不可追踪者相互间是如何不同。遗憾的是，我没能这样做，这也是其他人应当避免的错误。

　　尽管有这个方法上的错误，但我们仍有理由相信，这里所作的脱离传统抽样程序的做法实际上并没有造成抽样因严重偏差而不能代表整个城市的人口。关于波士顿人的社会和经济特征的大量资料，可以在已出版的美国人口普查资料各卷中找到。将研究样本与这些普查核对数据进行比较，就会发现我所采用的抽样方法是否存在严重偏差，如果存在，又是以怎样的方式。

──────────

① 我在这儿用"随机"一词，指的是所有人口都有平等的机会被包括在一个样本内。从更狭义的技术意义上说，这些样本不是随机的，而是系统化的人员名单。1880年样本的排列与居住地有关，人口普查员是挨家挨户一条街一条街、一个区一个区进行调查的。另一个样本记录是按字母顺序排列。还有一个技术上的原因是1880年样本部分来自个人，部分来自家庭；当一个家庭的男性成员的名字出现在人口普查页面的选定行上时，这个家庭的所有男性成员都被包括在内。1930年出生证样本同样来自家庭，父子同时出现。这个样本抽样过程并不是最纯粹的。偏差会隐藏其中，正如 Frederick Stephan and Philip McCarthy 在 *Sampling Opinions: An Analysis of Survey Procedures* (New York: Wiley, 1958), pp. 33 - 34 中论证的那样。但就实际目的而言，它与一个简单的随机样本非常接近，这一点在随后对检验因素的讨论中应该会很清楚，而且它比为当代调查研究设计的更纯粹的方法更适合回答我探究的问题。

三、以人口普查核对数据衡量的抽样代表性

当然，没有人会期望在抽样和全面人口普查中找到人口特征分布的完美对应。除了一个样本外，研究中使用的所有样本都是从人口普查局之外的其他组织收集的资料中提取的，即使在最好的情况下，这些资料也会产生一些变化。人口普查数据本身就远非完美，直到今天，某些群体例如年轻的黑人男性，在人口普查中的数据仍有相当大的错误，过去的人口普查中无疑也有类似的错误。①波士顿的出生记录、婚姻记录以及城市名录也不可能准确到完美。此外，在任何较大的总体样本中，都有一个抽样误差幅度；即使是这里使用的相对较大的样本，也会产生与真实人口数字相差几个百分点的估计值。

出于谨慎的考虑，核对数据似乎最令人放心，尽管并非全都可靠。将样本与作为整体的波士顿人口普查数据进行比较的一个重要方面是职业分布情况。把名字极其常见的男性排除在外的决定，是否很大程度上扭曲了样本的职业分布，使样本中的无产阶级或者中产阶级比整个城市的更集中呢？从表 A.1 来看，似乎并非如此。

---

① 关于近年来人口普查的错误，参见 J. S. Siegel, Leon Pritzker and N. D. Rothwell, 及 Siegel and Melvin Zelnik in David M. Heer, ed., *Social Statistics and the City* (Cambridge, Mass.; Joint Center for Urban Studies, 1968)。关于 19 世纪人口普查的准确性，见 Peter R. Knights, *The Plain People of Boston, 1830–1860: A Study in City Growth* (New York: Oxford University Press, 1971), Appendices B and C。

表 A.1 以职业层次为依据的样本代表性：整个波士顿及样本中男性劳动力的分布（百分比）[1]

职业层次	1880		1910		1930		1960		劳曼样本
	普查	样本	普查	样本	普查	样本	普查	名录样本	
白领	32	35	35	30	36	32	46	56	54
蓝领	68	65	65	70	64	68	54	44	46
技工	36	27	22	27	21	29	21	19	17
半技能	17	20	32	27	30	31	27	21	23
无技能	15	18	11	16	13	8	6	5	7

[1] 由于人口普查局没有区分大业主和小业主，所以无法更详细地把白领雇员分为高级白领和低级白领。将人口普查数据绝对精确地按样本所用的蓝领技工层次编码也是不可能的，这也是造成此处存在一些差异的原因。1910 年和 1930 年的样本比整体劳动力的年龄要小，因为他们分别由新婚夫妇和初为人父者组成，这一点，以及婚姻和生育率上的阶级差异，可能是蓝领工人在样本中的比例略微偏高的原因。

考虑到正常样本误差的存在，无法将人口普查数据精确地编码到本研究中采用的类别中，以及 1910 年和 1930 年样本特殊的年龄和婚姻特征，这些样本与整个波士顿劳动力的相似之处着实惊人。从量级上看——按照之前类似调查设定的标准来看，这些数据并不庞大——唯一的差异出现在 1958 年的城市名录和 1962 年的剑桥和贝尔蒙特的样本中，这两个城市的白领人数分别比 1960 年的人口普查报告多了 10％和 8％。① 第一个差异无疑是由于抽样所依据的城市名录的选择性，下文将详细讨论这一问题；第二个差异反映出剑桥和贝尔蒙特的特殊性。因此，必须谨慎地对这两个样本所显示的模式进行归纳，但

① 参见可能是迄今为止被引用最广泛也最重要的关于美国社区职业流动性的研究的注释，Natalie Rogoff, *Recent Trends in Occupational Mobility* (Glencoe, Ill.: Free Press, 1953)，根据人口普查的数据，在该书所依据的两个样本中，有一个样本的年龄在 24 岁以下的白领员工比正常水平多 8％。

它们在职业上的偏差程度绝没有大到令其对我的研究目的毫无用处。

尽管抽样程序有非正统的特点，但抽样特征和普查数据之间的许多其他检查证实了抽样程序的一般可靠性。例如，样本中的男性分布在城市的各个社区，其比例与整个人口的比例非常接近。因此，1880年波士顿全部人口与样本中都有40％的男性居住在城市的核心地带，样本中8％的人和总人口中9％的人住在波士顿东部，10％住在查尔斯敦，15％住在波士顿南部，等等。文盲男性在1880年样本中是4.4％，而整个城市为4.5％，样本家庭的平均规模与整个城市家庭的平均规模密切对应。

样本中的移民和本地人之间的平衡也与三种情况下的人口普查核对数据相符，这三种情况的数据允许进行比较（见表A.2）。在1880年的数据中，原住民和移民之比的差异仅为1％，而在1910年，这一比例仅为2％。1930年样本中外国出生者的比例超出7％，但这很可能并不是由于将名字常见者排除在样本之外的决定，而是出于这样一个事实：人口普查核对数据来自有工作的男性，而样本则针对妻子在这一年生了儿子的男性。毫无疑问，移民人口更高的生育率导致了外国出生男性在出生记录中的比例过高。1930年样本中移民的中等程度过剩表明，在根据出生证明列出的人口推断该市成年男性总人口的时候需要谨慎一些，但这并不意味着要质疑从出生记录中选择样本的程序。

表 A.2　以国籍为依据的样本代表性（百分比）

国籍	1880		1910		1930	
	普查[1]	样本[1]	普查[2]	样本[3]	普查[1]	样本[4]
本地出生	58	57	48	46	59	52
外国出生	42	43	52	54	41	48

续表

国籍	1880		1910		1930	
	普查[1]	样本[1]	普查[2]	样本[3]	普查[1]	样本[4]
外国出生者的分布[5]						
英国	29	28	22	19	26	19
爱尔兰	48	46	23	8	16	6
意大利	2	1	16	24	18	32
其他	21	25	39	49	40	43

[1] 工作男性。
[2] 达到投票年龄的男性。
[3] 新郎。
[4] 父亲。
[5] 1880 年的美国人口普查没有单独列出波士顿男性移民的国籍，即使在 Carroll D. Wright, *The Social Commercial and Manufacturing Statistics of the City of Boston* (Boston，1882) 中也没有提供关于特定移民群体的充分证据。因此，这些数据选自 the Massachusetts State Census of 1885。对 1958 年和 1963 年样本，同样的核对无法进行，因为城市名录里没有关于种族背景的信息，劳曼的表格与现有的普查数据也不可比。

当我们考察构成波士顿移民人口群体的特定国籍时，样本与人口普查对照数据之间出现了更大的差异。1880 年样本中，来自英国、爱尔兰、意大利和其他国家男性的比例似乎很正常。但 1910 年和 1930 年样本中，爱尔兰移民比例都太低，相应地，意大利人和东欧人又过多。部分原因在于某些移民群体在结婚倾向和生育能力方面差异很大，因此，他们出现在结婚证和出生证样本中的差异也很大。现有的证据很不一致，但很明显，爱尔兰移民中未结婚的数量远远高于其他群体，而且与其他职业水平相当的群体相比，他们的家庭往往相当小。相反，在 1910 年和 1930 年样本中似乎比例过高的意大利人和东欧人，则有着非常高的结婚率和生育率。①

然而，毫无疑问，之所以出现样本中的这种不平衡，部分原因在于排除了拥有常见姓名的男性。在波士顿城市名录中最常出现的 7 个名字中——约翰·墨菲、约翰·史密斯、约翰·凯利、约翰·麦克唐纳、迈克尔·墨菲、帕特里克·沙利文和约翰·谢伊——有 5 个显然是爱尔兰人的。相反，意大利人和东欧人的名字则表现出更广泛的差异，这就导致了样本中这类背景的男性过多。

这是不幸的，但我怀疑它对我的研究结果的扭曲并不像人们想象的那么大。例如，爱尔兰人和意大利人的职业成就排名都很低这一结论，应该并未受到两个样本中前者代表不足和后者代表过多的影响。在以国籍为自变量的分析中，问题不在于样本中的爱尔兰移民是太多还是太少，而在于那些特定的爱尔兰人是否能代表该市的整个爱尔兰人群体。人们可以合理地比较 500 名爱尔兰人和 500 名意大利新移民的样本，即使爱尔兰人的数量是意大利移民总数的 4 倍。只有在波士顿的约翰·墨菲们和帕特里克·沙利文们的特征与他们那些名字不那么常见的同乡不一样时（这令人难以置信），接下来的抽样程序才会对爱尔兰人这个群体产生带有误导的结论。

不过，1910 年和 1930 年样本中特定种族群体的不完全代表性，可能导致了一种关于移民和当地人的相对流动性以及城市整体流动性的多少有些错误的看法。例如，如果样本中爱尔兰人太少、意大利人太多，而且爱尔兰和意大利的流动模式存在很大的差异，那么对移民总体流动性的估计就会被推翻。但实际上，在这些样本中，代表性最

① F. A. Bushee, "Ethnic Factors in the Population of Boston," *Publications of the American Economic Association,* Third Series, 4 (May 1903), 44 – 51; Donald J. Bogue, *The Population of the United States* (Glencoe, Ill.: Free Press, 1950), p. 367.

低和代表性最高的群体碰巧都具有相似的流动模式。两者都经历了比该市标准流动率更低的向上流动，因此，样本中的这些偏差会相互抵消。然而，在 1910 年样本中，东欧人也多出了 10%，这可能夸大了该样本的整体流动性估计，因为东欧移民是一个特别成功的群体。这可能就是在该样本中观察到的职业晋升和代际流动率略高的原因。

　　表 A.3 进一步审视了样本的代表性，比较了外国出生的样本中人与人口普查报告中的所有移民男性的职业分布。在这三个样本中，没有一个移民白领的比例与人口普查数据的偏离超过 5%。

表 A.3　国籍和职业的样本代表性：白领职业中的外国出生男性（百分比）

年份	人口普查	样本
1880	18[1]	21
1910	24	20
1930	24	22

[1]在已出版的 1880 年人口普查资料中缺少按国籍进行的职业分类，这里使用的是 1890 年的数据。

　　总而言之，为解决约翰·墨菲问题而采用的某种非正统抽样程序产生的样本，看来在大多数重要方面并没有极其不能代表波士顿人口。当然，这两个样本并不能代表该市所有成年男性，一个代表在特定年份结婚的那部分人，另一个代表在特定年份生了男孩的那部分人。考虑到可供抽样的记录，这种局限性是不可避免的，如果采用适当的年龄控制，对分析也不会造成严重影响。这些样本唯一令人不安之处就是社区中一些主要族裔群体的代表性不完善，这显然是抽样程序本身造成的。我已经指出，这种不平衡不一定会质疑我关于流动模式中种族差异的结论，但这是本研究中的一个真实存在的弱点。我希望，今后的调查在处理这个难题的时候会比我在此处理得好。

四、样本大小和样本损耗

对"选定的单位"进行抽样的目的是想发现关于整个人口的一些特征，而省去折磨人的一项又一项检查工作。我们可以根据一些单独的样本，以已知的准确概率来概括一类事物。如果采用适当的抽样程序（这里运用的程序大体令人满意，原因已经申明），概括可靠性的主要决定因素是抽样的大小。无论选择得如何仔细，10 个样本都不能提供关于一个非常大的实体（如波士顿市）人口的非常可靠的信息。另一方面，随机抽取 10 万人作为样本，可以保证得到非常准确的估计，但代价如此之高，可能根本没有什么抽样的意义。抽样工作的规模将接近于对全体人口进行挨个调查。这表明，没有一个样本的大小是"正确的"。样本要大到足够让调查者在可容忍的误差范围内进行概括，考虑到其精力和预算，又要小得足够可行，才是合适的。

上述考虑决定了本研究中所用样本的大小。最大的样本是 1880 年的，因为所用的样本来源——人口普查表——异常丰富，还因为我们对 19 世纪末美国的社会流动性所知甚少。1880 年样本中包括 3 730 人，一半是成年人，一半是儿童。1910 年的婚姻登记记录产生了 1 078 位新郎；1930 年样本由 861 个新生男婴和他们的 861 位父亲组成；1958 年城市名录提供了另外 1 030 名男性。加上劳曼 1962 年剑桥和贝尔蒙特的样本（$N = 405$），总共有 7 965 名男性。

这些样本的大小似乎对于我的目标而言比较合适。初看上去，与社会学学者在其他城市进行的类似研究相比，这些样本的规模似乎的确非常之大。此前对美国社会流动性的两项重要调查仅使用了 637 人和 784 人的样本。利普塞特和本迪克斯著名的奥克兰研究基于一个 935 人的人口样本；西德尼·戈德斯坦（Sidney Goldstein）的诺里斯敦研究使用了 544 到 973 个样本；格哈德·伦斯基对底特律人口流动模式的宗教差异所作的概括，利用的是 520 至 766 名个体的年度调查。[①] 按照以上标准，波士顿的样本似乎非常令人满意。

　　然而，这样的对比某种程度上会误导我们，因为上述研究所依靠的问卷调查直接为分析社会流动性提供了必要的证据。这些研究中，没有一个出现会令历史学家困扰的样本减少或样本损耗现象，迫使历史学家必须从各种不同的来源拼凑出流动性分析所需的信息。1880 年在波士顿工作的 1 809 名样本中人，到 1890 年只剩下 1 158 人。因此，在 1880 年至 1890 年期间，只有不到三分之二的人能找到职业流动的证据；有 36％的人消失了。样本损耗问题在其他样本中更加严重。一个十年过去了，1910 年的新婚夫妇样本中约 59％的人消失了，1930 年样本中 43％的人找不到了，1958 年城市名录样本中 54％的人不知所踪。这仍然留下了一些适合进行分析的案例，这些案例相对于其他类似的调查来说数量相当大，但绝不像最初看起来那么大。

　　在研究社会阶层出身对波士顿居民职业生涯的影响时，这个样本中有很大一部分信息缺失，以及由此产生的数量变小的问题，就更令人困扰了。某人父亲的职业是判断其社会阶层背景最方便和最令人满

---

① S. M. Miller, "Comparative Social Mobility: A Trend Report and Bibliography", *Current Sociology*, 9(1960); S. M. Lipset and Reinhard Bendix, *Social Mobility in Industrial Society* (Berkeley: University of California Press, 1959); Goldstein, *Patterns of Mobility*; Gerhard Lenski, *The Religious Factor: A Sociologist's Inquiry* (New York: Anchor, 1963).

意的指标。但是，抽样的资料来源并没有提供这方面的信息，只有1880年人口普查时仍住在父亲家中的年轻人才有。尽管从1910年结婚证文件中提取的样本里有近1100对父子，但记录中并没有具体说明这些父亲的职业，只有他们的名字。确定他们的职业需要搜索一下城市名录，结果只有五分之一的新婚夫妇的父亲当时在波士顿工作。存在类似问题的还有1930年的样本中，里面有861位父亲和他们刚出生的儿子。所有这些婴儿的社会阶层出身都可以很好地判断出来，但当我们试图追踪他们的职业时，发现30年后他们中只有大约四分之一已成年，在波士顿生活和工作。因此，在这两个例子当中，大约1000个样本的规模最后都只产生了可用于分析代际流动的大约200个样本。

根据200个例子来概括一个大城市的人口并不像人们希望的那样可靠，但仍有一些更令人放心的考虑。首先，一些样本提供了更适合代际分析的案例；有1880年的人口普查样本，还有劳曼1962年对剑桥和贝尔蒙特的调查，后者提供了405对父子的比较。

第二个令人欣慰之处是，样本体量的充足取决于观察到的差异的大小。例如，我们可以很有信心地认为，波士顿的爱尔兰人没有美国佬成功，这是基于每个群体20个有代表性的样本得出的结论，比如100％的美国佬都向上流动了，而爱尔兰人中却一个都没有。概率波动产生如此巨大差异的可能性微乎其微。对统计学意义上的标准检验表明某一特定发现可能仅仅归因于偶然，这些检验自始至终都在进行。

最后也是最重要的是，这项研究的中心结论在很大程度上并不取决于在任何一个样本中观察到的模式，而是取决于所有样本显示出的模式。不同样本之间模式的一致性有力地证明了导致这一发现的并非偶然因素。假设一个发现由于样本很小而只能通过非常弱的统计显著性检验，我们假定它只在 0.10 的水平上有意义，那么可以预期这一发现在十分之一的例子中纯属偶然。这一可能性对于大多数社会科学家来说太过巨大，他们更喜欢 0.05 甚至 0.01 的统计显著性水平。但是同样的发现在**两个**不同样本中发生的概率是 0.10 × 0.10，或是 0.01；它在三个样本中出现的概率是 0.10 × 0.10 × 0.10，或者 0.001。当相同的模式出现在每个样本中时，仅达到微弱的统计显著性水平的小样本也会产生几乎可以肯定不是偶然变化所致的结果。①

但是，我说样本损耗没有严重到破坏这项研究的主要结论的程度，并不是否认它在许多方面限制了分析的可能性，我们需要使用宽泛而非精确的分类，以避免某些单元格的百分比仅仅是基于少数例子得出。因此，比起爱尔兰移民和意大利移民之间的差异，我们更有可能谈论移民和美国佬之间的差异。同样，许多涉及体力和非体力工作之间流动率的分析，理想情况下最好采用更精确校准的职业量表，它可以区分两个进入白领阶层的木匠之间的向上流动，他们当中一个成了富裕的承包商，另一个成了小杂货商。这种区别在许多方面已得到承认，但在某些情况下，由于样本量的限制还无法做到这一点。因此，这项研究的某些发现仅仅是提示性的，未来很可能会被更全面的调查所修正或推翻。

五、稳定率、迁出率和追踪准确性

我对样本中人进出城市以及在城市内部社会阶梯上下移动进行评

———————————

① 对这一点的详细阐述，见 the Appendix to Lenski, *The Religious Factor*。

估的准确性，取决于研究中追踪过程的准确性。如果许多似乎已经离开城市并被记录为外来移民的男性实际上仍然在那里，而且在追踪过程中没有被发现，那么这项研究对外来移民率的估计就被夸大了，甚至对职业流动性的估计也将受到质疑，因为那些被不慎忽略的男性与那些被成功追踪的男性相比，职业模式可能有很大的不同。因此，应该更全面地讨论追踪过程和追踪源头。

用来追踪样本中人的主要工具是波士顿城市名录，一份私人印制的出版物，每年都会对该市每户人家进行挨家挨户的仔细调查；[1] 每隔十年会在下一本城市名录中对样本中人进行追踪；即使一个人在一次追踪中被记录为缺席，后来的名录也会对其进行复核，以防止出现错误的未登记信息，并找出后来返回波士顿的迁出移民。（城市税收记录也被用作追踪的辅助材料，但在认定留守者和移民时它们不及城市名录有用，因为并未提供住址或职业信息，所以许多例子无法做出明确的身份认定。）追踪过程中潜在错误的来源如下。

首先，一些被划为迁出者的男性可能还列在城市名录中，但在追踪过程中不见了。我想到了发生这种情况的两种可能。其中之一是研究助理的小小疏忽，他走神了，结果犯了一个错误。正如我所做的定期质量检查所显示的那样，[2] 协助我的学生都是极其勤奋和认真的工

---

[1] 关于城市名录性质的更多信息，见 Peter R. Knights, "City Directories as Aids to Ante-Bellum Urban Studies," *Historical Methods Newsletter*, 2 (September 1969), 1-10, reprinted as Appendix A of *The Plain People of Boston*。

[2] 为这项研究进行的抽样、追踪和编码由哈佛大学、拉德克利夫学院和布兰迪斯大学的本科生完成。大卫·汉德林提取了 1880、1910 和 1930 年的样本并通过城市名录进行了追踪。迈克尔·弗雷通过波士顿估税员的估价薄搜索到了这些样本。1958年样本的搜集和追踪由诺曼·艾布拉姆斯完成。唐纳德·艾克伦德、玛格丽特·比尔、苏珊娜·基尼和格伦·帕德里克对一些城市目录的跟踪进行了反复检查，并将原始数据卡编成代码。我在开始时仔细检查了编码过程的准确性，然后每隔几天就进行一次抽查。

作人员，但毫无疑问，他们犯了一些错误，而这些错误可能会使调查结果偏向某个方向。漏掉一个实际上还在这个城市的人并将其记录为"不在"，要比编入一个实际不在该市的样本中人容易得多。未能在名录中找到合适的名字可能是由于疏忽，但很可能并不是错误地认定了一个现在不在其中的样本中人。由于这个原因，研究中给出的稳定率估计值可能偏低，但我怀疑这个误差并没有多大。

　　一个相关的错误来源是，有些人可能无法追踪，不是因为他们实际上已经从城市中消失，而是因为他们在名录中以不同的名字被列出。这可能是源于名录调查人员的拼写错误，或者是有意改了名字，最常见的就是欧洲名字的英式化。我的助手们注意到了这个问题，通过努力的搜索，他们发现了许多只涉及轻微更改的姓名变动，比如漏掉了一个音节。但是有些名字的改动，尤其是那些变化巨大的，毫无疑问被忽略了，这些人被错误地认定为迁出移民。但若说这显著地扭曲了任何主要研究结果，又值得怀疑。迄今为止，为解决相关历史记录中名字改动问题所做的最谨慎的尝试中——西德尼·戈德斯坦的诺里斯敦研究——只报告了"几个"大改动的例子。[1] 同样令人欣慰的是，该研究所作的稳定率估计（费力地修正了更改的名字）与这里给出的波士顿稳定率（没怎么仔细修正过）非常相似（见表9.1）。

　　可以肯定地说，在追踪过程中，实际列在城市名录中的样本中人几乎没有被遗漏的。但是，许多被划为非长久定居者的人实际上仍然居住在城市中，却由于某种原因没有包含在名录中，这种可能性又有多大呢？也就是说，城市名录提供的该市人口列表可能是不完整的而且有偏差的。这是一个很重要的问题，不仅因为它会引起人们对本书

---

① Goldstein, *Patterns of Mobility*, 76–77.

结论的怀疑，而且因为现在有越来越多的其他调查人员将城市名录作为历史人口数据的来源。① 除非能够证明城市名录是一个相当全面和准确的资料来源，否则，许多城市历史的新著作的基础将摇摇欲坠。

一个严重的问题是，波士顿城市名录在多大程度上列举出了居住在波士顿城区之外大都市圈内的人。即使在 1880 年，在人口普查局后来指定为波士顿标准大都市统计区的地区，也只有不到一半的人口居住在波士顿市内，到 1970 年，郊区居民与市中心居民的比例达到 3∶1。如果从波士顿城区搬到郊区的人因此在这项研究中消失不见，这里所给的稳定率和向外迁移的估计就远没有实际情况那么惊人。如果搬到郊区的男性与留在中心城区的男性有着不同的职业模式，那么关于职业流动性的研究结果也可能是严重错误的。

不过幸运的是，在波士顿市中心居民加入向郊区移民的大军后，我们有办法追踪到其中相当一部分人。首先，波士顿城市名录实际上并不局限于居住在城市边界内的人。负责制作名录的公司所遵循的政策还不完全清楚，但仔细检查清单可以明显地看出，其范围已扩大到所有在市区就业的人（不论其住在哪里），以及大量既在郊区工作又在那里生活的人。因此，1958 年波士顿城市名录中列出的男性中，有 45％居住在市区之外。这还没有全面覆盖波士顿标准大都市统计区之内的郊区，因为它们当时容纳了这一统计区 73％的人口，但它也证实了一点，即名录所列出的远不止市中心的居民。

尽管如此，波士顿城市名录所提供的郊区覆盖范围仍然与实际情况存在很大的差距，这就需要进行额外的研究工作。大都市区域内的

---

① 毫无疑问，纽黑文的研究出版公司正在进行的大规模项目——所有现存的 1860 年以前出版的美国城市名录和 1860 年以后的许多城市目录将拍成缩微胶片——将进一步促使历史学家使用城市名录。

以下独立城镇是有单独名录的：剑桥、切尔西、埃弗雷特、林恩、梅尔登、梅德福德、昆西、里维尔和萨默维尔。在这 9 个郊区城镇的名录中对样本中人进行了搜索，1880 年，这 9 个社区的人口占波士顿郊区总人口的 37％，到 1960 年时占 33％。至少有三分之一的人从波士顿市区搬到了郊区，因此而进入那些名录被仔细整理过的社区，其流动者中仍然有虽不确定却非常大的一部分在追踪范围内，因为他们被包含在了波士顿城市名录中。

遗憾的是，不能从现有的证据对这一问题的严重性做出更精确的评估。尽管我做了很多努力，由于样本中人流动的目的地在大都市区域内却不在任何城市名录的范围之内，数据仍然出现了很大的下滑。

研究中的这一局限性表明，我的结论有两点需要注意。首先，必须指出，来自波士顿的大规模移民潮，在很大程度上导致了大都市圈以外的人口流动，但绝不是全部；小部分不知名但数量可观的迁出人口只进行了短距离的大都市圈内的移民。其次，由于我无法追踪所有目的地为郊区的迁出人口，可能导致对该市职业的向上流动水平有些低估，因为郊区可能吸引了超出比例的有志男性，这些人在这个世界正处于上升阶段。不过，这种可能的偏差只会强化我所强调过的主要观点——过去一个世纪，波士顿社会结构有着惊人的流动性。对于跑到郊区的样本中人进行更全面的调查，可能只会加固这一结论。

另一个重要的问题是，波士顿城市名录会不会不完整，甚至在统计波士顿市区人口时是否存在社会偏见。目前对这一重要问题的唯一广泛讨论出现在西德尼·戈德斯坦对 1910 年至 1950 年的宾夕法尼亚州诺里斯敦进行的一项有价值的研究中，其中一章名为"城市名录作为移民数据来源的有效性"。戈德斯坦对诺里斯敦的城市名录的覆盖范围颇为乐观，但是关于一个 20 世纪小城市的名录的有效性是否适用于历史跨度更长的大都市，他并不清楚。此外，在戈德斯坦为诺里斯敦的城市名录所做的辩护中存在一个重要缺陷，因为他没有直接将名录中的单个清单与从其他独立来源得到的清单进行比较，而是依赖于从名录和人口普查文件中得出的人口总数与职业分布之间的大致平衡。

因此，弄清楚波士顿城市名录是否包括了从其他来源抽取的样本中出现的所有个体，似乎很重要。每个样本中人都在抽样年份 1800、1910 或 1930 年的城市名录中进行了核对（因为 1958 年样本本身就是从该名录中提取的，所以不可能对该年份进行这样的检查）。乍一看，结果令人惊讶和不安。在从 1880 年的美国人口普查数据抽取的样本中，只有 73％的成年人被列入 1880 年的城市名录，而在从 1930 年的出生记录抽取的样本中，有 77％的人被列入 1930 年城市名录。最令人不安的是，1910 年在波士顿结婚的年轻男性中，只有 43％的人被列入当年的名录。

不仅是波士顿城市目录的覆盖面不够全面；更糟的是，对于要收录哪些人、排除哪些人，存在着系统性的偏见。1880 年样本中大约 27％的人在同一年的城市名录中没有出现，但是对不同职业层次样本的排除率则低至高级白领的 7％，高到无技能与半技能工人的 35％。其他样本的职业覆盖也存在着类似的差异。同样，被列入名单的人中，黑人往往比白人少，移民往往比土著少，无产者往往比有产者少。

这暗示了一种不祥的可能性。如果城市名录一直排斥低等级群体，这项研究的成果就可能被严重扭曲。任何关于稳定性和向外迁移的职业差异的结论，显然都是可疑的。不那么明显的是，以此估算的职业流动率也会同样扭曲。比如说，如果用来追踪的原始资料更多列出的是向上流动而非未能上升的劳动者，那么居住在波士顿的低技能劳动者有 30％在选定的十年中上升到技术或白领岗位这一结论就是错误的。假设 1880 年样本中有 200 名工人，但其中只有 100 人被列入了 1890 年名录，其中 70 人还是工人，而 30 人在高级岗位，这样会得出十年中的向上流动率是 30％。但是，如果 1890 年的名录中缺席的那 100 人实际上都还在这个城市，仍然是工人，只是因为名录的阶级偏见而被排除在外，那么计算迁移率的合适基数应该是 200，而正确的流动率只有 15％。显然，有必要更深入地考查波士顿城市名录编撰者的遗漏之误，以确定这个例子是否牵强。

1910 年的城市名录覆盖率很低，但老实说，这很可能并不意味着这个名录的质量不如其他名录，只是因为在波士顿结婚的很多男人并不是这个社区的真正居民，他们来到这个城市就是为了结婚。但即使是在另外 2 个样本中，也有大约四分之一本应出现在名单中的男性没有出现，而在所有 3 个样本中，地位较低的男性被纳入名单的可能性最小。我们如何解释城市名录这一可怜的总体覆盖率，如何解释覆盖率上这些明显的社会经济偏见呢？

城市名录与抽取样本的来源之间差异的原因之一是，与名录进行比较的其他资料来源是同一年而不是同一月或同一天编制的；因此，有些样本中人被名录调查者忽略，一个好理由是，他们在调查时间内不是该市的居民。波士顿城市名录以每年 5 月进行的挨家挨户的调查为基础。样本中有两个选自一整年的结婚记录文件，因此，它们包括了名录调查几个月前或几个月后在波士顿结婚或成为父亲的男性，还有那些在调查前离开该市或名录编辑后迁入该市的人。就 1880 年的样本来说，这样的例子不可能有这么多，因为人口普查是在名录出版后两个月完成的。然而，即使在这两个月中，也有相当数量的男性迁入了波士顿，正如我早些时候对年度流入和流出移民流的分析所表明的那样。有关极短时间内移民的可能数量的更直接证据，可以在最近对一座加拿大城市 19 世纪中期的人口分析中找到，该分析表明，1852 年该市的评估名册中列出的人中，足有 23％从 3 个月前刚刚进行的人口普查中消失了，在人口普查中所列举的户主中，也有相当比例没有列入评估名册。[①] 1880 年城市名录的遗漏中至少有一部分是由于调查的两个月间移民迁入造成的，而名录与后来的两个来源之间更大的差异也可以得到类似的解释。

然而，在 1880 年、1910 年和 1930 年的城市名录调查中，仍有相当数量身在波士顿的男性没有被计算在内，而且这些人当中属于较低社会经济等级者超出了正常比例。对这两个令人不安的事实的一大解释是，在实践中，城市名录对"波士顿人口"的定义与原始样本来源对之的定义有着根本的不同。其中两个资料来源只是简单地列出了抽样当年在波士顿做出某项特定法律行为——在结婚证或者出生证申请上签名——的所有个体的名单，除此之外，这些人与该市并无必然联系。美国人口普查的目标则是对调查时身在波士顿的每一个人进行完整的统计，无论是住在一套公寓里的临时居民，还是比肯街一所房子的主人、一个旅行推销员还是一位银行家。毫无疑问，人口普查员并没有做到滴水不漏。但总的来说，人口普查的覆盖面很广泛，实际操作时，它也的确包括了许多在调查时只是路过波士顿的人。人口普查员的核心目标，是查明某个时间点上城市里共有多少人。

城市名录的中心目标显然很不一样。名录编撰者虽未明言其原则，但名录的主要功能不是计算人头，而是要表明那些属于这个城市

---

① Michael B. Katz, "The People of a Canadian City: 1851 – 52," *Canadian Historical Review*, 52(1972), pp. 402 – 426.

以及在名录出版前按理说仍在这个城市的居民的下落。它是波士顿居民的名单，而不是某一时刻每个居民或所有登记结婚或出生者的名单。就像法律规定一个人必须先满足在该市居住 6 个月在该州居住 1 年这个条件，才能在当地有投票权一样，被列入城市名录似乎也有并未明言的居留条件。彼得·奈茨（Peter Knights）对 19 世纪中期的人口普查时间表和波士顿城市名录进行了仔细的分析，结果显示，当时的名录只收录了那些在波士顿居住达 2 年的新来者。这个条件在 1850 年代可能有所放松——1858 年城市名录的前言说"几年内，许多之前被认为没必要加上的名字都插了进来"——但很明显，在那之后很长一段时间，为编撰名录而进行的调查都以"谁是该市居民"这一概念为基础，这一概念排除了大量在美国人口普查、结婚证书文件、出生证明和类似记录中登记在册的男性。

人口学家区分了"实际的"普查与"理想的"普查之间的差异。前者列出了调查时所有确实身在当地的人；后者包括了所有应在而不在（例如度假者）的人，排除了那些身在当地但本不该在的人。[①] 波士顿城市名录必须归入理想型而非实际型。这就解释了为什么它们对出现在实际型人口普查资料来源中的那些人的覆盖面如此惊人地不完善。也许戈德斯坦所热衷的诺里斯敦 20 世纪城市名录更接近实际型人口普查，但这是非常值得怀疑的；更有可能的是，他根本没有注意到这一区别，因为在那个小城市里流动人员更少，因此也就不那么重要。无论如何，波士顿的这一差别相当显著。

按照城市名录对居民的"理想"而非"实际"的定义，在抽样的来源中出现的很多人并不是该市真正的居民，其主要原因是未被收入

---

① E. A. Wrigley, ed., *An Introduction to English Historical Demography* (London: Weidenfeld and Nicolson, 1966), pp. 160 – 161.

该名录的四分之一或更多的男性，出现在了 1880 年、1910 年和 1930 年波士顿人口的其他名单上；还有一个主要原因是，较低社会地位和种族地位的人被遗漏的比例更高。诚然，流动人员有上层中产阶级也有下层中产阶级，但在 19 世纪末和 20 世纪初，下层中产阶级的人数更多。这是因为与整个城市的人口相比，他们往往是初来乍到者和暂居者，社会地位较低的男子不太可能被列入进行交叉比对的三个目录中。

这一点极其重要，因为它意味着城市名录并不是刻意地和始终如一地不把社会阶梯较低层的男性包括进来。当然，忽略包含流动人员的城市名录的编辑策略产生了一个附带影响，那就是遗漏了不成比例的较低地位个体，当然，从某种意义上说，其结果是一样的。但是，在城市名录作为一种追踪工具的有效性问题上，这种差别至关重要，因为这意味着城市名录确实提供了该城市长期居民的相当准确的信息，无论他们的社会地位如何。而这意味着那些在波士顿定居并在那里居住了 10 年以上的工人，哪怕只是普通工人，也不会被排除在这一时期末编制的名录之外。这还意味着我对迁移率和社会流动率的估计并没有因为名录的覆盖面不够而被严重地歪曲。

对上述推理的进一步支持出现在这样一个事实当中：许多没有被列入 1880 年、1910 年或 1930 年名录的人，都被列入了后来的名录。开始时的排斥并不意味着永久的排斥，这再次说明，导致他们被遗漏的原因，是他们最初的流动状态而不是名录编辑者的阶级偏见。出现在 1880 年人口普查样本中但不在当年城市名录中的低技能工人里，有大约 35％出现在了 1890 年的城市名录当中，他们中的绝大多数仍然是低技能劳动者，后来的样本中也保持了类似的收入名录的比例——29％和 32％。导致排斥的不是低下的地位本身，而是与低下地位相关的流动状态。如此看来，一旦在波士顿定居了一段时间，样本中人通常会发现自己被列入了用于追踪的主要数据来源中，因此他们在前面的人口计算中也得到了正确对待。

　　总之，城市名录的确提供了某些与"实际的"人口普查相当不同的东西，但是，它们的不同之处并不至于破坏本研究所提供的对迁移率和社会流动率的估计。当然，这里提供的所有数字都容易出错，但并没有重大的和系统性的明显错误来源以致主要的发现受到质疑。

附录 B

关于职业的社会经济等级

基于样本中人的某种职业变化——跨越五种职业阶层或两大职业类别之一的工作变动——的相关证据，本研究得出了关于波士顿社会阶梯上下流动的比例和模式的结论。现在是时候解释如何设计这些职业分类，说明每种职业属于什么类别，并证明这五个阶层按等级排列的假设是正确的，因此从一个阶层到另一个阶层的流动代表了显著的纵向社会流动。

表 B.1 列出了为将样本中人所从事的工作分组而采用的详细职业分类。我们将看到，这只是 20 世纪 30 年代人口普查统计学家阿尔巴·M. 爱德华兹最初设计并使用的社会经济职业分类的一种变体，在他之后进行的大多数美国流动性研究，都只做了小小的改动。[①] 这一事实本身就是一个重要的考虑因素，因为我希望能够将我的调查结果同其他调查者的结果进行比较，以便对过去一个世纪美国的流动趋势得出更大的结论。

表 B.1 职业等级

白领职业	
I. 高级白领	
专业人才	
建筑师	化验师
药剂师	医师
牧师	科学家
编辑	社会工作者
工程师（机车操作员或固定发动机操作员除外）	教师
律师	兽医
大业主、经理人和官员	
银行家	酒店经营者
经纪人	工会官员
建筑商、（资产雄厚的[1]）承包商	制造商
公司官员	（资产雄厚的）商人
政府官员（仅限高层[2]）	
II. 低级白领	
职员与推销员	
会计	职员
广告人	收税员
代理人	信用调查员
拍卖师	调度员
审计员	保险理赔员或推销员

---

[1] Alba M. Edwards, "A Social Economic Grouping of the Gainful Workers of the United States," *Journal of the American Statistical Association*, 27(1933), 377–387. 对这一方向更早尝试的重要讨论和批评，参见 James Scoville, "The Development and Relevance of U. S. Occupational Data," *Industrial and Labor Relations Review*, 19 (1965), 71–79。

白领职业	
行李员	邮递员
银行职员	送信人
收账人	勤务员
簿记员	售货员
调查员	秘书
收银员	打字员
半专业人才	
演员	图书馆员
飞行员	音乐家
艺术家	新闻工作者
运动员	配镜师、验光师
脊椎按摩师	整骨治疗师
营养学家	照相师
制图员	测量员
入殓师	技师——药剂、牙科、电器等
艺人	作家
记者	
小业主、经理人和官员	
领班	小型企业主或经理人
小商贩	领道员
小官员	个体工匠[3]
蓝领职业	
III. 技术工人（学徒列入第四类，个体列入第二类）	
面包师	机械师
铁匠	船长

白领职业	
锅炉工	机修工
装订工	磨坊技师
泥瓦匠	铸工
木匠、家具工	油漆工
填缝工	裱褙匠
排字工、印刷工	制模工
糕点师	泥水匠
铜匠	水管工
起重机操作员	屋顶工
电工	鞋匠（不含列入第四类的鞋厂工人）
机车司机或操作工	银匠
雕刻工	石板瓦工
救火员	蒸汽管道工
毛皮裁缝	石匠
玻璃工	裁缝
金匠	锡匠
珠宝匠	工具模具制造师
石印工	家具装饰工
IV. 半技能工人与服务人员	
学徒	门卫
理发师	巡边员
酒保	码头工
司闸员	食品加工员
巴士、的士或卡车司机、私人司机	送奶工

续表

白领职业	
厨子	轮机员
箍桶匠	警察
送货员	水手
电梯操作员	仆人
工厂技术操作员	士兵（军官除外）
消防员	装卸工
渔夫	扳道工
加油站服务员	赶牲口工
保安、看守	侍者
护理工	焊工
V. 无技能体力工人	
马车夫	苦力
园丁	伐木工
马夫、仆役	搬运工

[1]大小业主之间的关键区别是通过城市问卷调查评估得出的。至少拥有1000美元个人财产或5000美元房地产的企业家岗位上的男性，才被归类为大业主。这个武断的分界点可能显得标准很低，尤其对后来的样本是这样，但我更感兴趣的是保持小业主而非大业主地位的合理的同质性。无论如何，如前所述，对后来的样本来说，关于房地产持有情况的现有资料很少，而从1958年城市名录中抽取的样本则完全没有，因此，提高分界点以适应收入和物价水平的变化似乎没有必要。最好根据更全面的信息对整个问题进行更细致的分析。

[2]重要职位被定义为警监或警监以上级别的经选举和任命的职位。

[3]个体工匠是通过城市名录中的企业名录部分来确定的。但是，这个群体到1880年时已大量从波士顿消失，因此这一分类可能没有它在工业化程度较低的城市的相关研究中那么有用。

但是，如果这种方案不能充分反映职业等级制度，那么利用类似的分类方法进行比较分析的可能性就不大，这种比较分析的价值就很有限，我必须承认确实如此。这里有两个难题：第一，必须指出，根据最近几十年发展出来的分类办法划入某一阶层的大多数具体职业，在更久远的时间点上也会划入同一阶层。第二，必须指出，在本研究所述期间，5 个阶层的相对地位——从上层的高级白领到下层的无技能工人这种等级分布——在很大程度上并没有改变。

第一个问题——特定职业划入某一阶层的准确性——很容易处理。很显然，自 19 世纪末以来，职业世界发生了巨大的变化。某些行业——如马具工、铁匠（尤其是打马掌的）、马车夫——已近乎绝迹，而众多新行业——如飞行员、汽车修理工——已横空出世。对于那些延伸到前工业时代的研究来说，这可能是个严重的问题，但在这里问题不是太大。[1] 在 1880 年，波士顿已经是个高度工业化的城市，有着本质上现代化的职业结构与劳动分工。认真审视表 B.1 所列出的详细职业分类可以看出，在 1880 年和 1970 年，绝大多数劳动力从事的工作都属于同一大阶层中。

然而困难之处在于，这 5 个阶层是否确实以我建议的方式按等级排列，而且在整个研究时段内，这种等级是否基本上保持不变。在此期间，波士顿职业结构的整体轮廓当然发生了变化。1880 年该市有不到三分之一的工人从事白领工作；80 年后，这一比例升至近一半（见表 4.1）。专业人才类的增长惊人，与此同时，无技能体力工作岗位急剧缩减。如果各种职业群体的相对地位也发生变化——例如，如

---

[1] 最近的两篇文章对这些问题进行了深思熟虑：Michael B. Katz, "Occupational Classification in History", *Journal of Interdisciplinary History*, 3(1972), 63 - 88, 以及 Clyde Griffen, "The Study of Occupational Mobility in Nineteenth-century America: Problems and Possibilities," *Journal of Social History*, 5(1972), 310 - 350. 相关的还有 Stuart Blumin, "The Historical Study of Vertical Mobility," *Historical Methods Newsletter*, I (September 1968), 1 - 13. 尽管我发现 Blumin 使用的分类系统很难令人满意；见下文注释。

果技术工匠与低级白领雇员相比地位大幅改变——那么前面分析中被视为重大流动的职业变动在每个时间点上的意义就并不相同。真正的向上流动在一个时期可能只是水平流动，甚至在另一个时期是向下流动。本研究中的许多发现——例如波士顿在近一个世纪的跨度里流动模式表面上的恒定不变——就会被质疑：是否职业等级制度本身的性质在这段时期内已基本改变。

如何确定一个特定的职业在社会地位上优于另一个职业？文献中给出了各种各样的标准：[①]

1. 收入水平（包括工资外补贴、报销及其他津贴）；

2. 收入的规律性及失业可能性；

3. 受教育程度和技能要求；

4. 未来的职业发展前景；

5. 工作环境的吸引力——干净与否，累人与否，等等；

6. 对他人行使权力的机会，以及不受他人控制的自由；

7. 公众对该职位附加的社会声望。

有关上述一些事实的资料，特别是历史资料，是很难获得的。不过，目前已有足够的证据证明，这里采用的排序方案是合理的。首先，我们将用当代的数据来检验它的有效性，然后考虑 19 世纪末和 20 世纪初的情况。

一种职业或某些职业群体的平均教育水平和收入水平是其所在排名的重要决定因素，因为"教育是打工者社会地位一个非常重要的因

[①] 参见上文引用的论文：A. J. Reiss, Jr., *Occupations and Social Status* (Glencoe, III.; Free Press, 1961); Genevieve Knupfer, *indices of Socio-Economic Status: A Study of Some Problems of Measurement* (New York: Columbia University Press, 1946); Peter M. Blau and Otis Dudley Duncan, *The American Occupational Structure* (New York: Wiley, 1967), chap. 4。

素，工资收入则是他们经济地位的非常重要的因素"。[1] 表 B.2 提供
了相关的数据：1959 年波士顿各主要职业群体的收入中位数，1950
年美国北部和西部这些群体中男性受教育程度的可比数据（对于一个
十年后的波士顿男性却没有这样的列表），以及用来衡量 1950 年全国
各群体相对收入和教育状况的综合"社会经济指数"。

当然，这种简单衡量广大职业群体地位的方法，确实掩盖了各职
业群体之间的巨大差异。比如，外科医生的平均收入比小学老师高，
受教育时间也比后者长，尽管两个行业都属于专业人才类。在这个问
题上，即使在精确定义的职业内部也有一些差异；某些外科医生和某
些老师的收入要远高于其他同行。甚至在广泛的职业群体之间也有一
些重叠。该市约有 1.5 万名专业人士的收入低于无技能劳动者的中位
数（3 543 美元）；反过来，有大约 1 500 名无技能工人的收入超过了
专业人士的收入中位数（6 741 美元）。简而言之，这些群体中存在着
异质性，无论是平均值还是中位数，都必定是模糊的。但是，这些收
入微薄的专业人士在专业人士收入分配中处在最底层的那 15% 的位
置；那些富裕的劳动者则代表了他们那一类中工资最高的 4%。虽然
根据一个人的职业来预测他的收入（或受教育程度）不是高度可靠，
但表 B.2 所列数字确实表明了中心趋势，并为概括各群体本身的相对
地位提供了合理的依据。[2]

---

[1] Alba M. Edwards, *Comparative Occupational Statistics for the United States, 1870 to 1940* (Washington, D. C.：U. S. Government Printing Office, 1943), p. 180.

[2] 令人欣慰的是，邓肯计算了大约 446 个具体职业头衔的社会经济指数（这一指数以收入和教育水平为基础，应用在表 B.2 中），也计算了本研究中使用的广泛职业分类的指数得分，他发现，虽然在广泛的职业类别中排名存在异质性，但"主要职业群体分类的相应指数是详细职业分类指数变化的四分之三"；见 Blau and Duncan, *The American Occupatiotial Structure*, p. 121, 更充分的讨论见 Reiss, *Occupations and Social Status*。

表 B.2　1950—1961 年主要职业群体收入、教育中位数和社会经济指数[1]

职业群体	收入中位数（美元）	教育中位数（年）	社会经济指数
I. 高级白领			
专业人才、技术人员	6 741	16 +	75
经理、官员、业主	7 420	12.2	57
II. 低级白领			
销售员	5 345	12.4	49
职员	4 598	12.2	45
III. 技工			
工匠和工头	5 378	9.5	31
IV. 半技能工人			
操作工	4 501	8.9	18
服务人员	3 864	8.8	17
V. 无技能工人			
苦力	3 543	8.4	7

[1]收入中位数是 1959 年的数据，适用于波士顿标准大都市统计区 14 岁或 14 岁以上男性；来自 1960 年的人口普查数据。由于没有 1960 年波士顿教育方面的数据，甚至没有任何全国表格，教育数据是 1950 年美国北部和西部地区的男性的；来自 1950 年的人口普查。由奥蒂斯·达德利·邓肯设计的社会经济指数根据 1950 年的全国数据对收入和教育程度（由年龄控制）进行了排名；A. J. Reiss，Jr.，*Occupations and Social Status*（Glencoe，Ill.：Free Press 1961），p. 155。

　　数据清楚地揭示了当代美国高级白领的优越地位和半技能及无技能工人的低下地位。专业人士和大商人的平均收入约为无技能工人的 2 倍，比半技能工人高出 50％ 以上，如果人口普查分类程序与研究中所用的程序完全一致，这些差别将会更大。受教育程度的边际优势差别也是一样大。

　　然而，关于低级白领和技术工人的排名，似乎存在更多的问题。前者在教育上比后者优越很多，但推销员的收入要略低于工匠和工头，职员的就更低了。类似数据已经让一些观察者得出结论说，这两个职业群体之间的巨大收入差距在最近几年已经消除。[①] 然而，技工和低级白领收入趋同的证据并不完全具有说服力。

首先，技术工人的中位数因为包括了高薪工头而被夸大了，这些工头可能更适合归入低级白领阶层，正如本研究中所做的那样。此外，这些数据没有按年龄进行标准化，这一点很重要，因为技工和低级白领阶层中盛行的年龄分布和特有职业模式存在着根本的差异。在大多数情况下，工匠可观的中等收入代表了他职业成就的顶峰，而文书和销售工作是年轻人典型的入门职业。尽管 1960 年波士顿职员拿回家的工资比技术工人少得多，但前者当中整整三分之一的人不到30 岁，而技术工人中只有 18％的人不到 30 岁。如果这些年轻职员以后的职业生涯与早些年前辈们的职业生涯以同样的方式展开的话（见表 4.10），那么其中相当一部分人最终会找到高收入阶层的工作。因此，技术工人和白领雇员收入上一个关键的动态差异被收入数据掩盖了，这些数据未能衡量这两类人在年龄和职业前景特征上的差异。[②]

---

① 对这种"趋同"说的主要支持，参见 C. Wright Mills, *Collar: The American Middle Classes* (New York: Oxford University Press, 1951), 及 Robert Ki Burns, "the Comparative Economic Position of Manual and White-Collar Employees," *Journal of business*, 27(1954), 257 - 267. 这里有两个完全不同的问题：（1）技术工人目前是否与低级白领雇员处于相同的经济水平；（2）这是否代表之前历史模式的主要变化。Mills 主要讨论了第一个问题，虽然他是在印象主义的证据基础上对这个历史性问题做出假设的；Burns 直接讨论了第二个问题。我对第一个问题的判断受到 Richard Hamilton 杰出论文的强烈影响，已经在正文中表明。"The Income Difference Between Skilled and White Collar Workers," *British Journal of Sociology*, 14(1963). 363 - 373. 我在下面回答了第二个问题并对 Burns 提出了批评（p342，注释①）。

② 这对于 Stuart Blumin 在他的费城研究中所用的职业分类体系是个严重的反驳；"The Historical Study of Vertical Mobility," and "Mobility and Change in Ante-Bellum Philadelphia," in Stephan Thernstrom and Richard Sennett, eds., *Nineteenth-Century Cities: Essays in the New Urban History* (New Haven, Conn.: Yale University Press, 1969), pp. 165 - 208. Blumin 根据 1820 年地方税收记录和 1860 年联邦人 （转下页）

因此，有关中位数收入的相当粗糙的证据，并没有对以下假设造成毁灭性打击：在本文所讨论的时期结束时，低级白领的工资普遍高于技术工人。根据上面提到的考虑，这个证据并不明确，而有关白领优越的其他一些依据又非常明显。一般来说，职员和推销员比包括技工在内的所有工人群体受教育程度更高。他们的收入即使处于低谷时，往往也会比后者稳定得多；职员和销售人员的失业率比技术工人低得多。"低级白领稳定而有保障的收入，"最近一项研究得出结论说，"是他们与蓝领工人之间主要的区分维度。"[1] 而且，他们未来的发展前景更好。他们的孩子上升到高级职业的机会也更多（见表5.3）。他们的工作条件一般来说可能更好，至少在诸如灰尘、噪音等方面是这样。最后，探索公众如何根据声望来评价职业的当代研究表明，存在一种光环效应，这种光环效应甚至会提升那些"需要技能较少、收入较低的白领工作的声望"。[2]

因此，确实有理由相信，在二战后的波士顿，从事高级白领、低级白领、技术、半技能和无技能工作的男性的平均地位存在着显著差

（接上页）口普查表报告的该职业人士的平均财富，对样本中人的职业进行了排序。按照这种方法，职员和推销员的排名很低——在51个职业序列中分别排第39和第41——只比家政工人高一点点，远低于大部分技工。但是，如果这个时期费城的职员和推销员主要是处于职业生涯早期的年轻人，如果该市的技工经过了多年学徒与技术工作生涯，已达到职业巅峰，这个排名的有效性就很可疑。即使一个人接受财富作为职业地位的唯一标准，而不考虑其他方面——教育、职业保障、社会声望——的地位，衡量财富的适当方法也必须是动态的，即估计在整个职业生涯中积累财富的可能性。很遗憾，Blumin没有提供可进行动态评估的年龄数据。

[1] S. M. Miller and Pamela Roby, *The Future of Inequality* (New York: Basic Books, 1970), p. 56. 关于失业率职业差异的支撑数据，参见 Donald J. Bogue, *The Population of the United States* (Glencoe, III.: Free Press, 1959), p. 642; U. S. Department of Labor, *Manpower Report of the President and a Report on Manpower Requirement, Resources, Utilization and Training* (Washington, D. C.: U. S. Government Printing Office, 1966); U. S. Department of Labor, *Employment and Earnings* (Washington, D. C.: U. S. Government Printing Office, 1967)。

[2] Blau and Duncan, *The American Occupational Structure*, p. 62.

异，类别之间互相的转换无论是在整个职业生涯期间或代际之间，通常会导致社会地位的改变。现在我们可能会问，更早的几十年前，波士顿是否存在同样的职业等级制度。

　　证据的质量参差不齐，主要涉及职业地位最狭义的经济维度：收入水平、收入的规律性和职业发展前景。此外，技术上的困难在于，大多数可用的数字是平均数而不是中位数（在本案例中，中位数可能显示出更明显的群体差异，因为它们更容易被极端的职业分布情况所影响）。不过，这可能会带给我们一个相当明确的肯定结论。

　　根据对 1875 年波士顿（萨福克郡）男性雇员收入的一项研究，白领阶层的平均收入几乎是蓝领工人的 2 倍（见表 B.3），技工带回家的薪水比无技能工人多 50%。而体力工人，该调查显示，在另一个方面同样处于劣势，上一年中他们平均有 61 天失业，相比之下非体力雇员的失业天数只有 16 天。

表 B.3　1875 年萨福克郡平均年收入[1]

职业群体	收入（美元）
白领	1 054
蓝领	576
技工	603
无技能工人	415

[1] 来自对在萨福克郡工作的 1616 位白领和 5921 位蓝领的调查；马萨诸塞州劳动力统计署，*Seventh Annual Report*（Boston，1876）。当前研究中会列为半技能工厂操作工的男性在这份报告中可能无法辨别。他们大多数似乎被列入了无技能工人，因而夸大了相关数据。普通散工年平均收入可能远不到 415 美元。

　　不幸的是，该研究没有提供任何细节来把专业人士和大商人与低级白领区分开来，也没有任何关于半技能工人和服务业雇员收入的报告。但这些缺口可以由某些补充证据来填补。1880 年的人口普查数据显示，马萨诸塞州技术工人每天的工资是 2.50 美元，半技能工人是每天 1.50 美元，半技能工人在经济上排在无技能工人之前、技术工人之后。[①] 同样的差异也出现在对 1870 年人口普查手稿附表中的 1000 名波士顿工薪族房产持有情况的调查中。37％的技术工人、27％的半技能工人和17％的无技能工人报告有房产，通常有几百美元的个人存款（见表 B.4）。1880 年能找到的更加有限的财产资料显示，蓝领阶层内部也有同样的等级差异，虽然没那么剧烈。这些数据只涉及由波士顿市收税的财产——主要是房产——在一个几乎没有独户住宅的城市里，工人阶级的大部分财产是以储蓄的形式存在的，但体力工作阶层之间的差异与 1870 年的情况相同。

表 B.4　1870 年和 1880 年按职业层次划分的财产所有情况[1]

职业阶层	群体财产百分比	
	1870 年房产或个人资产	1880 年可征税财产
I. 高级白领	n. a.	65
II. 低级白领	n. a.	18
III. 技工	37	11
IV. 半技能工	27	9
V. 无技能工人	17	7

[1]1870 年的数据来自调查者从 1870 年人口普查手稿中选择的 1000 个波士顿工薪族的样本，其中包括对个人资产及不动产的调查。1880 年的财产信息来自波士顿 1880 年评税员估价表，很不幸只提及了不动产；1880 年的人口普查没有涉及资产问题。

①　正如马萨诸塞劳动力统计署在 *Fourteenth Annual Report*（Boston，1883）中分析的那样。这项研究中指出的唯一区别在"技工"和"普通工人"之间，但后者在本研究采用的分类中大部分可划入半技能工一类。

　　不幸的是，关于高级白领与低级白领在这一时期收入状况的直接证据并不多见。但毫无疑问，前者的经济地位要优越得多。1880 年的税收数据显示，该市 65％ 的专业人士和大商人拥有应税财产，但只有 18％ 的职员、推销员和小业主拥有应税财产。我们有理由猜测，1875 年波士顿所有白领 1054 美元的年平均收入，掩盖了两个群体之间的巨大收入差距，许多低收入白领的平均收入可能并不比收入最高的技工高多少。

　　人们常常认为，在 19 世纪，即使是下层白领雇员的收入也远远超过技术工人，在不考虑年龄分布和职业模式差异的情况下，目前这种技术工人略高于职员和推销员的相对收入状况，代表着一个巨大的变化，一种显著的历史性差异。[①] 然而，目前我们根本不清楚，这是

[①] 对这一观点所举的最佳例子在 p338，注释①引用的 Burns 的文章中，文章认为："与体力劳动者相比，长期来看白领的收入呈下降趋势。"按照 Burns 的观点，1890 年，白领工人的收入几乎是蓝领工人的 2 倍；到 1952 年，体力劳动者的平均收入实际上超过了非体力劳动者。

　　然而，Burns 为支撑这一戏剧性结论给出的证据却并未揭示如此深刻的变化。文章首先给出了 1890 年至 1928 年以制造业为主的蓝领和白领工人年收入的时间序列，该序列几乎没有任何变化；1890 年，白领工人的平均收入是蓝领工人的 188％，1928 年前者是后者的 174％。波士顿制造业从 1900 年到 1940 年的收入数据与人口普查报告中公布的年平均工资和工资支付情况十分接近，也揭示了类似的规律：1900 年，白领和蓝领的收入之比为 190％，1910 年为 219％，1920 年为 186％，1930 年为 209％，1940 年为 223％。这两组数据都表明，在过去的半个世纪里，没有明显的长期趋同趋势，而是出现了与商业周期密切相关的温和波动，蓝领工人的相对地位在繁荣时期有所改善，在艰难时期有所恶化。

　　Burns 接着给出了 1929 年至 1952 年期间的另一个系列，这个系列似乎表明了趋同性，但遗憾的是，它与前一个系列没有太大的可比性。它包括制造业以外的更广泛的白领和蓝领职业，这当然是可取的，但这种变化使得与早期制造业系列进行比较变得困难。制造业中蓝领—白领的收入差异似乎比其他经济领域要剧烈得多，通过比较表 B.5 中的数据和上面给出的波士顿制造业差异序列可以看出。第二，Burns 提供的 1928 年后的数据是指周薪而非年薪，因此没有随失业率差异进行调整。Burns 本人提出的证据表明，在这一时期，体力劳动者更容易受到失业的影响。第三个问题是这些数据中包括了女性，她们在这一时期劳动力市场上的比例稳定增长，不成比例地集中于低收入的职员工作中。到 1950 年，Burns 的数据中近一半的白领员工是女性，她们普遍较低的收入使白领的平均收入大幅下降。任何评估男性白领和蓝领工人相对经济地位的努力都必须将女性工人单独分离出来，但 Burns 没有做到这一点。

Burns 所提供的两个系列之间缺乏可比性，这从一个事实中就可以明显看出：1928 年，在第一个系列的最后一次观察中，白领与蓝领的收入之比为 174％，而根 （转下页）

不是很新的发现。

目前能找到的最早直接证据是 1902 年的（见表 B.5）。当时，波士顿职员的平均周薪是 10 到 13 美元，普通推销员是 15 美元，簿记员是 20 美元。波士顿十几个主要技工岗位的周薪水平，远远高于文员和推销员的平均水平。然而，这些只是每周的数据，蓝领工人在平常的一年里更有可能遭遇失业。在大多数行业中，四分之一到一半的蓝领每年至少失业一个月，但该市的低级白领中只有 7％的人失业，其中相当一部分人失业超过三月。我们不可能计算出失业率的这些差异是否足以将技术工人的年收入降至低级白领员工的水平，但是，他们是否有能力将工匠的年收入拉低到低级白领平均水平以下很多，显然是值得怀疑的。

表 B.5　1900 年所选职业的周薪和失业率[1]

职业	周工资（美元）	失业百分比	
		一个月以上	三个月以上
低级白领			
簿记员	20	7	4

（接上页）据新系列的第一个观察结果，仅仅一年后，这个比例就只有 128％了。因此，如果第一个系列是用追溯到 1890 年可以精确对比的证据来构建的，那么 19 世纪末文白领和蓝领的收入之比估计会远低于 Burns 给出的比例。

Burns 提供的 1928 年后的数据，确实表明 1929 年至 1952 年之间可能出现了一些差异上的趋同，但这种变化远没有与 1890 年到 1928 年的数据进行草率比较所显示的那么剧烈。此外，尚不清楚男性和女性混合在一起、未经失业率差异校正过的周薪小幅趋同在多大程度上反映了男性蓝领和白领年收入的实际变化。最后一个困难是，在整个 1929 年至 1952 年期间，只有 1939 年至 1944 年这段打仗而且劳动力市场环境特别恶劣的时期，体力劳动者获得的收益才显著高于非体力劳动者，基于这种特殊的历史经验，对美国长期以来阶级界限的模糊做出笼统的结论似乎是不明智的。

总而言之，近几十年来，美国白领和蓝领之间的"传统的"工资差距有所缩小，这是很有可能的。但是，从迄今对这个问题所提出的证据来看，这一点还远未清晰。一直被认为是"传统的"差异，可能远没有人们想象的那么大，而且近年来差异的可用数据还不曾根据年龄和性别差异恰当地归纳。

职业	周工资（美元）	失业百分比	
		一个月以上	三个月以上
职员			
办公室文员	12	7	4
运务员	13	7	4
未指明的	10	7	4
旅行推销员	28	5	3
销售员	15	7	4
技工			
木匠	15	39	20
电工	16	13	4
煤气工	16	n. a.	n. a.
车工	18	n. a.	n. a.
机械工	15	14	7
瓦匠	22	54	31
铸工	17	n. a.	n. a.
油漆工	15	40	21
泥水匠	20	45	27
水管工	19	28	16
屋顶工	15	34	20
锡匠	15	24	13
半技能工人和服务员			
驾驶员	11	n. a.	n. a.
轮机员	15	n. a.	n. a.
包装工	11	9	5
卡车司机	12	n. a.	n. a.
看守	14	n. a.	n. a.

职业	周工资（美元）	失业百分比	
		一个月以上	三个月以上
无技能工人			
苦力	10	41	24
搬运工	10	9	6

[1]白领平均工资来自 1902 年对 455 家波士顿商业机构的调查；Massachusetts Bureau of Statistics of Labor，*33rd Annual Report*（Boston，1903）。蓝领的数据来自 1904 年对马萨诸塞州工薪族的调查；*35th Annual Report*（Boston，1905）。失业数据来自 1900 年的人口普查。高级白领未包括在这些研究当中。但是 1910 年的人口普查数据显示，波士顿各行各业的官员、总监和经理的平均收入是职员的 2.89 倍，蓝领工人的 4.47 倍。

在 20 世纪之初甚至更早的时候，与二战后那段时期一样，考虑到许多低级白领工作的入门地位和工人阶层良好的职业前景，将男性列入白领阶层较低层次的依据其实并不是收入本身，尽管两个群体中男性正常的"终生"收入无疑存在差异。当然，低级白领和技术工人在收入的可预测性和安全性以及子女未来职业成功的可能性方面，仍存在着至关重要的差异。前者的平均受教育程度比后者高，而且可能也享有较高的社会声望，尽管缺乏关于这两个问题的直接证据。

虽然在这项研究针对的几十年漫长时间跨度中，波士顿职业结构的整体轮廓发生了巨大的变化，但分析中所区分的 5 个职业阶层的相对位置似乎没有根本的改变。代表了 19 世纪晚期重大社会流动的工作转变，似乎也代表了 20 世纪中期的重大社会流动。当然，基于更大样本的更细致的研究可以采用更精细的职业分类系统，这样的研究可能需要考虑特定职业地位的微妙变化，这种变化通过这里所用的低倍镜是无法察觉的。但是我们有理由相信，目前调查所使用的方案，足以达到当前的目的。

致 谢

　　在准备这项研究的那几年里，我时感惶恐，担心仅此一书，远不足以抵偿我所欠的债。慷慨襄助此项研究者包括：美国学术团体理事会；约翰·西蒙·古根海姆纪念基金会；数学社会科学委员会；美国哲学学会；麻省理工大学和哈佛大学城市研究联合中心；加州大学洛杉矶分校政府与公共事物研究所；加州大学洛杉矶分校教师评议研究会。

　　拜上述资助所赐，我得以拥有一群本科生和研究生助手，他们翻遍了波士顿发霉的档案，寻找有关 7 965 位有代表性的市民的证据，而这些人的生活史将在本书里呈现和讨论，他们还煞费苦心地对这一体量巨大的材料进行编码，以便用计算机来分析。诺曼·艾布拉姆斯、唐纳德·艾克伦德、玛格丽特·比尔、迈克尔·弗雷、大卫·汉德林、苏珊娜·基尼、格伦·帕德里克结束了他们手头的工作后，彼得·阿拉曼、玛丽·海德以他们在程序设计技术，利用哈佛大学和麻省理工大学的计算机设备对数据进行了处理。马罗·贝利亚、苏珊娜·布鲁姆、南希·法利克、艾伦·曼德尔则在后续的研究工作中提供了帮助。

感谢苏·阿克曼、唐纳德·G. 博格、萨缪尔·S. 鲍尔斯、斯坦利·科本，罗伯特·W. 福格尔、赫伯特·G. 古特曼、P. M. G. 哈里斯、埃米特·拉金、胡安·林茨、阿瑟·曼、大卫·莱斯曼、列奥·希诺、琼·W. 斯科特、理查德·森尼特、威廉·H. 斯韦尔、萨姆·沃纳以及保罗·沃兹曼，他们在早些时候，以各种形式对书稿的部分内容提出过建设性的意见，令我感激不尽。克莱德·格里芬和萨利·格里芬、奥斯卡·汉德林、塔玛拉·哈文、迈克尔·B. 卡茨、查尔斯·梯利、艾比盖尔·塞恩斯托姆以及哈里森·C. 怀特以他们的如炬目光，对全部书稿进行了卓有助益的审读。哈佛大学出版社的约瑟夫·埃尔德和安·奥尔洛夫从编辑角度所提的建议，使本书增色不少。帕特里克·布莱辛为本书编制了索引，我深表谢忱。还要特别感谢爱德华·O. 劳曼，他依据 1962 年对剑桥和贝尔蒙特的调查，绘制出了专门的表格，供我在本书中使用。

本书中的诸多灵感，得益于之前的两次幸运的合作。第二章的一部分，最初是在彼得·R. 奈茨的帮助下写成的。这一章的语言是我自己的，但是其内容，即对 1980 年代波士顿人口变化的分析，则是合作的产物。第八章前半部分的初稿由伊丽莎白·H. 普莱克帮助完成，原是向美国历史学家 1970 年年会提交的论文。这次合作，依然是由我执笔，但从证据收集到结论的形成，普莱克女士都功不可没。

本书部分材料的早期版本，曾经三次发表于其他地方。第二章的一部分最初是一篇论文，（彼得·奈茨是第二作者）发表于《跨学科史学期刊》（*Journal of Interdisciplinary History*，1970 年秋季号，第 7—35 页），题目是"流动的人：19 世纪美国城市人口变化的若干数据及分析"（Men in Motion: Some Data and Speculations on Urban Population Turnover in Nineteenth-Century America）。第六章的雏形是拙作《外来移民与盎格鲁-撒克逊白人新教徒：1880—1940 年波士顿地区职业流动的种族差异》（*Immigrants and WASPs：Ethnic Differences in Occupational Mobility in Boston*，1880‑1940），载于斯蒂芬·塞恩斯托姆和理查德·森尼特主编的《19 世纪的城市：新城市史论文集》（*Nineteenth-Century Cities：Essays in the New Urban History*，康涅狄格州纽黑文：耶鲁大学出版社，1969 年，第 125—164 页），不过，原稿已被彻头彻尾地修改过，完全可以看作是两个不同的文本。第七章原刊于威廉·艾德洛特、艾伦·博格、罗伯特·W. 福格尔主编的《历史定量研究的维度》（*The Dimensions of Quantitative Research in History*，新泽西州普林斯顿：普林斯顿出版社，1972 年，第 124—158 页），内容上一仍其旧。在此，我要感谢麻省理工大学出版社、哈佛大学出版社和普林斯顿大学出版社允许本书使用上述内容。

斯蒂芬·塞恩斯托姆

1972 年 11 月，洛杉矶

Stephan Thernstrom

The Other Bostonians: Poverty and Progress in the American Metropolis, 1880–1970

Copyright © 1973 by the President and Fellows of Harvard College

Published by arrangement with Harvard University Press

through Bardon-Chinese Media Agency

Simplified Chinese translation copyright © 2022

by Shanghai Translation Publishing House

ALL RIGHTS RESERVED

图字：09－2018－1132 号

图书在版编目（CIP）数据

其他波士顿人：美国大都市的贫穷与进步：1880-
1970/（美）斯蒂芬·塞恩斯托姆
（Stephan Thernstrom）著；温华译. —上海：上海译
文出版社，2022.7
（历史学堂）
书名原文：The Other Bostonians: Poverty and
Progress in the American Metropolis, 1880－1970
ISBN 978－7－5327－8954－2

Ⅰ. ①其… Ⅱ. ①斯…②温… Ⅲ. ①城市史－研究
－美国－1882－1970 Ⅳ. ①K971.25

中国版本图书馆 CIP 数据核字（2022）第 078968 号

其他波士顿人：美国大都市的贫穷与进步：1880-1970
〔美〕斯蒂芬·塞恩斯托姆 著 温华 译
责任编辑/钟瑾 装帧设计/柴昊洲

上海译文出版社有限公司出版、发行
网址：www.yiwen.com.cn
201101 上海市闵行区号景路 159 弄 B 座
上海市崇明县裕安印刷厂印刷

开本 890×1240 1/32 印张 11.25 插页 2 字数 255,000
2022 年 8 月第 1 版 2022 年 8 月第 1 次印刷
印数：0,001—6,000 册

ISBN 978－7－5327－8954－2/K·299
定价：68.00 元